高职高专汽车类教学改革规划教材

汽车营销

刘凯 鞠鲁粤 主编

清华大学出版社

北京

内容简介

本书是编者在长期从事汽车营销及中国汽车市场教学、科研及实践的基础上，结合当前学生的实际情况和近年来中国汽车营销市场的变化而编写的，力求时效性与针对性。主要内容包括汽车及汽车市场、汽车市场营销策略和汽车营销实务三部分。汽车及汽车市场部分包括汽车历史与文化、汽车市场营销理论、汽车市场营销环境分析、汽车消费者消费行为和汽车市场营销调研；汽车市场营销策略部分包括目标市场战略、汽车产品策略、汽车产品价格策略、汽车产品分销策略、汽车产品促销策略及营销公关；汽车营销实务部分包括汽车营销人员及销售准备、汽车营销技巧、汽车产品质量法规与商标法。

本书可作为高等职业技术院校以及成人高校、中职学校汽车类专业的教材，同时也可作为相关从业人员的参考书。本书配有课件，下载地址：http://www.tupwk.com.cn/downpage。

本书封面贴有清华大学出版社防伪标签，无标签者不得销售。

版权所有，侵权必究。举报：010-62782989，beiqinquan@tup.tsinghua.edu.cn。

图书在版编目(CIP)数据

汽车营销 / 刘凯，鞠鲁粤 主编. —北京：清华大学出版社，2014（2022.12重印）
(高职高专汽车类教学改革规划教材)
ISBN 978-7-302-36133-6

Ⅰ. ①汽… Ⅱ. ①刘… ②鞠… Ⅲ. ①汽车—市场营销学—高等职业教育—教材 Ⅳ. ①F766

中国版本图书馆 CIP 数据核字(2014)第 069707 号

责任编辑：施 猛 马遥遥
封面设计：常雪影
版式设计：方加青
责任校对：曹 阳
责任印制：杨 艳

出版发行：清华大学出版社
网　　址：http://www.tup.com.cn, http://www.wqbook.com
地　　址：北京清华大学学研大厦A座　邮　编：100084
社 总 机：010-83470000　邮　购：010-62786544
投稿与读者服务：010-62776969，c-service@tup.tsinghua.edu.cn
质 量 反 馈：010-62772015，zhiliang@tup.tsinghua.edu.cn
课 件 下 载：http://www.tup.com.cn, 010-83470236
印 装 者：涿州市般润文化传播有限公司
经　　销：全国新华书店
开　　本：185mm×260mm　印　张：17.5　字　数：393 千字
版　　次：2014 年 6 月第 1 版　印　次：2022 年 12 月第 8 次印刷
定　　价：49.00 元

产品编号：054503-03

前言

2012年，我国汽车产销量双双突破1900万辆，稳居世界首位。在短短的几十年内，我国从一个一年仅能生产几万辆汽车、私人无法购买汽车的汽车弱国，一跃成为世界第一汽车产销大国。随着国民经济的发展、城乡道路设施建设的加快、居民收入水平的稳步提高，汽车逐渐走进家庭，成为普通百姓的代步工具。中国汽车营销市场也随之迅速发展，对汽车营销人才的巨大需求应运而生。当前，我国汽车营销人才出现巨大的数量缺口，具备现代营销观念、通晓市场营销知识、掌握汽车营销技巧和汽车产品知识的高素质、复合型汽车营销人才，更是当前我国紧缺的汽车服务型人才。

近几年来，我国汽车市场也发生了巨大的变化，如国家对汽车产业特别是新能源汽车产业的扶持力度越来越大，汽车消费者的购买能力持续增强，对汽车产品和服务的要求越来越高，消费者的个性和差异性体现越来越明显，汽车新产品层出不穷，各种创新营销模式不断涌现等，都对汽车营销人才的培养提出了更高的要求。本书正是在这样的背景下，紧密结合中国汽车营销市场的发展以及高职高专教育的特点，参考了大量的相关教材和文献、报告，在多年的教学、实训和行业工作的经验基础上编写而成的。

本书主要包括三大部分内容：汽车及汽车市场、汽车市场营销策略和汽车营销实务。本书紧密联系当前中国汽车市场，注重能力培养和理念形成，系统探索和分析了现代汽车营销理念和营销策略，重点阐述了汽车营销方式和营销技巧，着重培养汽车营销人员的良好素质和综合能力。本书引入了大量案例和实例，选取的实例具有很强的时效性，同时注重内容的现实性、超前性，强调知识体系的系统性、针对性、务实性。本书可作为高等院校汽车服务与营销专业、汽车维修专业的课程教材，也可作为"汽车营销师"国家职业技能鉴定的参考教材，还可作为汽车营销从业者的参考书。

本书由上海大学的刘凯、鞠鲁粤编写，在编写过程中得到了上海市汽车类专业教学指导委员会、上汽培训中心的大力支持，众多的汽车营销同行也提出了不少宝贵意见，在此一并表示感谢！本书参考和引用了大量的文献资料和网站信息，但限于篇幅，没有一一标注，在此向相关作者和单位表示感谢！

由于编者水平有限，书中难免存在不妥和错误之处，敬请广大读者指正。反馈邮箱：wkservice@vip.163.com。

编　者
2014年2月

目录

第一篇　汽车及汽车市场

第1章　汽车历史与文化 ……………… 2
1.1　汽车发明 ………………………… 3
1.2　汽车厂商 ………………………… 5
 1.2.1　美国著名汽车制造公司 ……5
 1.2.2　德国著名汽车制造公司 ……6
 1.2.3　日本著名汽车制造公司 ……8
 1.2.4　法国著名汽车公司 ………10
 1.2.5　意大利著名汽车公司 ……11
 1.2.6　英国著名汽车制造公司 …12
 1.2.7　韩国汽车公司 ……………13

第2章　汽车市场营销理论 …………… 16
2.1　汽车市场 ………………………… 17
 2.1.1　市场 ………………………17
 2.1.2　汽车市场概述 ……………20
2.2　汽车市场营销 …………………… 22
 2.2.1　市场营销 …………………22
 2.2.2　市场营销的核心概念 ……25
 2.2.3　汽车市场营销的含义和核心技能 …27

第3章　汽车市场营销环境分析 ……… 29
3.1　汽车市场营销环境概述 ………… 30
 3.1.1　汽车营销环境 ……………30
 3.1.2　汽车市场营销环境的构成 …31
 3.1.3　汽车市场营销环境的特点 …31
3.2　汽车营销的宏观环境 …………… 33
 3.2.1　人口环境分析 ……………33
 3.2.2　经济环境分析 ……………34
 3.2.3　政治法律环境分析 ………36
 3.2.4　科技环境分析 ……………37
 3.2.5　社会文化环境分析 ………39
 3.2.6　汽车使用环境分析 ………40
3.3　汽车营销的微观环境 …………… 41
 3.3.1　内部环境 …………………42
 3.3.2　外部环境 …………………42
3.4　营销环境分析方法 ……………… 45
 3.4.1　矩阵图法 …………………45
 3.4.2　SWOT分析法 ……………46
 3.4.3　PEST分析法 ………………48

第4章　汽车消费者消费行为 ………… 51
4.1　汽车消费购买行为概述 ………… 52
 4.1.1　汽车消费者购买行为的含义 …52
 4.1.2　消费者购车行为的要素 …52
 4.1.3　汽车购买决策过程 ………53
4.2　私人汽车消费者购买行为分析 … 55

4.2.1 私人汽车消费市场的特点 …… 56
4.2.2 影响私人汽车消费者购买行为的因素 …… 57
4.2.3 汽车消费者类型 …… 62
4.3 组织购车用户购买行为分析 …… 63
4.3.1 汽车组织市场的分类 …… 63
4.3.2 组织市场的特点 …… 64
4.3.3 影响购买行为的主要因素 …… 66
4.3.4 组织购车用户购买决策的参与者 …… 67
4.3.5 组织购车的决策过程 …… 68

第5章 汽车营销市场调研 …… 71

5.1 汽车营销市场调研概述 …… 72
5.1.1 市场营销调研 …… 72
5.1.2 汽车营销市场调研的内容 …… 72
5.1.3 汽车营销市场调研的步骤 …… 74
5.1.4 汽车市场调研的方式和方法 …… 76
5.2 汽车营销市场调研问卷的设计 …… 77
5.2.1 问卷设计的原则 …… 77
5.2.2 问卷设计的格式 …… 78
5.2.3 问题的主要类型 …… 79
5.2.4 问卷设计的方法 …… 80
5.2.5 问卷设计的注意要点 …… 81

第二篇 汽车市场营销策略

第6章 目标市场战略 …… 86

6.1 汽车市场细分 …… 87
6.1.1 市场细分的概念 …… 87
6.1.2 汽车市场细分的作用 …… 88
6.1.3 汽车市场细分的原则 …… 89
6.1.4 市场细分的依据 …… 90

6.1.5 市场细分的方法 …… 93
6.2 汽车目标市场策略 …… 94
6.2.1 目标市场的选择 …… 94
6.2.2 目标市场的范围策略 …… 97
6.2.3 目标市场营销策略 …… 100
6.2.4 影响目标市场营销策略选择的因素 …… 102
6.3 汽车市场定位 …… 103
6.3.1 市场定位的概念和作用 …… 103
6.3.2 目标市场定位的步骤 …… 105
6.3.3 市场定位的基础 …… 105
6.3.4 汽车市场定位策略 …… 106

第7章 汽车产品策略 …… 111

7.1 汽车产品的整体概念 …… 112
7.2 汽车产品组合策略 …… 114
7.2.1 汽车产品组合 …… 114
7.2.2 汽车产品组合策略的内容 …… 116
7.3 产品生命周期理论 …… 119
7.3.1 产品的生命周期 …… 119
7.3.2 各生命周期阶段的特点及营销策略 …… 122
7.4 汽车品牌策略 …… 125
7.4.1 品牌概述 …… 125
7.4.2 常见汽车品牌的设计方法 …… 127
7.4.3 汽车品牌策略的内容 …… 128

第8章 汽车产品价格策略 …… 136

8.1 汽车产品的价格 …… 137
8.1.1 汽车产品的定价目标 …… 137
8.1.2 影响汽车定价的因素 …… 138
8.2 汽车产品定价策略 …… 142
8.2.1 新产品定价策略 …… 142

        8.2.2 折扣定价策略……………145
        8.2.3 心理定价策略……………146

第9章 汽车产品分销策略…………153
    9.1 分销理论概述……………………154
        9.1.1 汽车分销渠道的概念………154
        9.1.2 汽车分销渠道的作用………154
        9.1.3 汽车分销渠道的类型………155
    9.2 分销渠道的中间商………………158
        9.2.1 汽车中间商的类型…………158
        9.2.2 汽车批发商…………………159
    9.3 汽车产品常见分销模式…………160
        9.3.1 影响分销渠道选择的因素…160
        9.3.2 汽车产品常见的分销渠道模式…163

第10章 汽车产品促销策略及营销公关…173
    10.1 汽车产品促销组合……………174
        10.1.1 汽车促销的概念……………174
        10.1.2 汽车促销的作用……………174
        10.1.3 汽车促销的方式……………175
        10.1.4 汽车促销的组合……………176
    10.2 人员促销………………………178
        10.2.1 人员促销的概念和特点……178
        10.2.2 人员促销的形式和过程……179
        10.2.3 汽车人员促销的策略………180
        10.2.4 汽车促销人员的管理………181
    10.3 汽车广告促销…………………182
        10.3.1 汽车广告促销概述…………182
        10.3.2 汽车广告定位………………183
        10.3.3 广告媒体的选择……………184
        10.3.4 汽车营销广告………………186
    10.4 汽车营业推广策略……………188
        10.4.1 汽车营业推广的概念和特点…188

        10.4.2 汽车营业推广的形式………190
        10.4.3 汽车营业推广的常见工具…191
        10.4.4 制订详细的实施方案………192
        10.4.5 汽车销售促进的实施及评价…193
        10.4.6 汽车促销活动策划书模板…194
    10.5 汽车产品营销公关……………196
        10.5.1 公共关系的特征……………196
        10.5.2 公共关系的作用……………196
        10.5.3 汽车营销公共关系策略……197
        10.5.4 公关活动的内容……………199
        10.5.5 汽车营销公关计划的执行、评价………………………200
        10.5.6 汽车营销公关策划书范本…201

第三篇 汽车营销实务

第11章 汽车营销人员及销售准备…204
    11.1 汽车营销人员的职责……………205
        11.1.1 收集信息……………………205
        11.1.2 沟通关系……………………205
        11.1.3 销售商品……………………206
        11.1.4 提供服务……………………206
        11.1.5 树立形象……………………207
    11.2 汽车营销人员的基本素质和能力…207
        11.2.1 汽车营销人员的素质………207
        11.2.2 汽车营销人员的能力………211
    11.3 销售准备工作…………………212
        11.3.1 自我准备……………………212
        11.3.2 了解所销售的汽车产品……214
        11.3.3 对顾客做好应有的准备……215

第12章 汽车营销技巧………………221
    12.1 汽车展厅销售流程……………222

12.2 接待顾客的礼仪规范……………223
    12.2.1 仪表礼仪……………223
    12.2.2 举止礼仪……………223
    12.2.3 谈吐礼仪……………224
    12.2.4 介绍礼仪……………225
    12.2.5 握手礼仪……………225
    12.2.6 电话礼仪……………225
    12.2.7 名片礼仪……………225

12.3 提供咨询……………226
    12.3.1 询问……………226
    12.3.2 聆听……………227

12.4 车辆展示……………229
    12.4.1 车辆六方位介绍法……………229
    12.4.2 特征利益法……………235

12.5 试乘试驾……………236
    12.5.1 试乘试驾前的准备……………236
    12.5.2 试驾前的手续办理……………237
    12.5.3 试乘试驾流程……………237
    12.5.4 试乘试驾阶段及要点……………238

12.6 顾客异议处理……………239
    12.6.1 顾客异议……………239
    12.6.2 产生异议的原因……………239
    12.6.3 异议的种类……………240
    12.6.4 正确认识顾客异议……………241
    12.6.5 处理异议的态度……………242
    12.6.6 处理异议的策略……………243

12.7 建议购买时机及缔约成交……………246
    12.7.1 建议购买……………246
    12.7.2 推销成交失败的原因……………246
    12.7.3 成交的信号和时机……………247

12.8 售后服务……………249
    12.8.1 商品的售后服务……………249
    12.8.2 客户的维系……………250

第13章 汽车产品质量法规与商标法……253

13.1 汽车产品质量法规……………254
13.2 汽车产品与商标法……………268
    13.2.1 商标与汽车标识……………268
    13.2.2 《商标法》与汽车标识……………269

参考文献……………272

第一篇
汽车及汽车市场

第 1 章 汽车历史与文化

1.1 汽车发明

汽车作为重要的陆路交通工具，问世百余年来，取得了惊人的发展。2011年，全球汽车保有量超过10亿辆，并以每年几千万辆的速度增长，汽车已成为人类最常用的交通工具，全球有一半以上的客货运输是通过汽车完成的。人们在最初发明汽车之时，是绝对没有想到日后它会对人类产生如此深远的影响的。

早在几千年前，人类就知道用车来运输人和重物。公元前一世纪，人们设想用蒸汽作为动力来代替人力和畜力，但直到17世纪，人类的这一设想才变为现实。

现在，汽车主要使用内燃机作为动力装置，但最早的汽车使用的是外燃机——蒸汽机。1712年，英国发明家纽柯门(T.Newcomen)研制出世界上第一台蒸汽机。这种蒸汽机用煤来烧开水，使水变成蒸汽，然后推动活塞产生动力。当时这种蒸汽机还很不完善，但毕竟可以代替人们一部分的体力劳动，因此在欧洲流行了近60年，主要用于煤矿开采作业。

1769年，法国军官库尼奥(Cuneo)研制出世界上第一辆装有蒸汽机的三轮车，这辆车的车轮、车架均为木质，没有转向装置，只能直线行驶，时速仅有4km/h，如图1-1所示。

1781年，英国人瓦特(James.Watt)对纽柯门蒸汽机进行了改进，使其热效率提高、可靠性增强，从而促使蒸汽机进入更实用的阶段。在此后的一百年，欧洲各国和美国的发明家相继制造出多种不同外观、不同用途的蒸汽汽车，

图1-1　1769年库尼奥设计的"蒸汽马车"

如英国人嘉内(G.Gurney)制成的蒸汽公共汽车、美国人艾文思(O.Evans)发明的水陆两用汽车、法国人佩夸尔研制的蒸汽牵引汽车等。

由于速度慢、体积大、污染严重，随着内燃机的出现，蒸汽机逐渐退出了汽车动力的舞台。蒸汽机的燃料是在气缸外燃烧的，因此热量容易散失，热效率很低，为了从根本上解决这一问题，人们便开始积极研究使燃烧直接在气缸内做功的动力装置，即内燃机。

1860年，比利时发明家勒努瓦(Lenoir)成功研制出一台使用煤气的单缸二冲程内燃机，这是世界上最早的内燃机。

1876年，德国人奥托(N.Otto)制成了第一台往复式四冲程内燃机。这种内燃机利用活塞往复运动的4个冲程，将吸入的煤气与空气的混合气压缩后，再点火燃烧，大大提高了内燃机的热效率。

1886年，德国人卡尔·本茨(Karl F.Benz)设计制造出世界上第一辆装有汽油内燃机的三轮汽车，这辆三轮汽车采用钢管焊接车架、辐条式车轮，发动机为单缸四冲程，工作容积为1687ml，转速为200r/min，功率为1013W，最高时速为18km，如图1-2所示，被称为世界上第一辆汽车。

图1-2　1886年卡尔·本茨设计制造的第一辆汽车(仿制品)

装有汽油内燃机的汽车轻便、快速、舒适，并且燃油经济性好，因此一经面世便受到人们的普遍欢迎，同时也标志着汽车的真正诞生。1886年1月29日，卡尔·本茨获得了第一个内燃机汽车制造专利证，从此人类社会进入了现代汽车时代，人们把1886年称为"汽车元年"。

19世纪末20世纪初，欧美一些主要的资本主义国家相继完成了工业革命，随着生产力的大幅提高，对交通工具也提出了更高的要求。同时石油工业的发展，已经能提供足够的燃料，而机械工业的发展也提供了先进的加工设备。在此背景下，从德国人卡尔·本茨和戴姆勒于1886年分别先后制成世界第一辆三轮内燃机汽车和世界第一辆四轮内燃机汽车开始，法国于1890年、美国于1893年、英国于1896年、日本于1907年、俄国于1910年都相继制造出汽车，促使世界汽车工业发生了日新月异的变化。在19世纪末到第一次世界大战爆发的二十多年间，发达国家的汽车工业初步形成，其中最具代表性的是德国和美国。

德国从1886年开始，汽车工业迅速发展，到1901年已有12家汽车制造厂，7年之后猛增至53家，年产汽车超过5000辆，不仅能供应本国市场，而且可销往世界各地。到1914年，德国汽车年产量已达两万辆，汽车保有量达10万辆。

图1-3　著名的福特T型车

美国的第一辆汽车由杜瑞亚(Duryea)兄弟于1893年制造而成。1896年，亨利·福特(Henry Ford)制造出第一辆汽车。1903年，福特汽车公司成立，同年推出福特A型车。1908年，著名的福特T型车问世，如图1-3所示，该车采用直列四缸发动机，功率为14kW，因具有结构紧凑、设计简单、容易驾驶、价格低廉的优点，迅速占领市场。

1913年，福特汽车公司在底特律建成了第一条汽车装配流水线，首次实现了汽车的批量化生产。通过流水线操作，T型车的组装时间由12.5小时缩短到1.5小时，使生产成本大大降低。1914年，T型车的年产量已达30万辆，每辆仅售价360美元。到1926年T型车停产时，共生产200万辆，仅售290美元。福特汽车以其坚固耐用和价格低廉的优点占据了美国70%～80%的市场，成为当时世界上第一大汽车制造商。但福特公司所采用的"全能厂"模式最终还是没有竞争过美国通用汽车公司(GM)所实行的"专业化"生产模式。1927年，通用汽车公司超过福特成为世界上产量最大的汽车制造公司。

20世纪20年代到90年代，虽然受到世界大战的影响，但世界汽车工业无论是制造技术还是设计水平，都取得了突飞猛进的发展。除欧美各国之外，发展最快的是亚洲的日本和韩国。

日本的汽车工业在1941年时已具备年产5万辆车的能力，但受到"二战"的影响，1945年下降到7000多辆。但日本的汽车制造者们不甘落后、奋发图强，1955年，日本汽车年产量达到15万辆。自1960年开始，日本大力发展汽车工业，在品质和成本方面下足工夫，并对管理模式进行了革新和探索，到1980年，汽车年产量已达1104万辆，一度超越美国成为世界第一大汽车生产大国。

韩国的汽车工业起步于20世纪60年代，从一开始国家就给予了充分的保护、正确的引导和有力的支持，很快就形成了以大型企业集团为骨干的汽车工业产业体制，再加上企业的自律和竞争意识的增强，以及自主开发具有国际竞争力的新车型的积极性的提高，使汽车年产量由1980年的12万辆发展到1988年的108万辆，到1996年已突破350万辆。

汽车问世百余年来，特别是自汽车产品的大批量生产及汽车工业的大发展以来，汽车已为促进世界经济发展、提高人类生活质量起到了无可替代的巨大作用，为人类社会进步作出了不可磨灭的贡献。2011年，全球汽车年产量已超8000万辆，总保有量超过10亿辆。近年来，随着科学技术的发展，不断有混合动力汽车、纯电动车等多种新能源汽车加入汽车大家庭，丰富着人们的汽车生活。

1.2 汽车厂商

汽车发展已有百余年的历史，对汽车发展作出巨大贡献的汽车厂商层出不穷，可以说，世界汽车的发展离不开全世界各国汽车厂的开创者、设计者和制造者。了解世界知名的汽车厂商是开展汽车营销活动的基础。在辉煌的汽车发展史上，最知名的汽车公司主要有以下几家。

1.2.1 美国著名汽车制造公司

1. 通用汽车公司

美国通用汽车公司是世界上最大的汽车制造公司，位于密歇根州底特律市，其核心汽车业务及子公司遍及全球，拥有员工超过30万名。通用汽车公司是由威廉·杜兰特(W.Durant)于1908年9月16日在新泽西州以别克汽车公司为基础而创建的。通用汽车公司(General Motors Corporation)的命名具有独特的"通用"象征性意义，简称GM，标志为深蓝底色上的GM，如图1-4所示。通用汽车公司拥有雄厚的资金、技术实力和强大的营销业务能力，迄今在全球33个国家建立了汽车制造基地，产品销往200多个国家和地区。

图1-4 通用汽车公司标志

通用公司具有众多著名的汽车品牌，包括凯迪拉克、别克、雪佛兰、GMC、霍顿、悍马、欧宝、庞蒂亚克、土星等。近年来，通用逐渐实施"品牌瘦身"计划，停用、雪藏了部分品牌，现主要品牌有凯迪拉克、雪佛兰、别克，在欧洲市场上的主要品牌为欧宝。

2. 福特汽车公司

1896年6月14日，亨利·福特制造了他的第一辆汽车；1903年6月16日，他创建了福特汽车公司，总部设在底特律近郊的迪尔伯恩(Dearborn)。福特汽车公司在汽车史上占据重要地位，1908年，福特公司生产了著名的T型车，并率先采用了流水线生产，使产量直线上升，实现了汽车的大规模生产，使汽车成为普通人的交通工具，改变了人们的生活方式。福特的标志采用英文"Ford"字样，蓝底白字，由于亨利·福特喜爱小动物，设计者把标志巧妙地设计成形似小白兔的图案，如图1-5所示。

图1-5 福特汽车公司标志

经过百年的发展，福特汽车公司已成为一个巨型跨国公司，拥有福特、林肯(Lincoln)、水星(Mercury)等多个品牌，并曾经拥有包括马自达(Mazda)、沃尔沃(Volvo)、阿斯顿·马丁(Aston Martin)、捷豹(Jaguar)、路虎(Land Rover)等在内的多个世界著名品牌。

福特公司非常注重欧洲业务，福特品牌也在欧洲具有一定的市场占有率，当前在我国市场中出售的很多福特汽车款型，都来自福特欧洲公司。

3. 克莱斯勒汽车公司

目前，克莱斯勒(Chrysler)汽车公司是美国第三大汽车公司，总部设在底特律市近郊的奥本山(Auburn Hills)，公司标志如图1-6所示。公司名称源于其创始人沃尔特·克莱斯勒。克莱

图1-6 克莱斯勒公司标志

斯勒汽车公司的前身是1907年开设的马克斯维尔汽车公司。1925年，沃尔特·克莱斯勒买下该公司，并更名为克莱斯勒汽车公司，1929年成为美国第三大汽车公司，1933—1949年曾超过福特汽车公司成为美国第二大汽车公司。但自20世纪50年代以来，该公司逐渐走下坡路，曾经数次濒临破产。克莱斯勒汽车公司在1998年曾与德国的戴姆勒-奔驰公司合并为戴姆勒-克莱斯勒公司，成为近些年来规模最大的一次汽车制造商合并，但由于经营业绩下滑，合资公司于2007年拆分。2009年，克莱斯勒公司发表声明申请破产保护，现在已由意大利厂商菲亚特汽车公司入主。

克莱斯勒汽车公司旗下的汽车品牌主要有克莱斯勒、道奇、Jeep、Ram等。其中，Jeep品牌在中国久负盛名，20世纪80年代即在中国实现国产，以其超强的越野性能和大气的设计风格给消费者留下了深刻的印象。

1.2.2 德国著名汽车制造公司

1. 戴姆勒-奔驰汽车公司

1883年，卡尔·本茨创建了奔驰公司和莱茵煤气发动机厂，这就是后来的奔驰汽车公司的前身。1890年，戴姆勒(Daimler)创建了戴姆勒发动机公司。1926年，戴姆勒公司与奔

驰公司正式合并,成立了戴姆勒-奔驰汽车公司,成为强强联合的首创者,总部设在德国斯图加特。

戴姆勒-奔驰汽车公司是德国最大的工业集团和跨国公司,现在该公司除了以高质量、高性能的豪华汽车闻名外,它也是世界上最著名的大客车和重型载重汽车的生产厂家。

戴姆勒-奔驰汽车公司旗下的品牌主要有梅赛德斯-奔驰、AMG、迈巴赫、Smart等。

2. 大众汽车公司

德国大众汽车公司始建于1937年5月28日,现已成为欧洲最大的汽车生产集团、世界第二大汽车公司,创始人是费迪南德·波尔舍(见图1-7),总部位于沃尔夫斯堡。现在大众汽车公司与保时捷汽车公司交叉持股。

大众汽车公司于1982年与中国签订了在上海合资生产桑塔纳轿车的协议,1985年上海大众汽车有限公司成立,大众汽车公司对中国汽车行业的发展作出了重要贡献。

大众汽车公司是大众集团的成员之一,大众集团是德国最大的企业,并在2010年成为世界销量最多的汽车公司,名列世界500强的第12位。大众汽车在世界许多国家均建有工厂,目前约有雇员50余万人。旗下品牌众多,包括大众、奥迪、斯柯达、兰博基尼、宾利、布加迪、西雅特、斯堪尼亚、大众商用车、保时捷、MAN与新近收购的摩托车品牌杜卡迪。

图1-7　大众公司与保时捷公司创始人费迪南德·波尔舍

3. 宝马汽车公司

1913年,卡尔·瑞普(Karl F.Rapp)在慕尼黑成立了瑞普发动机公司,专门从事飞机发动机的制造。由于第一次世界大战的需要,公司业务进一步扩大,1916年,公司改名为巴伐利亚飞机发动机公司,两年后改名为宝马公司(Bayerische Motoren Werke AG,BMW),意为巴伐利亚机械制造厂有限公司,1928年转产生产汽车。宝马公司以生产运动型豪华轿车著名。BMW标志的色彩和组合来自宝马所在地巴伐利亚州的州徽。

宝马公司现拥有BMW、MINI、Rolls-Royce三个汽车品牌。

2003年,宝马公司与华晨汽车控股有限公司合资成立华晨宝马汽车有限公司,在华从事宝马汽车的制造、销售、售后业务。

4. 保时捷汽车公司

保时捷(Porsche)公司是世界著名的高端汽车企业,以开发、生产和销售豪华跑车和运动型越野车为主,总部位于德国斯图加特市,由费迪南德·波尔舍于1930年创建。

自创立之初,保时捷公司便和大众公司保持着紧密联系,保时捷公司成立之后的主要任务是承接其他公司的设计研发工作。1938年,大众汽车公司建立新厂,专门生产波尔舍设计的甲壳虫汽车，波尔舍出任总经理。1939年，第二次世界大战爆发，大众汽车公司变成了军工厂，波尔舍也被迫转入军用车辆的研发工作，二战末期，为躲避空袭，保时捷公司迁往奥地利山区。

1945年，二战结束后，波尔舍被盟军逮捕。1948年，波尔舍获释，真正投入他感兴趣的跑车研发业务，并研发了真正奠定保时捷地位的356赛车。1963年，保时捷911系列问世，在赛车领域产生了巨大的影响。

保时捷车标如图1-8所示，采用斯图加特市的盾形市徽，商标中间是一匹骏马，表示出产于斯图加特的一种名贵马；商标左上方和右下角是鹿角的图案，表示斯图加特曾经是狩猎的好地方；商标右上方和左下方的黄色条纹代表了成熟的小麦的颜色，中间的黑色代表了肥沃的土地，红色象征了人们的智慧和对大自然的热爱，由此组成了一幅意境深刻的田园风景画，展现了保时捷公司辉煌的过去和美好的未来。

图1-8　保时捷汽车公司标志

1.2.3　日本著名汽车制造公司

1. 丰田汽车公司

丰田汽车公司的前身是1933年在丰田自动织布机制作所设立的汽车部，1937年8月28日正式独立为丰田汽车工业公司，创始人是丰田喜一郎。丰田喜一郎以其姓氏作为公司的文字商标，英文为TOYOTA。1982年7月1日，丰田汽车工业公司和丰田汽车销售公司合并为丰田汽车公司，总部设在爱知县丰田市。截至2012年，丰田已经连续数年成为全球第一大汽车制造商，在世界工业界占有重要地位。

丰田汽车公司在"二战"后采用以多品种、小批量、准时化、自动化为特征的丰田生产方式(TPS)，又称为"精益制造"，以降低成本。丰田公司运用多种现代管理方法和手段，以社会需要为依据，以充分发挥人的作用为根本，有效配置和合理使用企业资源，"彻底杜绝浪费"，最大限度为企业谋取经济效益。丰田生产方式是对曾统治工业界的福特式生产方式的重大突破，至今仍对全球工业产生着巨大影响，成为学界和企业界竞相研究的重要课题。

丰田公司拥有众多著名的汽车品牌，除了著名的丰田牌(TOYOTA)和雷克萨斯(LEXUS)之外，还有Scion、Daihatsu(大发)和日野(Hino)卡车等。同时，丰田汽车公司还拥有斯巴鲁(SUBARU)日本公司相当份额的股份。

2. 日产汽车公司

1914年，田建治郎等人创建"快进社"，并于1934年改为日产汽车公司。日产汽车公司总部位于东京，现为日本第二大汽车制造商。"NISSAN"是日语"日产"两个字的罗马音形式,是日本产业的简称,其含义是"以人和汽车的明天为指引目标"。日产汽车公司的经营战略有两大特色:一是浓厚的技术色彩,热衷于技术创新,有"技术日产"之称;二是国际化色彩明显,日产先后在多个国家设立工厂和研发中心,并于1999年与法国雷诺汽车公司结为战略联盟,对汽车界产生巨大影响。

日产汽车公司最初使用的品牌是达特桑(Datson),现有品牌主要包括日产牌(Nissan)、英菲尼迪(Infiniti)。日产汽车公司在中国同多家汽车企业合资,分别成立了东风日产与郑州日产。

3. 本田汽车公司

本田汽车公司全称为"本田技研工业股份有限公司",其前身是本田技术研究所,建于1948年9月,创始人是传奇人物本田宗一郎,总部设在东京。本田公司以生产摩托车闻名世界,现已成为世界最大的摩托车制造商,并于1962年开始生产汽车,现已成为日本第三大汽车制造商,在国际汽车市场上也具有一定的影响力。本田商标图案中的字母"H"是"本田"的英译写法的第一个字母。

本田旗下现主要有本田(HONDA)与讴歌(ACURA)两个汽车品牌。

4. 马自达汽车公司

马自达汽车公司的前身是创建于1920年的东京软木工业公司,1927年更名为东洋工业公司,总部设在广岛。1931年开始生产汽车,1982年公司正式更名为马自达汽车公司,"马自达"来源于公司创始人松田重次郎的姓氏(松田在日语中的发音为"马自达")。马自达汽车公司现为日本第四大汽车制造商。

图1-9　马自达公司标志

马自达生产的汽车以时尚动感的外形受到消费者的欢迎,马自达公司与福特公司合作后,采用了如图1-9所示的车标,椭圆中展翅飞翔的海鸥,同时又组成"M"字样。"M"是"MAZDA"的首字母,预示着公司将展翅高飞,以无穷的创意和真诚的服务,迈向未来。

马自达公司现与我国的长安、一汽分别成立了合资公司——长安马自达与一汽马自达。

5. 三菱汽车公司

三菱汽车公司是一个既古老又年轻的汽车公司,早在1917年,三菱集团就生产出"三菱A型"汽车,标志为白底红色的三个菱形,如图1-10所示。1970年,从日本三菱汽车重工业公司独立出来的日本三菱汽车公司同时成为日本最年轻的汽车公司。三菱的名字源自1870年成立的九十九商会,后改称为三菱商会。1970年,三菱汽车公司正式成立,成立后与美国克莱斯勒汽车公司在多方面开展了合作。

图1-10　三菱公司标志

目前,三菱汽车公司与我国福建的东南汽车公司有着紧密的合作。

1.2.4 法国著名汽车公司

1. 标致汽车公司

1890年,在卡尔·本茨制造出世界上第一辆汽车之后不久,标致公司就使法国成为欧洲大陆第二个生产汽油动力汽车的国家。1896年,阿尔芒·标致(Armand Peugeot)在蒙贝利亚尔省创建了标致(Peugeot)汽车公司。标致汽车的商标图案是一只站立的雄狮,既是标致家族的徽章,也是蒙贝利亚尔省的省徽,如图1-11所示。商标既突出了力量,又强调了节奏,富有时代感,预示着标致汽车公司像雄狮那样威武、敏捷,永远保持旺盛的生命力。标致车型的命名采用$x0y$格式,如标致307、408,x表明汽车的大小(也就是级别),y表明型号(数字越大,型号越新),标致汽车公司已经将从101到909的各个类似的数字组合全部注册。近年来,标致也采用了$x00y$的形式,如标致1006、3008等。

1974年,标致公司接管了另一家法国汽车公司——雪铁龙汽车公司。两年后,标致汽车公司同雪铁龙汽车公司共同组成了"PSA标致—雪铁龙汽车集团"。

20世纪80年代,标致汽车公司曾与我国广州汽车工业公司合资生产标致505轿车,但合资企业由于经营不善最终关闭。2002年,东风汽车公司与"PSA标致—雪铁龙汽车集团"签订了扩大合作协议,成立了东风标致汽车公司,标致品牌被重新引入中国。

图1-11 标志汽车公司旧款(左)及新款(右)标志

2. 雪铁龙汽车公司

雪铁龙汽车公司的前身是雪铁龙齿轮公司,1915年由安德烈·雪铁龙(André Citroën)创建。雪铁龙的汽车以特立独行的外观和优异的操控性能著称,雪铁龙公司重视技术革新,汽车工业中很多的先进技术都是由雪铁龙公司推广开来的。1990年,雪铁龙与中国第二汽车制造厂(东风汽车公司)合资创办了神龙汽车公司,生产雪铁龙ZX富康轿车,对中国汽车工业的发展起到了重要的作用。

雪铁龙的名称来自于创始人的姓氏,由于雪铁龙汽车公司的前身曾经以生产"人"字形齿轮而著称,故车标也是以"人"字形齿轮为背景,如图1-12所示,象征人们密切合作、同心协力、不断向上。

图1-12 雪铁龙汽车公司旧款(左)及新款(右)标志

3. 雷诺汽车公司

雷诺汽车公司是路易斯·雷诺三兄弟于1898年在法国比扬古创建的,并以创始人的姓氏命名,它是世界上历史最悠久的汽车公司之一。在第一次世界大战中,雷诺汽车公司获得了极大的发展,但在二战中遭到破坏。战后,由于雷诺汽车公司曾与德国法西斯有过合作而被国家接管,改为法国国营汽车公司,至今仍为法国最大的国有企业。

雷诺汽车公司的商标是四重菱形图案,象征雷诺三兄弟与汽车工业融为一体,表现雷诺能在无限(四维)的空间中竞争、生存、发展,如图1-13所示。

图1-13 雷诺汽车公司标志

雷诺轿车在亚洲比较少见,在我国所占的市场份额也极低。雷诺公司在中国唯一的合资企业是三江雷诺,专门生产塔菲克(Trafic)7座单厢车。现如今,雷诺主要是以进口的形式向中国出口轿车,例如雷诺科雷傲。

1.2.5 意大利著名汽车公司

1. 菲亚特汽车公司

菲亚特是意大利都灵汽车制造厂的缩写,该厂建于1899年,其创始人是吉奥瓦尼·阿涅利。经过一个多世纪的发展,菲亚特汽车公司已成为意大利规模最大的汽车公司,不仅汽车产量占意大利汽车总产量的90%以上,还控制着阿尔法·罗密欧(Alfa Romeo)、蓝旗亚(Lancia)、法拉利(Ferrari)、玛莎拉蒂(Maserati)等汽车公司。菲亚特汽车公司以生产小型汽车著称,并是世界上第一个生产微型车的汽车生产厂家。

图1-14 菲亚特汽车公司标志

1999年,南京汽车集团有限公司与菲亚特汽车公司共同组建了南京菲亚特汽车公司,生产派力奥、锡耶纳等多款经济型小车,但由于经营不善合资公司最终关闭。2010年，菲亚特再次来到中国，与广州汽车工业集团公司合资成立了广汽菲亚特汽车公司，重新开启了菲亚特的中国之旅。菲亚特公司标志如图1-14所示。

2. 法拉利汽车公司

法拉利汽车公司是意大利的超级跑车制造公司，在跑车和赛车界享有盛誉。法拉利汽车公司创建于1929年，创始人是恩佐·法拉利，公司总部设在意大利赛车之都摩德纳(Modena)。早期的法拉利赞助赛车手并生产赛车，1947年开始独立生产汽车，现为菲亚特汽车公司的子公司。法拉利汽车大部分采用手工制造，因而产量较低。2011年，法拉利共交付7195台新车，为法拉利史上最佳业绩。恩佐·法拉利既是一名汽车企业家，又是一名著名赛车手，他被誉为赛车之父。法拉利公司在世界车坛拥有崇高的地位，甚至有的汽车评论家认为任何跑车都无法和法拉利汽车相比。近一个世纪以来，法拉利推出了众多世界知名的汽车产品。

法拉利汽车公司及其汽车商标为一匹跃马。一位在第一次世界大战中捐躯的意大利空军英雄Francesco Baracca的双亲，亲眼目睹了法拉利赛车所向无敌的神采，正是爱子英灵依托的堡垒，于是恳请法拉利将原来的标徽绘在其爱子座机上的"跃马"标志上，镶嵌在法拉利车系上。法拉利欣然接受了这个建议，并在"跃马"的顶端，加上意大利的国徽为"天"，再以"法拉利"横写字体串连成"地"，最后以故乡蒙达那市的代表颜色——黄色，渲染全幅而组合成"天地之间，任我驰骋"的豪迈图腾，如图1-15所示。

图1-15　法拉利公司标志

1.2.6　英国著名汽车制造公司

1. 劳斯莱斯汽车公司

劳斯莱斯(Rolls-Royes)汽车公司建于1906年，是由劳斯汽车销售公司和莱斯汽车制造公司联合而成的，并以两位创始人的姓氏命名。公司的商标采用Rolls、Royes两个单词的首字母R叠合而成，寓意团结奋进、共同创业的精神，简洁明朗，如图1-16所示。

劳斯莱斯轿车以外形独特、古色古香、性能优良而驰名世界，是当今世界最尊贵、最豪华气派的轿车之一，在世界车坛上享有崇高地位。

在劳斯莱斯汽车的车头上有一尊飞翔女神像。1911年，经朋友蒙塔古的介绍，劳斯认识了《汽车画报》的画家兼雕刻家塞克斯，请求他为劳斯莱斯汽车设计一尊雕塑商标。塞克斯就以画报社的莎恩顿小姐为模特，设计了飞翔女神，意为

图1-16　劳斯莱斯公司标志

速度之魂。

1998年，劳斯莱斯汽车公司被德国宝马汽车公司收购。

2. 捷豹汽车公司

捷豹(Jaguar)汽车公司建于1935年，创始人是威廉·莱昂斯。捷豹汽车公司的总部设于考文垂市。捷豹跑车以其雄姿倾倒众多车迷，受到车迷的特殊宠爱。捷豹车标为一只正在跳跃前扑的"美洲豹"雕塑，矫健勇猛，形神兼备，具有时代感与视觉冲击力，如图1-17所示，它既代表了公司的名称，又表现出向前奔驰的力量与速度，象征该车如美洲豹一样驰骋于世界各地。世界奢华汽车品牌捷豹自诞生之初就深受英国皇室的推崇，从伊丽莎白女王到查尔斯王子等皇室贵族无不对捷豹青睐有加，捷豹更是威廉王子大婚时的御用座驾，尽显皇家风范。

图1-17　捷豹汽车公司标志

1989年，捷豹汽车公司被美国福特汽车公司收购，并于2008年连同路虎(Land Rover)一并出售给印度塔塔(Tata)汽车公司。

3. 路虎汽车公司

路虎汽车公司(Land Rover)原属于英国罗孚(Rover)集团，前身是建于1884年的自行车制造厂。随着汽车的出现，从1904年开始，该公司把主要精力用在汽车生产上，但直到1946年才开发出闻名遐迩的四轮驱动汽车。其标志如1-18所示。

路虎汽车公司以四驱车而举世闻名：自创始以来就始终致力于为其驾驶者提供不断完善的四驱车驾驶体验。在四驱车领域中，路虎公司不仅拥有先进的核心技术，而且对四驱车充满了热情，是举世公认的四驱车权威革新者。尽管路虎在不断改进产品，但它始终秉承其优良传统，即将公司价值与精益设计完美地结合。

图1-18　路虎汽车公司标志

路虎汽车公司及其品牌曾经数次易主，现同捷豹汽车公司共同隶属于印度塔塔汽车公司。

1.2.7　韩国汽车公司

现代起亚汽车集团是由一系列附属公司以复杂的控股方式组成的集团公司，近些年来发展十分迅速，已经成为世界产量第四大的汽车生产商，在世界汽车工业中日益发挥着举足轻重的作用。公司总部位于韩国首尔，主要品牌是现代和起亚。

现代汽车公司是韩国最大的汽车企业，该公司建于1967年。在现代汽车公司的标志中，椭圆内的斜字母H是现代公司英文名"HYUNDAI"的首字母，椭圆既代表汽车方向盘，又可看作地球，两者结合寓意现代汽车遍布世界，如图1-19所示。

起亚汽车公司是韩国最早的汽车制造商，现在隶属于现代起亚汽车集团。起亚的名字源自汉语，"起"代表起来，"亚"代表在亚洲。因此，起亚的意思，就是"起于东方"

或"起于亚洲"。源自汉语的名字、代表亚洲崛起的含义,正反映了起亚的胸襟——崛起亚洲、走向世界。

现代和起亚在我国均有合作伙伴,分别为北京现代和东风悦达起亚。

图1-19　现代及起亚汽车标志

小资料

卡尔·本茨与第一辆汽车

在世界著名的汽车公司——奔驰汽车公司的简介中,以这样的开头阐述了汽车、奔驰与人的关系:"人们对一辆现代轿车的各种期盼大半可追溯至奔驰。准确地说,这一切是从1886年1月29日那天开始的。在那天,Carl Benz(卡尔·本茨)成功地为他所研制的0.9匹马力的三轮汽车取得了第37435号帝国专利证书。"卡尔·本茨,世界公认的汽车发明者,以其非凡的才智和坚韧不拔的钻研精神,制造出汽车这一令世界惊叹的交通工具,从而提高了现代人的生活质量,拓展了现代人的生活空间。

一、火车司机的儿子

卡尔·本茨于1844年出生在德国西部的卡尔斯鲁厄的一个手工业者的家庭。他的父亲是一名火车司机,在他快要降生的时候,父亲就在一次事故中不幸遇难,小本茨还没出生就失去了父亲,他的童年生活境况非常艰难。

1855年,上中学的卡尔迷上了自然科学,尤其喜欢物理。由于家境清寒,他必须靠修理手表来获得一些零用钱。1860年,卡尔·本茨依从母亲的意愿进入卡尔斯鲁厄综合科技学校学习。在那里,他遇到了两位优秀的教师,他们的"资本发明"说,对卡尔·本茨的一生产生了很大的影响。在这里,卡尔·本茨学习了机械构造、机械原理、发动机制造、机械制造经济核算等课程,这为他以后在汽车工业领域的发展打下了良好的基础。从学校毕业后,卡尔·本茨先在卡尔斯鲁厄机械工厂当学徒,在制秤厂里成为"绘画者和设计者",在桥梁建筑公司担任工长,后来在卡尔斯鲁厄机械工厂认识了比他大10岁的戈特利布·戴姆勒。在以后的日子里,他们成为事业上的好伙伴,也是汽车行业的竞争对手。

二、首部汽车时速16公里

1872年,卡尔·本茨下决心要创建一个工厂,他向朋友借钱组建了铁器铸造和机械工厂,但由于当时经济不景气,工厂的生产运营也受到影响,到1877年卡尔还无力偿还从朋友那里借来的2千万马克,工厂也面临倒闭的危险。在卡尔·本茨几乎绝望的时候,他想起了"资本发明"说,他认为只有"资本发明"才能拯救他。

卡尔·本茨决定要制造发动机，他学习了奥托的煤气发动机的相关知识，并获得了制造四冲程发动机和双冲程发动机的营业执照。卡尔·本茨在前人的基础上发展的新贡献，就是在新的混合气体进入气缸之前，使废气净化变为新鲜空气再进入气缸，这样可以避免危险的发生。卡尔·本茨经过多次的艰苦努力，新的发动机终于诞生了。在新的发动机诞生的时刻，正如他所描绘的："晚饭后我的妻子说我们必须再去工厂一次，享受我们的快乐。试机吸引着我，周围没有安静的地方，我们站在发动机面前，它发出哒、哒、哒的声音，节拍优美动听……今天晚上，在这贫穷的小工厂里，我看到一台崭新的发动机诞生了，感到无比幸福……不远处钟声响起，新的一年到来了。钟声不仅预示着新年的到来，而且还预示着一个新时代的开始，奔驰发动机时代来临了……"

1879年，卡尔·本茨研制成功火花塞点火内燃机。随后他又将内燃机改进为汽油发动机安将在三轮车上，车上装有由三个实心橡胶轮胎制成的车轮，装有卧置单缸二冲程汽油发动机，其容积为785CC，可达0.89匹马力，虽然它的时速只有16公里，但在当时，人们在路上常用的交通工具还是马车，因此这一速度足以令人"窒息"。该车前轮小、后轮大，发动机置于后桥上方，动力通过链和齿轮驱动后轮前进，行驶方向靠操纵杆控制。为了提升人员乘坐的舒适感，在车架和车轴间装有钢板弹簧悬架。该车已具备了现代汽车的一些基本特点，如电点火、水冷循环、钢管车架、钢板弹簧悬挂、后轮驱动、前轮转向和掣动手把等。其齿轮齿条转向器是现代汽车转向器的鼻祖。卡尔·本茨向德国皇家专利局申报专利并在1886年1月29日获得批准，因此1月29日被认为是世界汽车诞生日，1886年为世界汽车诞生年。这辆每小时行走16公里的三轮汽车被命名为"奔驰1号"。

资料来源：百度百科. http://baike.baidu.com/

思考题

1. 除了本书介绍的汽车企业，你还知道哪些国外汽车企业和品牌？
2. 你能否列举几个中国汽车企业和品牌？
3. 请借助互联网，说明什么是"丰田生产方式"？
4. 你认为未来的汽车发展方向是什么？有什么新的车型会出现？

第 2 章

汽车市场营销理论

2.1 汽车市场

2.1.1 市场

1. 市场的含义

市场是商品经济的产物，哪里有商品生产和商品交换，哪里就有市场。随着商品经济的发展，市场的概念也在不断地发展，目前，对市场概念的表达主要有如下几种。

1) 市场是商品交换的场所

在日常生活中，人们习惯将市场看作买卖交换的场所，如集市、商场等，这是一个时空概念。我国古代《易经》中记载"日中为市，至天下之民，聚天下之货，交易而退，各得其所"，这就是对市场的一种描述，市场被看成在一定时间和地点进行商品交易的总和。符合这种描述的市场非常常见，比如上海百联汽车交易市场、北京亚运村汽车市场等。

2) 市场是各种商品交换关系的总和

经济学家从经济学的角度给市场下了这样的定义：市场是社会各种商品交换关系的总和。

3) 现代市场营销学中的含义

美国市场营销学大师菲利普·科特勒(Philip Kotler)认为："市场由一切具有特定需求或欲望，并且愿意和可能从事交换，来使需求和欲望得到满足的潜在顾客所组成。"基于此，现代意义上的市场是指某种产品的现实购买者与潜在购买者的总和。

市场的大小取决于三个主要因素：有某种需要的人、满足这种需要的购买能力、购买欲望，可用公式表达为

$$市场=人口+购买力+购买欲望$$

以上三个因素相互制约，缺一不可，只有三者结合起来才能构成现实的市场。

2. 市场的特征

1) 形成市场的基本条件

市场是沟通生产和消费的桥梁，生产者和消费者通过市场发生经济联系、实现价值转移。因此，商品经济的规律只有通过市场才能发生作用。所以，形成市场的基本条件可以归纳为：有买卖双方，有可供交换的商品，有买卖双方都能接受的交易价格及其他条件。有了这三个条件，才能实现商品的交换，从而形成现实的而不是观念上的市场。

2) 形成买卖行为的三个要素

市场在一定的时间和空间内集中可供交易的商品，而且这些商品只有在都能满足用户需要的前提下才能成交。所以买卖行为形成的三要素是消费者、购买力和购买欲望。

3) 现代市场交易的内容

现代市场交易的内容是丰富多彩的，但不是杂乱无章的。主要包括买卖、期货、融资租赁、信托、担保、票据、证券、保险、海商等。

(1) 买卖。买卖是商品经济的表现形式,没有买卖,商品生产和商品流通都将不能进行。买卖是资本经营具体的操作手段,是基本的市场行为,是市场行为的重要法律制度之一。因此,发达国家都很重视买卖立法,以此来调整买卖活动中产生的各种关系,从而保障商品生产和商品流通的顺利进行。现代商法规范的买卖行为,一方面,侧重于调整商人和商人之间的买卖关系,关于商人和消费者之间的买卖关系,则由消费者保护法调整;另一方面,买卖的领域利益扩大,不限于货物买卖,乌拉圭回合多边贸易谈判结果最后文件就将买卖从货物领域拓宽至服务和技术领域,仅服务贸易就包括国际运输、国际旅游、跨国金融、国际保险、国际信息处理和传递等15项内容。此外,买卖的手段也在逐渐现代化,从传统的面对面的买卖发展到网上买卖。

(2) 期货。期货是相对于现货而言的,是非现实存在并已特定化的货物。因此,期货交易行为的对象是期货商品,与现货商品相比,其特殊性主要表现为:一是在自然形态方面,除实物形态的商品外,还包括黄金、货币、利率、股票指数等金融商品以及期权。二是期货商品表现为期货合约,是由专门的交易机构即期货交易所统一制定的标准化期货合约,期货合约中期货商品的数量、质量、交付时间和地点等是既定的,其中价格是由众多买方和卖方以公平竞价的形式形成的,是唯一的变量。期货交易就是以期货合约规定的未来的某特定时间为期货商品的交割日,在交割日到来前,买卖双方多次转卖或买回,以对冲的形式进行操作。因此,在期货商品交割日到来之前,期货合约多数已被对冲,很少发生实物交割。期货交易行为包括对冲交易行为和投机行为。

(3) 融资租赁。租赁包括经营租赁、维修租赁、融资租赁等形式,其中,融资租赁是一种新型的租赁形式,它是由出租人根据承租人对出卖人、租赁物的选择,向出卖人购买租赁物,提供给承租人使用,由承租人支付租金的市场交易行为。这种租赁对承租人而言,是融租人提供了百分之百的信贷,为承租人购买其希望使用的融租物,为承租人融通资金,具有融资性;而对融租人而言则是通过把融租物交由承租人使用,由承租人支付租金,来收回投资,又具有租赁的性质。融资租赁与传统租赁不同,融资租赁将融资同融物相结合,是较为复杂的租赁形式。

(4) 信托。信托是委托人将其财产转移给受托人,受托人以自己的名义依照委托人的指定,为受益人的利益或特定目的,管理或处理财产的行为。商事信托是以获取商业利益为目的的商事领域方面的信托。这种信托设计的初始目的是筹集生产资本,但其附带的效应是为个人、企业或其他社会组织创造了各种资本经营的良好渠道。从目前各国信托业务开展的状况来看,商事信托的品种包括:为配合投资而设的"单位信托",为调动员工劳动积极性而设的"雇员受益信托",以及"附抵押公司债信托""证券投资信托""贷款信托""职工持股信托"等。

(5) 担保。担保是由双方当事人约定,债务人以财物或信用保证债务履行的一种行为。担保具有从属性,担保的成立和存在必须以一定的债权关系的存在为前提。担保的履行具有条件性,担保的履行并不一定与主债务的履行同时进行,除连带保证外,保证人履行担保责任,往往基于被保证人不履行或不能履行其向债权人承担责任这一条件,即只有在被保证人到期仍未或不能履行责任时,保证人方可被要求履行其所担保的被保证人应履行的责任。

(6) 票据。票据是由发票人签名于票上,无条件约定自己或委托他人,以支付一定金额为目的的有价证券。市场交易是一种权利的转移,而且具有反复性、持续性和迅速性,把眼睛看不见的权利变为看得见的权利的方法就是采取有价证券的形式。票据是最早以有价证券的形式表示权利的载体,号称"有价证券之父"。商人运用票据的形式进行支付,代替了巨额现金的支付。用票据结算,免去了现金支付的不便。票据本身还代表着一种信用,由于其通常由付款人无条件付款,如不能付款,其他在票据上签章的人则承担连带责任,因此接受票据已经成为商人的惯例。通常世界各国的票据都分为汇票、本票和支票。

(7) 保险。保险是投保人根据约定,向保险人支付保险费,保险人对于约定可能发生的事故因其发生所造成的财产损失,承担赔偿保险金责任,或者当被保险人死亡、伤残、患病或者达到合同约定的年龄、期限时,承担给付保险金责任的商业保险行为。商法规范的保险行为,是商行为,不包括社会保险。社会保险由社会保障法规定,本质上不属于资本经营行为。保险操作的形式是合同,保险合同按照不同标准可以分为人身保险合同和财产保险合同。人身保险合同是以人的寿命和身体为保险标的的合同;财产保险合同是以财产及其有关利益为保险标的的合同。

(8) 海商。通过船舶实施的海商行为,涉及海上运输关系和船舶关系。海上运输关系主要包括海上运输合同关系,如海上货物运输合同、海上旅客运输合同、海上拖航合同、船舶租用合同;海上侵权关系,如船舶碰撞、船舶污染海洋环境引起的法律关系,以及因海难救助、共同海损等海上特殊风险所产生的权利义务关系。船舶关系主要包括船舶物权、船舶的法律地位、船舶安全、船舶管理等法律关系。海商行为是商法的重要组成部分,商法的许多制度,都能从海商行为中找到最初来源。

3. 市场的分类

市场的分类就是根据一定的目的和原则,按一定的标准,在对纷繁复杂的各种市场进行抽象概括的基础上,以其内在的相似性对市场所做的划分。目前,主要有以下几种划分方法。

(1) 按商品的流通环节的不同,可将市场分为批发市场、零售市场和自销市场。

(2) 按市场的活动范围与区域的不同,可以把市场分为世界市场、全国市场和区域性市场。

(3) 按市场经营的对象的不同,可以把市场分为商品市场、金融市场、技术市场、服务市场和信息市场。

(4) 按购买商品的目的的不同,可以把市场分为生产资料市场和消费品市场。

(5) 从市场营销学的角度来看,根据购买者及其购买目的的不同,可将市场分为消费者市场、生产者市场、中间商市场、政府市场4大类。

消费者市场,是指所有为了个人消费而购买产品的个人和家庭所构成的市场。它是现代市场营销学的主要研究对象。

生产者市场，是指一切购买产品，并用其生产其他产品，以供销售或出租的个人或组织。

中间商市场，是指购买产品并将其转售或出租从而谋利的个人或组织。

政府市场，是指那些因执行政府的某些职能而采购或租用产品的各级政府单位。

2.1.2 汽车市场概述

1. 汽车市场的概念

将市场的概念运用到汽车领域中，便形成了汽车市场。汽车市场是将汽车作为商品进行交换的场所，是交换关系的总合，是由汽车的买方、卖方和中间商组成的一个有机整体。汽车市场的起点是汽车产品的生产者，终点是消费者即最终用户。市场是一个广泛的概念，汽车市场将市场这一概念具体化。

汽车市场有狭义和广义之分。狭义的汽车市场是指有形市场，即汽车交易的场所，其核心是场所。现在国内主要的汽车销售场所有下列几种：汽车品牌专卖店、大型汽车交易市场、汽车代理商、汽车超市和汽车园区等。汽车品牌专卖店(俗称4S店)模式目前是我国最主要的汽车销售模式，通常是汽车制造商与汽车销售商签订合同，授权汽车销售商在一定区域内从事指定品牌汽车的营销活动。广义的汽车市场，是指汽车商品交换活动以及汽车产品交换关系的总和，可以是有形的，也可以是无形的，如消费者对汽车产品的需求特征、消费者的购买潜力等无形因素，都属于广义的汽车市场所研究的范畴。我们日常所提及的汽车市场，主要指狭义的汽车市场。

2. 我国汽车市场

1) 我国汽车市场的特征

我国汽车市场经过几十年的发展，特别是在20世纪末至今这不到20年的时间里，已经有了翻天覆地的变化并取得了巨大的成就。2010年，我国汽车产销量超过美国，成为世界第一大汽车生产国和消费国，这是我国汽车产业的历史性成就。2012年，我国汽车产销量已超过1900万辆。目前，我国汽车市场呈现以下特点。

(1) 市场容量大，发展迅速。近年来，我国汽车工业增长速度之快、发展势头之猛，都令世人惊叹。汽车工业在我国是非常大的工业门类，整个汽车工业占国民经济GDP的比重达到了3%左右，汽车产销量的增长，对国民经济的影响非常明显。如2013年上半年，我国汽车产量为1075.7万辆，同比增长了12.8%，销量为1078.22万辆，同比增加12.3%。而2013年上半年，我国GDP增速为7.6%，规模以上的工业增长为9.3%。工业增速一般比GDP增速高，而汽车工业的占比为11.7%，在主要行业里汽车工业排在第二位。

(2) 产业集中度逐步提高。随着中国汽车市场的逐渐成熟，产业集中度也逐步提高，几大汽车企业在整个市场中所占的比例也越来越高。如一汽、上汽、东风、北汽、广汽、长安等大型汽车集团,产销量均超过100万辆,对中国汽车市场的发展起着举足轻重的作用。产业集中度的提高,对于提高我国汽车行业整体水平,特别是技术开发水平和品牌服务水平效果显著。

(3) 自主品牌实力进一步增强。随着国家创新步伐的日益加快和对自主品牌的扶持力度的增加,自主品牌汽车在激烈的市场竞争中表现出强劲的增长势头。自主品牌汽车的销售量有了巨大增长,自主品牌的产品线不断丰富,市场份额也有了很大提升,在数量上,已经能够与合资品牌抗衡。

(4) 汽车后市场发展迅速。伴随着汽车产销售的增加,汽车后市场发展迅速,增速甚至远远超过了汽车产销量的增速。如汽车金融服务(汽车保险、信贷、租赁)、汽车维修保养、汽车装潢美容、二手车市场、汽车资讯服务(汽车杂志、网站、电视节目)、汽车文化(汽车赛事、汽车俱乐部)等都走入了群众的生活,令汽车日益成为人们日常生活中不可或缺的一部分。

(5) 车用能源、交通、环保和汽车市场快速发展之间的矛盾比较突出。目前,国家非常重视节能与新能源汽车,但是整个市场销售情况并不好。新能源汽车现在的销售对象主要是出租车、公交车等车辆,由于技术、价格、使用便利性等因素,私人购买新能源车的数量还很少。随着汽车产销量和保有量的迅速增加,环保与道路交通等问题日益突出,国家越来越重视汽车的环保性能,鼓励群众购买小排量、新能源汽车,同时不少城市也对新车投放采取了一定的限制措施,如车牌拍卖、摇号等措施,目的是科学控制市中心的汽车数量,正确引导机动车消费的方向。

(6) 私人消费成为汽车消费结构的主体。曾几何时,拥有一辆汽车是身份和财富的象征,在路上行驶的汽车绝大多数都是公车。随着中国经济的发展,汽车逐渐走进千家万户,对于很多普通家庭而言,拥有一辆私家车不再是遥不可及的梦想。2011年,我国汽车市场实现了平稳增长,汽车产销量双超1840万辆,再次刷新全球历史纪录。私人消费已经成为汽车消费结构的主体。2012年,中国每百户家庭私人汽车拥有量超过了20辆。报告预计,到2013年第一季度,中国私人汽车拥有量将破亿,十年左右每百户汽车拥有量将达到或接近60辆。

2) 我国汽车市场的类型

(1) 公务用车市场。公务用车主要指国家权力机关、职能部门、事业单位和各种社会团体等的用车。对用户来说,车辆购置与运营费用不与其活动本身的经济效益挂钩,购车资金来源一般是财政拨款。

(2) 商务用车市场。商务用车是指生产企业和经营单位为生产经营而使用的各种车辆。它的规模非常大,涉及的领域也相当广泛,包括工业、农业、贸易、金融等多个行业。

(3) 经营用车市场。经营用车是指企业或个人为了进行营运而使用的各种车辆。如公交车、出租车、租赁用车等。

(4) 私人用车市场。从全球范围来看,私人用车占据了每年汽车销量的绝大部分。所谓私人用车,是指可满足个人或家庭需要的各类汽车。

2.2 汽车市场营销

2.2.1 市场营销

1. 市场营销的概念

市场营销译自英文"Marketing"一词，有两种中文翻译方法：一是作为一种经济活动，译为"市场营销"；二是作为一种学科名称，译为"市场学"。对市场营销的定义众说纷纭，西方市场营销学者普遍认为"市场营销是一门科学、一种行为、一项艺术"。

市场营销不等同于销售，销售仅仅是市场营销的一项基本内容，市场营销是对思想、产品及劳务进行设计、定价、促销及分销的计划和实施的过程，从而实现个人和组织目标的交换。市场营销是市场经济和现代化大生产的产物，是随着企业市场营销实践活动的发展而发展起来的。著名营销学家菲利普·科特勒(Philip Kotler)于1984年从微观的角度对市场营销做了如下定义，他认为市场营销是指企业"认识目前未满足的需要和欲望，估量和确定需求量的大小，选择和确定企业能最好地为其服务的目标市场，并确定适当的产品、劳务和计划(方案)，以便为目标市场服务"的职能。美国市场营销协会(AMA)于1985年对市场营销下了更完整和全面的定义，"市场营销是对思想、产品及劳务进行设计、定价、促销及分销的计划和实施的过程，从而产生满足个人和组织目标的交换"。这一定义更为全面和完善地阐述了市场营销的内涵。

对于市场营销的概念，我们可以从以下几个角度进行理解。

(1) 市场营销是有目的、有意识的行为，是以目标市场为中心进行的，它是以市场为营销全过程的起点、以满足消费者需求为中心而进行的一系列活动。市场营销的终点也是市场，旨在通过满足市场的需求来实现企业目标。这些活动包括市场调研与分析、选择目标市场、制定相应的营销策略、销售产品等。

(2) 市场营销是一种有始有终的、动态的管理过程。首先，市场营销是个有始有终的管理过程，这个过程包括市场的调研与分析、市场细分与定位、产品开发与定价、选择分销渠道、制定营销策略等各个环节，而且各个环节之间还需要有机地联系起来。其次，市场营销是个动态的管理过程，企业的市场营销活动应不断地随着市场的变化而变化。

(3) 市场营销是一种有机的、完整的活动过程，它并不等同于销售或推销。推销是市场营销活动中的一个组成部分，但不是最重要的部分；推销是营销人员的职能之一，但不是最重要的职能。如果企业真正确立了营销观念，了解了消费者的真正需求，根据消费者的实际需求设计和生产了适当的产品，同时合理定价并确定了合理的分销渠道以及促销等工作，那么这些产品的销售就变得轻而易举了；反之，如果企业不能生产符合市场需求的产品，无论怎样推销实际效果也不可能长久。著名管理学家彼得·德鲁克曾指出"市场营销的目的在于使推销成为不必要"。

(4) 市场营销是一门科学。市场营销是企业的一种社会经济行为，同时也是一项复杂的经营管理艺术。这是因为企业的营销人员在营销工作中，需要按照科学的方法来进行，用科学的方法来研究市场行为、营销策略等。但实际上，往往没有一成不变的模式可以遵循，而是要灵活地运用市场营销学及相关学科的基本原则、思路和方法，在复杂的市场环境中，能动地处理各种具体问题。

营销与一般意义上的销售不同，销售重视的是卖方的需要，而营销重视的是买方(消费者)的需要。销售以卖方为主，卖方的需要是如何将产品卖出去，进而实现企业目标；而营销是站在消费者的角度，思考消费者需要什么，根据消费者的需要来设计、制造产品，根据消费者的需要情况来定价、确定销售渠道，并根据消费者的需要来进行促销，及时传播消费者欢迎的市场信息。

2. 市场营销因素组合

市场营销因素组合(Marketing Mix)，是指企业针对目标市场综合运用各种可能的市场营销策略和手段，组合成一个系统化的整体策略，以达到企业的经营目标，并取得最佳的经济效益。"营销组合"是美国哈佛大学教授鲍顿(N.H.Borden)于1964年首先提出的概念。

此外，麦卡锡提出了著名的4P组合。麦卡锡认为，企业从事市场营销活动，一方面要考虑企业的各种外部环境，另一方面要制定市场营销组合策略，通过策略的实施，适应环境、满足目标市场的需要，实现企业的目标。麦卡锡绘制了一幅市场营销组合模式图，如图2-1所示，图的中心是某个消费群，即目标市场，中间一圈是4个可控要素：产品(Product)、价格(Price)、地点(Place)、促销(Promotion)，即著名的4P组合。市场营销组合的4个基本构架为：产品策略(Product Strategy)、价格策略(Pricing Strategy)、分销渠道策略(Placing Strategy)和促销策略(Promotion Strategy)。

图2-1 麦卡锡市场营销组合模式图

1986年，美国著名市场营销学家菲利浦·科特勒教授提出了大市场营销策略，在原4P组合的基础上增加两个P，即权力/政治(Power/Politics)和公共关系(Public Relations)，简称6P策略。科特勒给大市场营销下的定义为：为了成功地进入特定市场，在策略上必须协调地施用经济心理、政治和公共关系等手段，以取得外国或地方有关方面的合作和支持。此处所指的特定市场，主要是指壁垒森严的封闭型或保护型的市场。贸易保护主义的回潮和政府干预的加强，是国际、国内贸易中大市场营销存在的客观基础。要打入这样的特定市场，除了要作出较多的让步外，还必须运用大市场营销策略即6P组合策略。大市场营销概念的要点在于当代营销者日益需要借助政治力量和公共关系技巧去排除产品通往目标市场的各种障碍，以取得有关方面的支持与合作，从而实现企业营销目标。

小资料

宝马公司的4P策略

宝马汽车公司位于德国南部的巴伐利亚州。宝马公司拥有近20个制造工厂、10万余名员工。公司汽车年产量将近200万辆,并且生产飞机引擎和摩托车。宝马集团位列全球十大汽车生产商之一。

自20世纪80年代中期以来,美国国内汽车市场趋于饱和,竞争非常激烈,汽车行业的发展呈下滑趋势;20世纪90年代之后,日本、欧洲等国家的汽车制造业发展缓慢,全球汽车行业进入了调整阶段。汽车行业需要新的经济增长点。而此时亚洲经济正以惊人的速度发展,中国、泰国、印尼等国的具有汽车购买能力的中产阶级的数量正飞速增长。世界汽车巨头都将目光对准了亚洲,尤其是东亚市场,宝马公司顺应趋势也将目标对准了亚洲。

一、产品策略

宝马公司试图吸引新一代寻求经济和社会地位成功的亚洲商人。宝马的产品定位是:最完美的驾驶工具。宝马要传递给顾客创新、动力、美感的品牌魅力。这个诉求的三大支持是:设计、动力和科技。公司的所有促销活动都以这个定位为主题,并在上述三者中选取至少一项作为支持。对每个要素的宣传都要考虑到宝马的顾客群,要使顾客感觉到宝马是"成功的新象征"。要实现这一目标,宝马公司欲采取两种手段,一是区别旧与新,使宝马从其他品牌中脱颖而出;二是明确那些期望宝马成为自己成功和地位象征的车主有哪些需求,并去满足他。

宝马汽车种类繁多,分别以不同系列来设定。在亚洲地区,宝马公司根据亚洲顾客的需求,着重推销宝马三系列、宝马五系列、宝马七系列。

(1) 宝马三系列。三系列原为中高级小型车,新三系列有三种车体变化:四门轿车、双座跑车、敞篷车和GT款,共有7种引擎,动力强劲,操控优良。

(2) 宝马五系列。备有强力引擎的中型轿车五系列是宝马的新发明,是中高级高性能轿车的典范。五系列提供多样化的车型,可充分满足人们的需求。

(3) 宝马七系列。七系列是宝马的大型豪华轿车,七系列轿车的特点有品质优良、舒适与设计创新,已成为宝马汽车的新象征。七系列除了有基本型以外,还有加长车型可供选择。

二、定价策略

宝马公司采取的是高价策略,这是因为:高价意味着宝马汽车的高品质,高价也意味着宝马品牌的地位和声望,高价表示了宝马品牌相较于竞争品牌所具有的专用性和独特性,高价更能显示出车主的社会成就。

三、渠道策略

宝马公司早在1985年就在新加坡成立了亚太地区事业部,负责新加坡、中国香港、中国台湾、韩国等分支机构的销售事务。自踏入中国市场后,宝马与华晨汽车合资,主要生产三系列和五系列车型,并与进口车型同渠道销售,这就保证了渠道的统一性和品牌的完整性。

宝马还把销售重点放在提供良好服务和保证零配件供应上。对新开辟的营销区域，在没开展销售活动之前，便先设立服务机构，以建立起一支可靠的销售支持渠道。

四、促销策略

宝马公司的促销策略并不急功近利地以销售量的提高为目的，而是考虑促销活动一定要达到如下目标：成功地把宝马的品位融入潜在顾客心中；加强顾客与宝马之间的感情联系；在宝马的整体形象的基础上，完善宝马产品与服务的组合；向顾客提供详尽的产品信息。最终，通过各种促销方式使宝马能够有和顾客直接接触的机会，以相互沟通信息，树立良好的品牌形象。

资料来源：市场营销学60例. 北京大学自编学习资料

2.2.2 市场营销的核心概念

1. 需要、欲望和需求

需要、欲望和需求三者既密切联系，又有明显区别，它们是市场营销学所研究的基础概念，也是市场开展营销活动的前提和根据。

1) 需要、欲望和需求的含义

(1) 需要(Demand)。需要是在没能得到基本满足时才会产生的心理感受，例如人们为了生存对食品、衣服的生理需要。消费者不能创造这种需要，而只能去适应它。

(2) 欲望(Desire)。欲望是指想得到基本需要的具体满足物的愿望，指消费者深层次的需求。人的欲望受许多因素影响，诸如职业、家庭、亚文化等，因此欲望会随着社会条件的变化而变化。市场营销者可以影响消费者的欲望，如通过开展营销活动来激发顾客的购车欲望。

(3) 需求(Need)。需求是指人们有能力并愿意购买某种物品的欲望。由此可见，消费者的欲望在有购买力的情况下可变为需求。许多消费者想购买豪华轿车，但只有具有支付能力的消费者才能购买。因此，市场营销者不仅要了解有多少消费者有购买欲望，还要了解有多少消费者有实际购买能力。

2) 需要、欲望和需求的关系

需求和需要是有一定区别的，需求是站在"需"和"求"两个角度看的，即需要和追求满足，强调"求"的实现；而需要强调的是"需"。在现实生活中，人们对需求的关注并不深入，并没有把需要和需求区别开来，因此"需要"往往成为"需求"的代名词，但从本质上来说，需要和需求是不同的。人们为了生存或一定的目的，需要食品、衣物、尊重等，这些需要可以通过不同方式来满足。人们的需要是有限的，但其欲望却很多，当具有某种购买能力时，欲望便转化为需求。将需要、欲望和需求加以区分，目的是告诉我们，市场营销者不需去创造需要，需要在营销活动之前已经出现；市场营销者只能去引导、影响人们的欲望，并试图向人们指出可以满足其需要的解决方案，从而使得产品具有吸引力，能适应消费者的支付能力并使之容易得到，进而影响其需求。

2. 产品

产品是指用来满足消费者需求和欲望的任何事物。产品包括有形与无形的、可触摸的与不可触摸的。有形产品是为顾客提供服务的载体；而无形产品或服务是通过其他载体，如人、地、活动、组织和观念等来提供的。

3. 效用和价值

1) 效用

效用(Utility)是消费者对满足其需要的产品的全部效能的估价，是指产品满足消费者欲望的能力。

2) 价值

价值(Value)是消费者的付出与所获效用之间的比率。消费者在购买商品时，总希望把相关成本包括货币成本、时间成本、精神成本和体力成本等降到最低程度，同时希望获得更多的"效用"，以使自己的需要得到最大的满足。因此，消费者在选购商品时，往往从价值和成本两个方面考虑，将价值与成本之比最高的产品列为优选对象。在营销活动中，可以通过多种途径来提高消费者的价值，如增加产品效用、降低成本等，比如某款汽车的改进款，比原款增加了倒车雷达配置等。又假设当消费者对诸如飞机、汽车、火车等多种交通工具进行选择时，消费者对交通工具的速度、安全、舒适度及成本等有不同需求，这构成了需求组合。每种产品有其不同的特点，可以满足消费者不同的需求，因此应将产品按满足其需求的程度进行排列，从中选择最能接近理想的产品。

4. 交换和交易

1) 交换

人们有了需求和欲望，企业亦将产品生产出来，还不能解释为市场营销，只有通过产品交换(Exchange)才能使市场营销产生。人们通过自给自足或自我生产的方式以及强制夺取、乞讨的方式都能获得产品，但这些行为都不是市场营销。由此可见，交换是市场营销的核心概念。交换的产生，必须满足5个条件：至少有交换的双方；每一方都有对方认为有价值的东西；每一方都能沟通信息和运送物品；每一方都可以自由地接受或拒绝对方的产品；双方都认为同对方交易是合适的。具备上述条件后，交换能否真正发生还取决于交换以后双方是否都比交换前好(至少不比以前差)。

2) 交易

交易(Transaction)是交换活动过程的基本单位，是交换双方之间的价值交换。交换是一个过程，而不是一个事件。如果双方正在洽谈并逐渐达成协议，称为在交换中；如果双方通过谈判并达成协议，交易便发生。交易是交换的基本组成部分。交易是指双方价值的交换，它是以货币为媒介的；而交换不一定以货币为媒介，它可以是物物交换。一项交易至少包括三方面内容：至少有两个有价值的物品；交换双方所同意的条件；协议的时间、地点。

2.2.3 汽车市场营销的含义和核心技能

1. 汽车市场营销的含义

顾名思义，汽车市场营销是市场营销在汽车领域的体现。汽车市场营销是汽车销售企业或个人通过调查和预测，了解市场中汽车消费者的需求，把满足其需求的商品流和服务流从汽车制造商引向汽车消费者，从而实现企业或个人目标的全过程。也可以说汽车市场营销是一种从汽车市场需求出发的管理过程，核心思想是交换，是一种买卖双方互利的交换，双方各得其所。

根据有关部门统计，我国有1/6的产业工人在从事与汽车相关的产业，汽车行业超过60%的利润来自汽车销售和售后服务领域。汽车销售处于汽车产业的下游阶段。目前，我国汽车市场正呈现较快的扩张速度，也对汽车营销人才的数量和质量提出了越来越高的要求，因此，加快培育具有现代营销理念，知晓现代金融知识，具备汽车营销的基本技能，灵活掌握汽车营销的技巧，懂得现代汽车的结构和原理，了解汽车和汽车行业发展趋势的复合型、实用型并能创造性地开展工作的营销人才已成当务之急。

2. 汽车营销的核心技能

汽车营销的核心技能包括：汽车市场需求调研技能、汽车市场和环境分析技能、汽车销售技能、汽车服务技能、汽车营销策划和组织技能等。具体包括以下5个方面。

1) 要善于观察市场

目前，我国汽车市场不仅规模庞大，而且复杂性和特殊性也日益提高，这就要求汽车营销人员要善于观察市场，在各种信息中敏锐地发现汽车销售机会，并能准确而深入地把握顾客特征，以便更好地与顾客沟通交流，创造销售机会。

2) 要确立顾客利益至上的原则

企业利益是通过满足顾客利益而实现的。因此，汽车营销人员一定要牢固树立"以顾客为中心"的理念，处处重视顾客的利益，并帮助顾客认识到他能获得的利益。如在汽车产品的介绍中，切忌没有重点漫天介绍，一定要有针对性，选择顾客关注的特征，通过陈述和介绍，使顾客体验到他购买汽车可以获得的利益和满足。这也是赢得顾客信任的有效方法。

3) 要树立顾问形象

汽车营销人员一定要树立顾问形象，成为顾客购车、用车的"好帮手"，成为让顾客信赖和依靠的"专业人员"，甚至成为顾客的"好朋友"，而不能自我定位为一名"销售人员"或"推销人员"。传统销售理论认为，顾客是上帝，好商品应具有性能好、价格低的特点，服务是为了更好地销售产品；而顾问式销售认为，顾客是朋友，是与销售人员存在共同利益的群体，好商品是顾客真正需要的产品，服务本身就是商品，服务是为了与顾客达成沟通。顾问的作用，在于提供有价值的参考信息和意见。汽车营销人员为客户提供建议，必须对汽车销售业务有充分的了解，并具有专业的汽车知识，能有针对性地对顾客的需求提出客观的解决方案，从而树立顾问形象。

4) 掌握沟通交流的技能

汽车销售中的沟通的目的，在于传递产品知识、了解顾客需求、营造相互信任的良好氛围，进而帮助顾客实现购车的愿望。汽车营销人员在与顾客的沟通交流中，必须真诚(真心、诚信)和实事求是(言之有理、有据)，必须学会谦卑和赞扬他人，必须学会察言观色，把握对方的心理动向，并使自己的言语更能为对方所接受、喜欢、信赖。

5) 要建立长期的客户关系

随着中国汽车市场的成熟，传统的"一锤子买卖"模式将越来越无法在当今的汽车市场中生存。赢得顾客的信任、有效地维护长久的关系，并利用客户资源发掘更多的潜在顾客，会给汽车营销人员的成功带来巨大帮助。例如，不少汽车企业、经销商、营销人员，都建立了顾客档案，并努力维持与顾客的朋友关系，如节日问候、生日贺卡以及在雨雪来临前的短信提醒等，都取得了良好的效果。

思考题

1. 什么是市场？
2. 什么是市场营销？
3. 4P策略中的"4P"，分别代表了什么？
4. 你认为中国汽车市场有哪些特点？
5. 你认为除本章第2.2.3节中介绍的汽车营销核心技能之外，在当前的中国汽车市场中，做一名优秀的汽车营销人员，还应具备哪些技能和素养？

第 3 章
汽车市场营销环境分析

3.1 汽车市场营销环境概述

近年来,我国汽车市场蓬勃发展,产销量呈现"井喷式"增长。2009年,我国已经成为世界第一大汽车生产国和新车消费市场。2012年,我国汽车产销量已接近2000万辆,如图3-1所示。不论是在国民经济中,还是在人们日常生活中,汽车越来越重要。

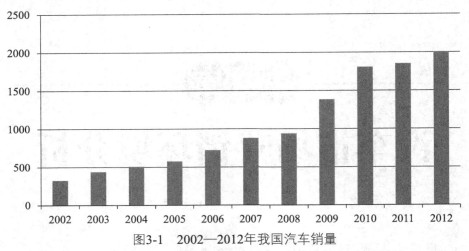

图3-1 2002—2012年我国汽车销量

随着汽车市场的繁荣发展,汽车企业间的竞争也日趋白热化,对于汽车企业来说,需要时刻关注市场变化,研究企业内外营销环境的新情况、新趋势,敏锐识别环境变化带来的机会和威胁,善于捕捉市场机遇,规避市场风险,及时调整营销策略,使企业在激烈的市场竞争中把握先机、立于不败之地。

3.1.1 汽车营销环境

著名市场营销学家菲利普·科特勒对市场营销环境做了如下定义:"企业的市场营销环境是由企业市场营销管理职能以外的因素和力量组成的,这些因素和力量促使市场营销管理者成功地保持和发展同其目标顾客交换的能力。"从该定义看来,企业能否成功地进行市场营销活动,不仅受企业外部因素的影响,而且也受到企业内部因素的影响。因此,所谓的市场营销环境,是指一切影响和制约企业市场营销决策和实施的内部条件和外部环境的总和。

汽车营销环境就是与汽车企业营销活动有关联的所有外部力量和内部因素的集合。例如,中国汽车市场呈现"井喷式"发展、欧洲汽车市场疲软、中国消费者的购车行为受社会文化影响程度较高、消费者越来越注重购车体验、高端汽车人才严重缺乏等现象,均可认为是汽车营销环境。

3.1.2 汽车市场营销环境的构成

汽车企业市场营销环境主要包括两方面因素：一是微观环境要素，是指与企业紧密相连，直接影响企业行为的各种参与者，包括供应商、经销商、消费者、竞争者、社会公众、企业内部各部门等，由于这些环境因素对企业的营销活动有着直接的影响，故又称为直接营销环境；二是宏观环境要素，是指企业无法直接控制的因素，是通过营销微观环境来影响企业营销能力和效率的一系列巨大的社会力量，包括人口、经济、政治、法律法规、科学技术、社会文化及自然生态等多方面因素，由于这些因素对企业营销活动具有间接的影响，所以又称为间接营销环境。微观市场营销环境受制于宏观市场营销环境，微观市场环境中的所有因素均受宏观市场营销环境中的各种力量和因素的影响。影响市场营销活动的环境因素如图3-2所示。

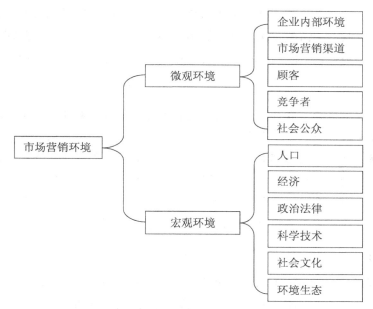

图3-2　影响市场营销活动的环境因素

3.1.3 汽车市场营销环境的特点

1. 客观性

企业是在特定的社会经济和其他外界环境条件下生存、发展的。这种环境并不以市场营销者的意志为转移，具有强制性与不可控制性。市场营销者虽然能认识、利用营销环境，但无法摆脱环境的制约，也无法控制营销环境，特别是宏观环境，如人口因素、政治和法律因素、社会文化因素等。处于复杂环境中的汽车企业，必须不断调整自己的市场营销策略，主动适应环境的变化和要求。

2. 差异性

不同的国家或地域,其人口、经济、政治、文化存在着很大的差异性,企业营销活动必然要面对这种差异性,进而制定不同的营销策略。例如,中国传统汽车消费者一直青睐"三厢车",故很多外资厂商进入中国市场时,往往率先引进"三厢车"来迎合中国消费者的口味。

3. 相关性

市场营销环境是一个系统,在这个系统中,营销环境诸多因素之间相互影响、相互制约。某一因素的变化,会带动其他因素的相关变化,形成新的营销环境。例如,竞争者是企业重要的微观环境因素之一,而经济政策或法规的变动,均可以影响一个行业内新加入竞争者的多少,从而形成不同的竞争格局;又如,企业推出新车型时,不仅要考虑经济因素的影响和制约,同时必须兼顾社会文化因素的影响,否则可能导致看似性价比很高的车型在市场上并不受欢迎的情况发生,这样的例子不胜枚举。可见,无论是宏观环境之间还是微观环境之间都是相互关联、相互制约的,它们共同作用影响着汽车企业的营销决策。

4. 多变性

营销环境是汽车企业开展营销活动的基础和条件,这并不意味着营销环境是一成不变的,相反,营销环境是个动态、多变的系统。构成汽车营销环境的诸多因素又会受到众多因素的影响,每一个环境因素都会随着社会经济的发展而不断变化。例如,现如今我国汽车行业所面临的营销环境和十年前相比已发生了巨大变化,由以前的卖方市场转入全面买方市场;又如,我国消费者对汽车的消费逐渐从实用型转向个性型。这些都是随着我国社会经济的不断发展和汽车消费观念的逐渐成熟而产生的。

5. 可影响性

汽车企业可以通过对内部环境要素的调整与控制,来对外部环境施加一定的影响,最终促使某些环境要素向预期的方向转化。能否适应市场环境的变化,是企业经营成败的关键,而所谓的适应并不是被动适应,而是从积极的角度出发,能动地去适应并影响环境。或者说,是用企业的经营资源去尽可能地影响和改变营销环境,为企业创造良好的经营空间。例如,某些汽车厂商通过对消费者行为的培养,对消费者用车、保养进行指导,创办汽车论坛、车友聚会等,来提高某品牌在消费者心目中的形象,这就是能动地影响市场环境的一种做法。

6. 双重性

汽车营销市场具有双重性,即营销机会和威胁并存。所谓的营销机会,是指对汽车市场营销有利的因素;威胁是指由环境中的不利因素所形成的挑战。实际上,市场营销环境的变化就是在不断地制造机会和威胁,而且两者往往是并存的,在一定条件下可以相互转化。许多企业乘着环境变化之势发展起来,也有许多企业在激烈的变化中逐渐衰退。例如,我国当前汽车市场的蓬勃发展,对汽车企业来说既是机会又是威胁。如果可以积极地适应市场变化,适时采取合适的营销策略便能随着市场的发展而发展;如果不能适应市场的变化,很可能在市场的发展中被迅速成长的竞争对手挤垮。

3.2 汽车营销的宏观环境

汽车市场营销的宏观环境是指那些给汽车企业带来市场机会和形成环境威胁的外部因素,往往是客观存在的不可控因素。宏观环境包括人口、经济、政治、科技、社会、自然生态和消费者状况等因素。

3.2.1 人口环境分析

市场营销宏观环境的首要因素是人口环境,因为人是市场的主体,汽车营销市场主要就是由那些有购车欲望和购车能力的人所构成的。人口环境是指人口的数量、分布、年龄、家庭和性别结构等。人口环境既是企业开展生产经营活动必要的人力资源条件,又是企业的产品和劳务的市场条件,因而是企业开展生产经营活动的重要外部环境。人口环境体现在人口数量、人口结构和人口地理因素等方面,人口环境对汽车企业的经营活动具有总体性和长期性的影响。

1. 人口数量

在收入水平和购买力大体相同的条件下,人口数量直接决定了市场规模和市场发展的空间,人口数量与市场规模成正比。从全世界的角度来看,世界人口正呈现爆炸性的增长趋势。自20世纪60年代以来,每年以1.8%的速度增长,世界人口增加了一倍,2003年达到63亿人。其中,不发达地区的人口占76%,每年增长2%;而发达国家每年只增长0.6%。目前,我国人口已转入低生育、低死亡、低增长的发展阶段,进入了世界低生育水平国家行列。但由于我国人口基数大,每年仍有1000多万的新增人口。世界人口的增长速度对商业的发展有很大的影响,人口增长意味着人类需求的增长。但只有在购买力得到保证的前提下,人口增长才意味着市场规模的扩大。

对于汽车企业来说,随着人口的增长汽车的需求也会不断增加。近些年来,家庭已成为购车的主力军。

2. 人口结构

人口结构包括人口的年龄结构、教育背景、家庭结构、收入结构、职业结构、性别结构、阶层结构和民族结构等多种因素。其中,人口的年龄结构最为主要,直接关系各类商品的市场需求量,以及企业目标市场的选择。各国人口的年龄结构各不相同。我国早些年份的人口年龄结构呈金字塔形,这意味着在总人口中,年轻人居多;20世纪90年代以后,人口金字塔的底座已经缩小，顶尖变宽，人口金字塔形状趋向于倒金字塔形；近些年来，我国老龄化趋势逐渐显现，这为我国社会经济的发展带来了挑战。

当前，40岁以下的年轻消费者的消费能力逐渐增强也是我国当前汽车市场一种现象，他们已经成为当前的购车主体，与此同时，20～30岁的消费者也异军突起，因此很多厂商都针对年轻人调整了营销策略，适时推出了相应车型，如别克昂科拉便是上海通用专为80、90后群体推出的车型。

此外，性别也是影响人们购车行为的因素之一。不同性别的消费者对汽车和各类商品的需求也是不同的。如男性对汽车的动力、操控有较高要求；女性则对外观、内饰更为看重。目前，我国驾驶人员男性比例仍然明显高于女性，但在不远的将来，这种情况会发生改变。因此，汽车厂商必须更加注重消费者需求，充分考虑性别因素在消费者购车行为中的作用。

除了年龄和性别这两大因素之外，诸如教育背景、家庭结构、职业等人口结构因素也对消费者的购车行为产生了显著的影响。国外某机构曾经根据教育背景对消费者钟爱的品牌进行统计分析，结果发现某些北欧汽车品牌消费者的受教育程度较高。又如我国目前的家庭规模普遍不大，普通轿车即可满足一般家庭需要，而家庭对旅行车、MPV汽车的需求不甚旺盛；相反，在美国，SUV、MPV车型则广受家庭用户的欢迎，其中一个重要原因就是美国家庭的规模较大。

3. 人口地理因素

地理分布是指人口在不同地区的密集程度。人口地理分布表现在市场上，一是人口集中程度不同，则市场大小不同；二是不同区域消费者的消费习惯不同，则市场需求特征不同。人口的地理分布对消费者有着很大的影响，一方面，人口密度的大小、人口富裕程度都会影响不同地域市场需求量的大小；另一方面，生活方式、风俗习惯、地域亚文化的差异，会形成不同地域间的消费需求和消费方式的差异。例如城乡差异、东西部差异、南北差异等。

2011年，我国城市人口数量已经超过农村人口，城市人口汽车消费比例也远远高于农村人口，城市人口是汽车行业的主要客户群体。同时，不同区域的消费者对汽车的需求也不同，自主品牌、经济型轿车在农村比较受欢迎，而外资品牌汽车则在城市较受欢迎。例如，相比内陆地区，日系品牌在我国华南地区较受欢迎。

3.2.2 经济环境分析

经济环境是指企业开展营销活动所在的国家或地区的宏观经济状况。宏观经济中的各项因素都在不同程度上影响汽车企业的营销活动。为此，各企业应加强对宏观经济形势的研究分析，并制定相应营销策略。宏观经济环境主要包括消费者收入因素、消费支出模式、经济增长率、产业结构等。其中，与消费者相关的收入因素、支出模式是直接影响营销活动的经济环境因素；宏观经济形势等是间接影响营销活动的经济环境因素。

1. 消费者收入水平

收入因素是构成市场的主要因素，因为市场规模的大小，归根结底取决于消费者购买力的大小，而消费者购买力的大小又取决于其收入的多少。企业必须从市场营销的角度来研究消费者的收入水平，通常需要从以下几个方面进行分析。

1) 国民生产总值

国民生产总值(GNP)是衡量一个国家经济实力与购买力的重要指标，它的增速可以反映一个国家经济发展的状况和速度。目前，我国国民经济发展总体速度很快，长期稳定在7%以上，人民生活水平明显提高，这也是近几年来我国汽车工业蓬勃发展、汽车走入千家万户的根本原因。

2) 个人可支配收入

个人可支配收入是指个人收入中扣除税款和非税性负担后所得的余额，是个人收入中可以用于消费支出或储蓄的部分，它构成了实际购买力。

3) 家庭和个人可任意支配收入

家庭和个人可任意支配收入是指家庭和个人可支配收入中减去用于购买生活必需品的费用支出(如房租、水电、食物、衣物、医疗、子女教育、保险及贷款等开支)后剩余的部分。这部分收入是消费需求变化中最活跃的因素，一般用于购买高档耐用消费品、娱乐、教育和旅游等，也是企业开展营销活动时所要考虑的主要因素。对汽车的需求，受家庭和个人可任意支配收入的影响更大。

2. 消费者消费结构

随着消费者收入的变化，消费支出会发生相应的变化，继而一个国家或地区的消费结构也会发生变化。西方一些经济学家常用恩格尔系数来反映这种变化，具体公式为

$$恩格尔系数=食物支出金额\div 家庭消费支出总金额$$

一般情况下，食物开支占总消费量的比重越大，恩格尔系数越高，生活水平就越低；反之，食物开支所占比重越小，恩格尔系数越小，生活水平就越高。随着家庭收入的增加，用于购买食品的支出占家庭收入的比重下降，用于住房的开支占家庭收入的比重大体不变，而用于服装、教育、娱乐等方面的支出比重则上升。根据联合国的规定，恩格尔系数超过60%定义为贫困，50%～60%为温饱，40%～50%为小康，40%以下为富裕，20%以下为极其富裕。如欧美、日韩等国家的恩格尔系数都已低于20%。2012年，我国城乡恩格尔系数分别是36.3%和40.4%，这也为我国汽车市场的发展提供了有利的外部环境。

消费结构是指消费过程中人们所消耗的各种消费资料(包括劳务)的构成，即各种消费支出占总支出的比例关系。优化的消费结构可以为企业开展营销活动营造良好的外部环境。目前，西方发达国家的消费结构呈现如下几个特点：①恩格尔系数不断降低，目前一般只有15%左右；②衣着及家庭设备消费比重降低，目前发达国家的衣着消费比重只有6%甚至更低，而家庭设备比重为7%左右，且有逐年降低的趋势；③居住消费支出比重较高，并占据消费结构中最重要的位置，这表明发达国家居民的住房消费需求已经得到较好

的满足，生活已经达到舒适享受的阶段；④劳务消费支出比重上升；⑤交通、通信、娱乐、文化支出比重较高，且有逐年增加的趋势。以上这些现状和趋势，既可以很好地帮助我们对西方发达国家的汽车消费市场进行解读，又可以让我们看到今后我国消费结构的发展方向。

3. 消费者储蓄和信贷情况

消费者的储蓄和信贷行为也直接制约着市场消费量的大小。当收入一定时，储蓄越多，现实消费量就越小，但潜在消费量就越大。企业营销人员应当全面了解消费者的储蓄情况，尤其要了解消费者的储蓄目的的差异。汽车企业应该关注消费者储蓄的变化情况，同时在了解储蓄动机和目的的基础上，制定不同的营销策略，以获得更多的商机。

消费信贷，就是消费者凭借信用先取得商品使用权，然后通过按期归还贷款的方式购买商品。实际上就是消费者提前支取未来的收入，提前消费，此种模式在我国近些年来也越来越流行，各大汽车公司都推出了信贷业务，甚至不少汽车公司还成立了下属的金融公司，提供各种信贷业务，方便消费者购车，以获取竞争优势。

4. 宏观经济发展状况

汽车企业的市场营销活动会受到一个国家或地区的整体经济发展水平的制约。经济发展水平不同，居民收入不同，顾客对汽车产品的需求也不同，从而在一定程度上会影响企业的营销活动。例如，对于经济发展水平比较高的地区，在开展营销活动时，比较强调产品的款式、性能、特色，品质竞争大于价格竞争；而在经济发展水平低的地区，则比较侧重于产品的功能和实用性，价格因素往往更加重要。

近些年来，我国经济一直呈现高速稳定增长的态势，年汽车产销量已经达到2000万辆，且有进一步增加的趋势。虽然市场规模越来越大、需求层次越来越高，但竞争也日趋激烈，消费者对产品的要求也在不断提高。汽车企业必须认真研究宏观经济环境，关注国家及全球经济发展动向，研究国家经济和产业政策，结合本企业实际，制定切实可行的企业发展战略和营销策略。

3.2.3 政治法律环境分析

政治与法律是影响企业营销的重要宏观环境因素。政治像一只无形的手，调节企业营销的方向，法律则为企业开展营销活动提供了准则。政治与法律紧密联系，共同对汽车企业的市场营销活动发挥作用。

1. 政治环境

政治环境是指企业市场营销活动的外部政治形势。一个国家的政局稳定与否，会给企业营销活动带来重大的影响。如果政局稳定，人民安居乐业，就会给企业营销营造良好的环境；相反，政局不稳，社会矛盾尖锐，秩序混乱，就会影响经济发展和市场的稳定。

企业在市场营销中，特别是在对外贸易活动中，一定要考虑东道国政局变动和社会稳定情况可能造成的影响。政治环境对企业营销活动的影响主要表现为国家政府所制定的方针政策，如人口政策、能源政策、物价政策、财政政策、货币政策等，都会给企业营销活动带来影响。例如，国家通过降低利率来刺激消费的增长，通过征收个人收入所得税调节消费者收入的差异，从而影响人们的购买行为；又如，2009年国家减半征收排量在1.6升以下的家用轿车的购置税来刺激居民汽车消费，不少厂家都竞相推出1.6升以下车型，这就是企业针对国家的政策环境采取的营销策略。

2. 法律环境

法律环境是指国家或地方政府颁布的各项法规、法令和条例等，它是企业开展营销活动的准则，企业只有依法进行各种营销活动，才能得到国家法律的有效保护。近年来，为适应经济体制改革和对外开放的需要，我国陆续制定和颁布了一系列法律法规，例如《中华人民共和国产品质量法》《中华人民共和国企业法》《中华人民共和国经济合同法》《中华人民共和国涉外经济合同法》《中华人民共和国商标法》《中华人民共和国专利法》《中华人民共和国广告法》《中华人民共和国环境保护法》《中华人民共和国反不正当竞争法》《中华人民共和国消费者权益保护法》《中华人民共和国进出口商品检验条例》等。企业的营销管理者必须熟知相关的法律条文，才能保证企业经营的合法性，保护企业与消费者的合法权益，同时还可以通过研究法律法规条文的变化对市场需求及其发展趋势进行预测。

国家政策方针对汽车企业的影响非常直接，政府方针政策主要有两大类，一类是大政方针，另一类是局部性的方针政策。我国汽车产业政策对中国汽车行业的影响足以说明国家的政策法规对企业影响的力度。如1989年国务院颁布的《关于当前产业政策要点的决定》，逐步用指导性计划取代指令性计划，为我国汽车企业由计划经济向市场经济转变提供了政策保障。1994年国务院颁布的《汽车工业产业政策》，提出了自主发展的战略目标，并通过鼓励扶持发展大企业、实行严格的产品分工、实行级差关税促进国产化等措施，来实现自主发展的目标。经国务院批准，国家发展与改革委员会于2004年6月1日正式颁布实施的《汽车产业发展政策》是一个具有前瞻性与科学性的指导政策，它对推进我国汽车产业组织结构和产业结构调整、提升国内汽车产品品牌和自主开发能力起到了重要作用。2012年6月，国务院发布《节能与新能源汽车产业发展规划(2012—2020年)》，为我国节能与新能源汽车产业的发展指明了方向、明确了任务、提供了保障，将对我国汽车工业整体提高竞争力发挥重要作用。

3.2.4 科技环境分析

科技环境是指一个国家和地区整体的科技水平的现状及变化趋势。科技的发展对一个国家的经济发展具有十分重要的作用，同样，科技环境对汽车市场营销的影响也是非常深刻的。对汽车来说，一种新技术的应用，可以为汽车企业创造一个明星产品，从而形成竞争优势，产生巨大的经济效益。此外，消费者在购车时，车辆的技术水平也是影响消费者决策的重要因素。科技环境的发展对汽车营销活动的影响主要体现在以下几个方面。

1. 科技发展促进产业结构调整

每一种新技术的出现都会给部分企业带来新的市场机会，同时也会给另外一些企业带来威胁，使这些企业受到冲击甚至被淘汰，市场随着技术的发展也在不断优化、进步。例如，混合动力汽车、新能源汽车的出现，将对传统汽车行业形成冲击，企业若不及时引进新技术，将会在越来越重视燃油经济性的未来受到更大的威胁。

2. 科技发展改变消费者行为

汽车作为一种具有多重含义的商品，其基本属性仍然是交通工具，消费者对车辆的需求首先是对车辆基本性能的要求。例如，随着ESP等主动安全装置的普及，消费者对车辆的主动安全性越来越重视，在选购车辆的时候也会重点考虑主动安全配置的情况，这在以往是不常见的。

3. 科技环境的变化引起汽车企业市场营销策略的变化

1) 产品策略

随着科技的加速发展、新技术的应用，新产品的开发周期大大缩短，汽车产品更新换代加快，我国当前平均一周就有2~3款新车上市。在全球化市场形成和竞争日趋激烈的今天，推出新车型成为企业开拓市场、保持竞争优势的基本条件。当今大量新技术涌现，不仅使传统技术取得突破，网络技术等大量新技术也正被应用到汽车上，诸如通用的安吉星(On-Star)等汽车网络技术逐渐成为提高产品竞争优势的法宝。

2) 分销策略

随着新技术的不断应用、技术环境的日新月异，人们的工作和生活方式都发生了巨大的变化。汽车消费者的自我意识逐渐增强，从而引起了分销模式的变化。以我国的汽车分销模式为例，从经销商制、代理商制，一直到今天广为流行的4S模式(品牌专卖制)，这些都是由技术革新促成的市场变化所引起的分销模式的进步。此外，随着网络技术的进步，"网上卖车"也已经变为现实，在一些成熟的西方汽车市场中，在网上定制车辆的配置、颜色甚至个性化涂装都已经成为可能。

3) 价格策略

科技的发展与进步，一方面降低了汽车产品的成本，另一方面使汽车企业能够通过信息技术，加强消费者反馈，正确应用价值规律、供求规律、竞争规律，及时把握市场动态，制定和调整价格策略。例如，大众集团的MQB模块化平台，便是现代科技进步与管理科学的产物，可以极大地降低车型的开发费用、缩短周期以及减少生产环节的制造成本，并能对传统汽车制造的生产线概念造成冲击。MQB平台的应用，预计在未来可为大众集团带来明显的成本优势和价格优势。

4) 促销策略

科技的进步必能带来促销手段的多样化，尤其是广告投放的精确化、广告媒体的多样化、广告宣传方式的多样化。当前，网络广告越来越受到汽车企业和消费者的认可便很好地说明了这一点。

3.2.5 社会文化环境分析

社会文化环境是指在一种社会形态下已经形成的价值观念、宗教信仰、风俗习惯、道德规范的总和。世界各国的文化是不同的，它包括核心文化和亚文化。核心文化是指人们持久不变的核心信仰和价值观，它具有世代相传并由社会机构(如学校、教会等)予以强化和不易改变等特点。亚文化是指按民族、经济、年龄、职业、性别等因素划分的特定群体所具有的文化现象，它根植于核心文化，但比核心文化容易改变。任何企业都处于一定的社会文化环境中，企业的营销活动必然受到所在社会文化环境的影响和制约，因此，汽车营销企业必须了解和分析社会文化环境，针对不同的社会文化环境采取不同的营销策略。

1. 语言表达

语言是人类最重要的交流工具，也是不同文化间最明显的区别。要想进入某市场，就必须了解当地的语言。不懂当地语言，就很可能会影响营销活动，这点在国际营销中特别明显。例如，20世纪80年代，意大利的阿尔法·罗密欧将豪华车型164推向了亚洲市场，但该车型在中国香港地区的销量十分惨淡，经研究发现"164"在香港的发音易产生歧义，因此影响了销售业绩。之后厂商将车型名称改为阿尔法·罗密欧168，随即迅速大卖并获得了成功。

2. 价值观念

价值观念是指人们对社会生活中各种事物的态度和看法。由于价值观念不同，人们的消费行为也会体现出很大的不同。比如在西方国家，消费者喜欢先消费再还款，而中国消费者则倾向于量入为出，不习惯于举债消费。企业在开展营销活动的过程中，如在产品的设计、广告、推销方式等方面，必须针对不同的价值观念开展营销，对持有不同价值观念的群体采取相应的营销策略。例如20世纪60年代以前，受数十年战乱的影响，人们的心理比较沉重、严肃，汽车的颜色以黑色为主。后来随着经济的迅速发展，文化也逐渐多元化，汽车的颜色逐渐丰富多彩。

3. 风俗习惯

风俗习惯是人们根据自己的生活内容、生活方式和自然环境，在一定的社会物质生产条件下长期形成并世代相传而成的一种风尚和由于重复、练习而巩固下来并变成需要的行动方式等的总称。它在饮食、服饰、居住、婚丧、信仰、节日、人际关系等方面，都表现出独特的心理特征、伦理道德、行为方式和生活习惯。例如，中东地区严禁用带六角形的包装；英国忌用大象、山羊做商品图案；中国人以红色表示喜庆、以白色表示丧失，而西方婚礼的主色调则为白色，表示爱情的纯洁，红色则被认为是过于血腥的颜色。企业在开展汽车营销活动时，必须了解不同国家、民族的消费习惯和爱好，做到"入乡随俗"，这是开展国际化营销的一个重要前提。

4. 审美观念

审美观念是指人们对商品的好与坏、美与丑、喜与恶的不同评价，不同国家、地区、民族、宗教、社会阶层、年龄的消费者，往往具有不同的审美标准。汽车是一种凝结了多重含义的商品，选购汽车不仅是消费者评估自身需要的过程，更是一次审美活动，一次赋予汽车情感的行为。例如，中年人多喜欢三厢车，喜欢稳重大气的车型，而年轻人往往喜欢时尚动感的两厢车；又如中年人对内饰的要求是温馨典雅，而年轻人则喜欢时尚，比如古板的桃木内饰则不受年轻消费者的欢迎。

3.2.6 汽车使用环境分析

汽车使用环境是指影响汽车使用的各种客观因素，一般包括气候、地理、燃油、公路状况、城市道路状况等因素。汽车使用环境不仅影响消费者用车，还能对汽车营销活动产生直接影响。

1. 自然气候

自然地理状况、气候对汽车使用时的冷却、润滑、启动、制动性能以及对汽车机件的正常工作和使用寿命会产生直接影响。一个国家或地区的地理状况和气候，是企业开展市场营销所必须考虑的地理环境因素，这些因素对汽车市场营销都会产生影响。例如，在沿海地区运转良好的设备，到了内陆干旱地区有可能发生性能的急剧变化。我国幅员辽阔，东西、南北跨度大，各种地形地貌复杂，气候多变，企业必须根据各地的自然地理条件生产与之相适应的产品。因此，开展汽车营销活动，必须考虑当地气候与地理特征，使营销策略能适应当地的自然气候环境，只有这样才能在该市场获得成功。例如，某些厂商根据自然气候状况的差异，开展差异化的售后策略，为北方寒冷地区的顾客提供了额外的"冬季关怀"，入冬前免费帮顾客检查车辆、消除隐患，这一举措备受顾客欢迎。

2. 环境保护

近些年来，人们越来越关注环境问题。各国政府也采取了越来越多的措施来应对此问题，这对汽车企业来说，既是威胁，又是很好的营销机遇：一是为低排放车辆、新能源车辆提供了广阔的市场；二是为环境友好型的新技术提供了强有力的竞争力；三是为废旧车辆回收利用提供了更大的推动力。企业关注环境问题，走在环保的前列，必将能获得越来越大的竞争优势。

3. 燃油状况

车用燃油主要包括汽油和柴油两种成品油，这是车辆行驶的必备条件，它对汽车企业开展营销活动也会产生影响。具体体现在三个方面：一方面，车用燃油受到全球能源不断减少的影响,对传统燃油汽车的发展起到制约作用,进而影响柴油车和汽油车的比例、汽车产品结构等。例如,在欧洲国家,燃油价格非常高,很多消费者选择燃油成本更低的柴油车(法国柴油轿车比例已接近70%)。另一方面,由于燃油价格持续上涨,消费者会更加青睐燃油经济性好的车型以及混合动力、新能源车型,国家也对燃油经济性较好的车型给予了补贴。例如,日本车企在20世纪70年代成功把握石油危机带来的市场机遇,推出了大量小型、经济型汽车,在两次石油危机中赢得营销主动权,为日本汽车工业的发展奠定了基础。此外,燃油品质对汽车新技术的推广也会产生影响。例如,和西方国家相比,我国燃油的品质相对低一些,难以满足很多先进发动机技术的要求,所以有些厂商在引进新款发动机时往往并不急于采用新技术。

4. 公路交通

公路交通系统除了包括一个国家或地区的公路运输的作用、各等级公路的里程及比例、公路质量、公路交通量及紧张程度、公路网布局,还包括停车场、维修网、加油站等附属设施的现状及其变化。我国经过六十多年的建设,公路条件已经大为改善,公路里程大幅增加,公路等级大幅提高,公路路面状况大大改善,公路网密度日趋合理,这些都对我国汽车市场的蓬勃发展起到了积极的促进作用。

5. 城市道路交通

城市道路交通也是汽车尤其是轿车使用环境的又一重要因素,包括城市的道路面积占城市面积的比例、城市交通体系及结构、道路质量、道路交通流量、立体交通、车辆使用附属设施等因素的现状及其变化。目前,我国城市道路交通发展面临着巨大压力,对汽车市场营销有着明显的约束作用。

3.3 汽车营销的微观环境

微观环境是直接制约和影响企业营销活动的力量和因素,包括企业自身、供应商、销售商、消费者、竞争者和公众等,如图3-3所示。这些因素构成了企业的价值传递系统。一个汽车企业能否成功地开展营销活动,不仅取决于能否适应宏观环境的变化,而且还取决于能否适应和影响微观环境的变化。

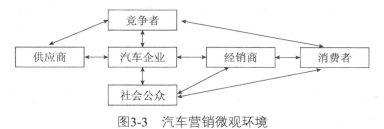

图3-3 汽车营销微观环境

3.3.1 内部环境

企业内部环境指企业的类型、组织模式、组织机构、经济实力、经营实力及企业文化等因素。开展市场营销活动是营销部门的任务,而营销部门并不是孤立的,它要和研发、采购、财务、制造、质量、公关等多个部门进行合作,在这些部门企业管理层的领导下,为了企业目标的实现而共同努力。例如,研发部门进行新车型开发,市场营销部门必须提出关于车型和配置的建议,以便车型更符合市场需求,或者占据某一个细分市场并形成竞争优势;又如,在产品品质方面,营销部门从顾客需求出发,以及出于对构建竞争优势的考虑,往往会对品质提出更高的要求,而生产部门从成本的角度考虑,可能会降低对品质的要求,这就要求市场营销部门应和企业内部各部门保持良好的合作、协调发展。因此,企业的营销部门在制定和实施营销策略时,必须首先充分考虑企业的内部环境,了解企业自身的优势和劣势,充分得到管理层和其他职能部门的支持,趋利避害,通过内部合作和资源优化来实现竞争优势。

3.3.2 外部环境

1. 供应商

供应商是指对企业进行正常运营提供所需的原材料、辅助材料、设备、能源、动力、劳务、技术、信息、资金等资源的组织或个人。大工业时代的到来使得生产分工越来越细,原有的综合型工厂越来越少,当今的汽车工业已经构建起一个复杂的网络关系,甚至可以被认为是一家"组装厂",大量的零部件都由供应商提供,甚至发动机、变速箱等关键部件也可以由供应商提供。当今对大多数汽车制造企业来说,外购件占整车的价值一般都超过60%。对汽车企业来说,供应商是对企业生存发展至关重要的外部环境因素,供应商直接影响汽车企业产品的产量、质量及利润,进而影响企业营销计划和目标的实现。一些知名的汽车零部件供应商如图3-4所示。正如德国博世公司(Bosch)宣传的那样:我们不制造汽车,但汽车离不开我们。可以说,零部件供应商是汽车制造的"幕后英雄"。

供应商对汽车营销活动的影响主要体现在以下几个方面。

1) 供货的质量

所谓供货的质量,一方面,是指终端零部件的质量,供应商提供的商品或服务的质量,直接关系汽车产品的质量,进而会对销售、利润和企业声誉产生影响;另一方面,各种设备、工具、生产线等一般均由供应商提供,只有供应商提供了良好的品质,才能维持生产线的高效运转,同时也会对产品质量产生影响。

2) 供货的及时性和稳定性

汽车生产和销售企业要求供应商保证原材料、零部件和汽车产品的及时供应,这是汽车生产和销售活动能顺利开展的前提。一辆现代意义上的汽车,零件数可达2~4万个,任何一个零部件的供应或装配环节出了问题,都会导致企业的生产活动无法正常开展。例如，由于零部件的供货速度不稳定，导致生产速度忽快忽慢，必然导致成本上升和品质下降。因此，企业为了保持生产和销售的连续性，进而将成本控制在一定的合理范围内，必须和供应商建立良好的关系，同时依靠现代供应商管理制度进行管理。

3) 供应货物的价格

供应商供应的货物价格的变动会直接影响汽车企业产品的成本。如果供应商上调原材料、零部件等的价格，必然导致汽车企业运营成本的上升，进一步压缩利润空间。在汽车行业竞争极为激烈的今天，控制零部件成本是汽车企业的一项重要任务。因此，企业必须密切关注和分析供应商货物价格的变动情况，提高议价能力和应变能力，在变化莫测的市场中抢占先机。

图3-4　一些知名汽车零部件供应商

2. 经销商

经销商是汽车营销所不可缺少的中间环节，大多数汽车企业的营销活动都需要得到他们的协助才能顺利进行。经销商是指协助汽车企业从事市场营销活动的组织或个人，包括中间商、实体分配公司、营销服务机构和财务中间机构等。中间商能帮助汽车企业找到客户或把产品销售出去；实体分配公司能帮助企业在车辆产地至目的地之间存储和转运商品；营销服务机构包括市场调查公司、广告公司、传媒机构、营销咨询公司、公关公司等，他们在帮助企业进行市场定位和促销方面可以起到积极的作用；财务中间机构主要为汽车企业、经销商、消费者提供各类金融服务，可以促进汽车商品的流通，减少汽车企业的库存压力和资金压力，主要包括汽车制造商下属的财务公司、汽车金融公司、汽车银行及各类商业银行等。

在这些经销商中，我们重点关注的是整车零售商，常见的形式有：代理商、经销商(4S店)、二级经销商等。

3. 竞争者

任何企业在开展市场营销活动时都面临着竞争者的挑战，这是市场营销的重要微观环境。竞争在汽车市场中是普遍存在的，也是促进汽车市场发展的动力来源之一。竞争者有不同的类型，企业应该针对不同类型的竞争者采取不同的竞争策略。在营销的各个要素中，汽车企业往往要面对不同竞争者的挑战。

根据汽车消费需求的不同，可将竞争者分为愿望竞争者、平行竞争者、产品形式竞争者和品牌竞争者。

愿望竞争者是指提供不同产品以满足不同需求的竞争者，对汽车制造商来说，生产摩托车的厂家就是愿望竞争者。平行竞争者是指提供能够满足同一种需求的不同产品的竞争者，例如自行车、摩托车和轿车都可以作为家庭交通工具，这三种产品的生产经营者之间的竞争关系就是平行竞争关系，他们互为平行竞争者。产品形式竞争者是指都生产汽车，但提供不同级别、性能、款式的汽车产品的竞争者，如不同厂家会提供微型轿车、普通轿车、中级轿车、高级轿车等。例如，铃木公司擅长生产小型汽车，而奔驰公司擅长生产大型豪华汽车，两者互为产品形式竞争者。品牌竞争者是指生产汽车相似，但品牌不同的竞争者。例如，丰田和大众公司，他们在各个级别中都有相应的竞争产品，如凯美瑞和帕萨特、雅力士和POLO等，两者互为品牌竞争者。

4. 顾客、消费者

顾客是企业产品销售的市场，是企业赖以生存和发展的根本。企业市场营销活动的起点和终点都是顾客的需求。一般来说，顾客市场可分为5类：消费者市场、企业市场、经销商市场、政府市场和国际市场。消费者市场由个人和家庭组成，他们为了满足自身消费的需要而购买商品和服务，这也构成了我国当前汽车市场的主要部分；企业市场购买商品和服务是为了进行深加工或在生产、经营过程中使用；经销商市场购买产品和服务是为了进一步转卖；政府市场由政府机构组成，购买产品和服务用以服务公众；国际市场由其他国家的购买者组成，近些年来，国际市场也成为我国汽车企业的重要市场，如奇瑞汽车和长城汽车已将国际市场作为重要市场进行开发，并在不少国家和地区占有了一定的市场份额。

5. 社会公众

社会公众是指对企业的营销活动有实际的潜在利害关系和影响力的一切团体和个人。例如，金融领域(银行、投资公司、保险公司等)、营销服务领域(调研公司、咨询公司、广告公司等)、政府、团体协会、公益组织、媒体机构(报社、杂志社、电台、电视台等)、当地公众、内部公众(董事会、管理者、员工等)。许多大型汽车公司都有自己的公共关系部门，专门负责处理企业与公众的关系。

社会公众虽然不能直接与企业发生交易关系，但他们对企业的营销活动及其效果有着十分重要的影响，主要体现在以下两个方面。

(1) 社会公众通过对消费者的影响来影响企业的营销活动。社会舆论的导向是消费者购买决策的重要参考。例如，部分地区的"反日"活动对日系品牌的销售产生了一定的影响；又如，某些品牌一直热心公益事业，这对良好品牌形象的建立起到了一定的积极作用，进而也促进了产品的销售和品牌的推广。

(2) 社会公众通过立法机关和行政机构来对企业的营销活动产生影响。例如，人们对环保和生态的关注，促进了立法机关和政府机构规范企业生产行为，这在一定程度上促进了新能源、节能环保型汽车产品的销售，从而引导企业和消费者走上可持续发展之路。

因此，企业必须高度重视公众的舆论导向，维护自身良好形象，从而为企业创造良好和宽松的营销活动空间。

3.4 营销环境分析方法

企业只有不断地适应各种营销环境的变化，才能顺利地开展营销活动。因此，企业必须掌握分析环境变化的方法，从而主动调整营销策略，使企业的营销活动不断地适应营销环境的变化。对企业来说，并非所有的营销机会都有相同的吸引力，也并非所有的环境威胁都会带来相同的挑战，因而企业对于营销环境的变化带来的机会或环境威胁，应量化地进行比较和分析，抓住最有吸引力的市场机会，规避环境威胁，确定自身的优势和劣势，为作出正确的营销策略提供参考。

市场机会是指对企业营销活动富有吸引力的领域，在这些领域中，企业具有竞争优势。环境威胁是指环境中不利于企业营销的因素，这些因素会对企业形成挑战，对企业的市场地位构成威胁。具体的分析方法有如下几种。

3.4.1 矩阵图法

矩阵图法是通过"潜在的吸引力(危害性)"和"成功的可能性(威胁出现的可能性)"两个指标来进行分析的。

如果某种环境变化对企业营销机会的"潜在吸引力"大，而企业的营销活动"成功的可能性"也大，即处于图3-5(a)中的阴影部分，表明该种环境变化对企业的营销活动非常有利，企业应抓住这样的机会。例如，近几年汽车市场的蓬勃发展，消费者购买力的大幅度提升，国家相关政策越来越宽松，这些都为汽车企业积极地开展营销活动创造了良好的机会。图3-5(a)中阴影左侧的这个象限，代表潜在的吸引力大，但企业成功的可能性很低，说明企业暂时还没有利用这些机会的条件。阴影下方的象限，代表潜在的吸引力小，但企业成功的可能性高，虽然企业有利用机会的优势，但不值得企业去开拓。左下角的象限，代表机会的吸引力小，企业成功的可能性也

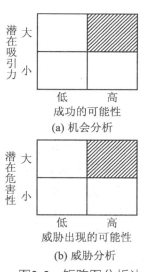

图3-5 矩阵图分析法

小，在这种情况下，企业应该主动放弃。

反之，如果某种营销环境变化对企业营销活动的"潜在危害性"大，而这种"威胁"出现的可能性也高，即图3-5(b)中的阴影部分，表明该种环境变化将对企业营销活动产生不利影响，企业应及时调整营销策略，以规避或减轻营销活动的变化对企业营销活动的威胁。例如，在国家提倡环境保护而限制汽车消费行为的时候，企业面临的环境威胁增大，因此企业必须转变经营策略。在阴影左侧的象限中，潜在危害性大，但出现的可能性低，此时，企业也不可忽视潜在危害性，例如石油枯竭，这对汽车行业的威胁是致命的，但这种情况出现的概率在短期内却不高。图3-5(b)中阴影下方的象限代表营销环境潜在的危害性小，但出现的可能性大。左下角象限代表潜在危害性小，出现的可能性也低，在这种情况下，企业面临的营销环境就宽松许多。

3.4.2 SWOT分析法

营销环境为企业带来的威胁和机会是并存的，威胁中有机会，机会中也有威胁。SWOT分析法就是一种用于检测运营情况与公司环境的工具，这种方法于20世纪80年代初由美国旧金山大学的韦里克教授提出。SWOT分别代表：Strength(优势)、Weakness(劣势)、Opportunities(机会)和Threats(威胁)。SWOT分析法通过对分析对象的优势、劣势、机会和威胁加以综合评估与分析得出结论，通过内部资源、外部环境的有机结合来清晰地确定被分析对象的资源优势和缺陷，了解所面临的机会和挑战，从而在战略和战术两个层面加以调整，如图3-6所示。

	优势 S：	劣势 W：
内部因素		
	机会 O：	威胁 T：
外部因素		
	积极因素	消极因素

图3-6 SWOT分析

(1) 优势(Strengths)是企业的内部因素，是较竞争对手而言企业所具有的独特能力。例如，充足的财政来源、良好的企业形象、技术实力、规模经济、产品质量、成本优势等。

(2) 劣势(Weakness)是指企业在竞争中相对弱势的方面，也是企业的内部因素。例如，设备老化、管理混乱、技术障碍、资金短缺、企业形象差等。

(3) 机会(Opportunities)是企业的外部因素，是外部环境中对本企业的营销活动有利的、积极的因素。例如，政府的政策扶持、新市场的开发、消费者消费能力的增强、竞争对手的失误等。

(4) 威胁(Threats)也是企业的外部因素，是指外部环境中对企业营销活动不利的、消极的因素。例如，新的竞争对手的出现、替代产品的出现、市场紧缩、政策变化、经济衰退、突发事件等。

我国四大名著之一的《三国演义》中的著名片段《隆中对》可视为典型的SWOT分析，诸葛亮分别从内部、外部两个方面为刘备分析了他的有利和不利因素，如图3-7所示。

优势S：	劣势W：
➢ 将军既帝室之胄 ➢ 信义著于四海 ➢ 总揽英雄 ➢ 思贤若渴 ➢ 将军占人和	➢ 北让曹操占天时 ➢ 南让孙权占地利 ➢ 先取益州为家，后即取西川建基业
机会O：	威胁T：
➢ 自董卓以来，豪杰并起 ➢ 荆州北据汉、沔，利尽南海，东连吴会，西通巴、蜀，此用武之地，而其主不能守；此殆天所以资将军，将军岂有意乎 ➢ 益州险塞，沃野千里，天府之土，高祖因之以成帝业。刘璋暗弱，张鲁在北，民殷国富而不知存恤，智能之士思得明君	➢ 今操已拥百万之众，挟天子以令诸侯 ➢ 孙权据有江东，已历三世，国险而民附

图3-7 《隆中对》的SWOT分析

运用SWOT分析法，应该首先绘制一个如上图的表格，分析企业所处的各种环境因素，并将各类因素根据轻重缓急或重要程度进行排列，填入表中。然后，构建SWOT矩阵，如图3-8所示。

内部\外部	优势S	劣势W
机会O	SO战略	WO战略
威胁T	ST战略	WT战略

图3-8 SWOT矩阵

在构建SWOT矩阵的过程中，要将那些对企业发展有直接的、重要的、大量的、迫切的、深远的影响因素优先排列出来，而将那些间接的、次要的、少量的、可延缓的、短期的影响因素排在后面。进而通过表中直观的比较，确定企业应该采取何种战略。

(1) SO战略。这是一种发展企业内部优势与利用外部机会的战略，是一种理想的战略模式。当企业具有特定优势，而外部环境又为企业发挥这种优势提供有利机会时，可以采用该战略。例如，对某些大型汽车企业来说，自身具有非常强的技术实力和非常丰富的市场经验，而中国汽车市场的蓬勃发展和政策的扶持，又为企业带来了良好的外部机会，此时可以采用此种战略。例如，一汽大众、上海大众分别在华南、西部等地建设新工厂，扩大产能。

(2) WO战略。利用外部机会来弥补内部弱点，是企业改变劣势获取竞争优势的战略。在应用这种战略时，企业必须先克服内部弱点，才能很好地利用外部机会。

(3) ST战略。应用这一战略，企业可充分利用自身优势，回避或减轻外部威胁所造成的影响。例如，竞争对手利用新技术大幅降低成本，为企业带来成本压力，但若企业具有重组的先进经验和较强的技术储备，则可以利用这些优势开发新工艺，从而应对竞争，消除不利影响。

(4) WT战略。这是一种旨在减少内部劣势同时回避外部环境威胁的防御性战略。当企业存在内忧外患时，往往面临生存危机，此时选择这种战略，可达到扭转不利形势的效果。例如，某美国汽车公司在2008年金融危机到来时，面临严重的内忧外患，内部管理混乱，成本居高不下，外部市场萎靡，为应对这种状况，企业出售了大量旗下品牌并关闭数家工厂，大幅削减开支，并努力开拓新兴国家市场(中国、巴西、印度等)，最终安然度过金融危机。

3.4.3 PEST分析法

PEST分析法是企业用来审视其外部宏观环境的一种方法，PEST分别代表：Politics(政治)、Economy(经济)、Society(社会)、Technology(技术)。

1. 政治环境

政治环境主要包括政治制度与体制、政局、政府的态度，以及法律、法规、政策等，这些都会对企业的营销活动产生显著影响。

2. 经济环境

经济环境主要包括GDP、利率水平、财政货币政策、通胀水平、失业率水平、居民可支配收入水平、汇率、能源成本、市场需求等。

3. 社会环境

社会环境主要包括人口环境和文化背景，例如人口规模、年龄结构、人口分布以及消费习惯、流行趋势、亚文化特征等。

4. 技术环境

技术环境不仅包括发明，还包括与企业市场有关的新技术、新工艺、新材料的出现和发展趋势及应用背景。

PEST分析法通常采用矩阵式的方法，即在坐标中将外部宏观环境分成4个象限。例如，拿政治和经济两个因素做坐标，在政治环境和经济环境都好的情况下，就应该发展新技术；在政治环境和经济环境都不理想的情况下，就不能发展新技术；当一个环境好，一个环境不太好时,就要适当考虑,可以发展也可以不发展新技术。PEST主要针对宏观环境进行分析,在利用PEST分析结果的时候必须结合企业的实际情况,否则容易流于形式,难以起到实效。

案例

海尔集团的SWOT分析

海尔集团是世界第4大白色家电制造商,也是中国电子信息百强企业之首。企业旗下拥有240多家法人单位,并在全球30多个国家建立了本土化的设计中心、制造基地和贸易公司,全球员工总数超过5万人,重点发展科技、工业、贸易、金融4大支柱产业。2005年,海尔全球营业额实现1039亿元(128亿美元)。海尔的SWOT分析结果包括以下内容。

一、优势

海尔有9种产品在中国市场位居行业之首,三种产品的世界市场占有率居行业前三位,在智能家居集成、网络家电、数字化、大规模集成电路、新材料等技术领域处于世界领先水平,在国际市场上彰显一定的发展实力。"创新驱动"型的海尔集团致力于向全球消费者提供满足其需求的解决方案,实现企业与用户之间的双赢。目前,海尔累计申请专利6189项(其中发明专利819项),拥有软件著作权589项。在自主知识产权的基础上,海尔还主持或参与了近百项国家标准的制定、修订工作,其中,海尔热水器防电墙技术、海尔洗衣机双动力技术还被纳入IEC国际标准提案,这证明海尔的创新能力已达世界级水平。在创新实践中,海尔探索实施的"OEC"管理模式、"市场链"管理及"人单合一"发展模式均引起国际管理界的高度关注。目前,已有美国哈佛大学、南加州大学、瑞士IMD国际管理学院、法国的欧洲管理学院、日本神户大学等商学院专门对此进行案例研究,海尔"市场链"管理还被纳入欧盟案例库。海尔的"人单合一"发展模式为解决全球商业的库存和逾期应收提供创新思维,被国际管理界誉为"号准全球商业脉搏"的管理模式。海尔的优势还包括:企业文化的长期熏陶;员工素质相对较高;多年规范化管理奠定了好的基础;真正把信息化作为一把手工程,企业领导层对信息化有深刻的理解;观念转变在前,流程再造在后,两者相辅相成、交互前行;等等。相对于国外企业,海尔的信息化具有强劲的后发优势,在全球Internet的大范围普及和国际化大企业信息化的全面扩张的局势下,海尔在国外企业的成功经验的基础上当然更容易取得成绩。

二、劣势

海尔在形象传播和公关技巧方面十分欠缺。海尔在公关方面有所欠缺很大一部分原因在于海尔在聘任机制上存在一定的问题,只注重对技术、知识方面的考察而忽略了对个人能力的考察。海尔这些年发展得实在是太快了,信息化进行得如火如荼,内部的信息化还好说,但外部的信息化,尤其是与国内供应商、分销商的电子数据交换,却一直处于两难境地,导致采购和分销成本的降低仍然难以彻底实现。海尔希望它的供应商和分销商的信息化水平都能跟上自己,但实际情况却大相径庭,没有人能跟得上海尔的发展步伐,海尔最终孤掌难鸣。试问有哪些用户能够真正与海尔实现网上订单?个别用户的点菜式订货究竟是不是新闻噱头？受国情所限，方法必须变通，结果又回到原来的电话、传真订货流程中去，"信息化"徒劳无功。外部环境的不配套、不同步，是导致海尔外部信息化不成功的重要原因，这也许是海尔始料未及的。

三、机会

海尔之所以能取得很大的成就，很大一部分原因在于海尔的企业文化：有生于无——海尔的文化观；人人是人才，赛马不相马——海尔的人才观；先谋势，后谋利——海尔的战略观；企业如同斜坡上的球——海尔的日清日高OEC管理法；市场无处不在，人人都有市场——海尔的市场链；品牌是帆，用户为师——海尔的品牌营销；企业生存的土壤是用户——海尔的服务；走出去、走进去、走上去——国际化的海尔；管理的本质不在于"知"而在于"行"——海尔的管理之道；真诚到永远——海尔的形象。海尔在未来的时间里要想取得长足的发展，必须继续以海尔的企业文化为基准。同时要注重科技创新，以实现企业的信息化。同时，伴随着国际化的趋势越来越强，海尔面临着巨大的机遇和挑战。海尔的发展机会在于要把握时代脉搏，与时俱进，不断创新。海尔未来的发展方向主要依靠三个转移：一是内部组织结构的转移；二是国内市场转向国际市场，不是指产品出口，而是指要在海外建厂、办公司；三是要从制造业转向服务业，做到前端设计、后端服务。在这种情况下，海尔应抓住机会，迎接挑战，创世界名牌。

四、威胁

目前，海尔仍然面临着很多威胁，伴随着家电企业的不断兴起、技术的不断完善，海尔必须不断地提高科学技术创新水平，进而提高自己的优势。此外，海尔应该向多产业方向发展，以提高自己的竞争力。面对海尔的信息化，国内同行们大多一边看海尔外部信息化的热闹，一边加速自身内部信息化的进程，这就是海尔所面临的威胁。竞争对手的虎视眈眈使海尔如芒刺在背，在市场竞争中，敢于吃螃蟹的也许是英雄，但不一定是成功者。海尔外部信息化的停滞不前，也给国内的信息化产业当头一棒。可以预见，一旦外部信息化的时机成熟，从技术角度上讲，谁也不会比谁慢多少。倘若撇开这些年来的海尔品牌宣传效应不谈，海尔竞争对手们的外部信息化的成熟也只在旦夕之间。

资料来源：王慧青，尹少华.海尔集团的SWOT分析.企业家天地：理论版.2008(11)

思考题

1. 汽车营销的宏观和微观环境分别包含哪些因素？
2. 什么是SWOT分析法？
3. 选取一个你熟悉的汽车品牌，用SWOT分析法对其进行分析。

第 4 章
汽车消费者消费行为

4.1 汽车消费购买行为概述

汽车市场营销的核心就是满足购车者的需要和欲望,在市场经济社会中,现实的购车者表现为有支付能力的需要,它必须通过具体的市场购车行为才能得到满足。购车者的行为有其自身的规律,企业的市场营销要围绕满足购车者需要这一中心展开各种活动并取得成功,就必须了解消费者购车行为的产生、形成过程和影响因素,把握消费者购车行为的规律,从而促使企业正确制定营销战略,实现其盈利目标。

4.1.1 汽车消费者购买行为的含义

购车行为是随着社会经济的发展而不断发展的,尽管受到各种因素的影响而千变万化,但总是存在着一定的趋势和规律性。企业为了更好地满足消费者的需要,必须分析认识购车者的特点,以更好地开展汽车市场营销活动。

汽车消费者的购买行为是指汽车消费者在一定的购买意识支配下,为了满足对汽车的需求而购买汽车的过程。消费者购买汽车的行为研究主要包括三层含义。

(1) 汽车购买者是消费者购买行为研究的主体。
(2) 消费者购买汽车的行为是研究的核心。
(3) 消费者心理是消费行为研究的基本内容。

研究消费者的购车行为,就是要掌握汽车购买者如何作出决定,了解其希望购买何种车、何时购买、由谁购买、为何购买等问题,也就是掌握消费者购买行为的规律性。

4.1.2 消费者购车行为的要素

1. 购买何种车

这是对消费者购买客体或购买对象的分析。企业可以通过市场调研,研究了解汽车消费市场需要什么样的汽车,从而在外观、车型、质量、特性、价格等方面满足消费者需求。一般情况下,消费者青睐性价比高、质量耐用、有一定个性的车型。

2. 何时购买汽车

这是对消费者购买时间的分析。从表面上看,汽车购买时间没有规律性,但从深层次来分析,还是有一定的规律性的。一般情况下,购车者在节假日或周末购车的概率较高;从季节上来看,一般6~8月份为汽车销售淡季,9~12月份为销售旺季,俗称"金九银十";另外,节假日前夕往往也是销售旺季,如春节、"五一"、"十一"等节日。

3. 何处购车

这是对消费者购车地点的分析。主要对以下两个方面进行研究。

(1) 消费者决定在何处购车？
(2) 消费者实际在何处购车？

对于不同车型的汽车，消费者决定购买和实际购买的地点往往是不同的。对于有些车型，消费者往往直接在看车地点购买；而对于另外一些车型，消费者则会选择在其他地点购买。

4. 由谁购车

这是对汽车购买主体的分析，也就是分析汽车由谁购买的问题。由于汽车购买者在年龄、性别、收入、职业、教育、性格等多方面存在差异，因而在需求和爱好方面也存在很大差异，这直接影响消费者对车型的选择。一般情况下，购车过程往往有多人参与，具体包括以下几种角色。

(1) 发起者。即提出购车建议的人。
(2) 影响者。即对最终购买哪款汽车起到直接或间接影响作用的人。
(3) 决策者。即有最后决定权的人。
(4) 购买者。即实际支付购车款的人。
(5) 使用者。即实际驾驶或乘坐汽车的人。

5. 为何购买

这是对汽车购买者的购买欲望和动机的分析，是消费者购买汽车的初始原因和原动力，当购车的欲望强烈到一定程度时，就会产生购买动机。因此，分析对方"为何购买汽车"的关键是对欲望和动机的分析。企业应通过对消费者的调查和预测，准确把握消费者心理并弄清楚消费者为何购车这一问题。

6. 如何购车

这是对消费者购买方式和付款方式的分析，购车者采取哪种方式购车，是现场付款还是按揭，这会对企业营销计划的制订造成影响，企业应根据消费者的不同要求，制定相应的汽车营销策略。

4.1.3 汽车购买决策过程

一般而言，购买车辆对个人用户来说是生活中的一件大事，多数购车者往往会经过全方位的权衡和比较后再作出购买决策。个人汽车消费者的购买过程是一系列相互关联的购买行为，一般包括5个步骤：确认需求→收集信息→综合评估→作出决策→购后评价。

1. 确认需求

购买过程从汽车消费者对某一需求的认识开始。所谓认识需求，就是当汽车消费者发现现实情况与其理想状况之间存在一定的差距时，产生了相应的解决问题的需要。这种需要是购买决策的起点。需求可由内在原因或外在刺激引起，也可以是两者相互作用的结果。内在原因可能是由人体内在机能的感受所引起的，例如饥饿、干渴、寒冷时，会意识到对食物、饮料、衣物的需求；外在刺激可能是收入增加、产品促销力度加大或消费者见闻增广等，例如动人的广告、漂亮的汽车外形、朋友购买了某品牌汽车等，都可能促使消费者产生需求。

汽车营销人员应深入理解消费者产生需求的环境，挖掘引发这种需求的内在动因和外在刺激因素，从而运用多种营销手段，促使消费者与刺激因素频繁接触，特别是在特定场景和心理情境下的结合。

2. 收集信息

当需求动机很强烈，而且可以满足的物品又易于购买时，消费者的需求就能很快得到满足。而对于汽车这样的大件消费品，需求则不是立即就能得到满足的，因此这种需求就一直存在于脑海中。消费者实际上处于一种适度警觉的状态，对于能满足需要的事物极其敏感，有些消费者就会着手收集有关信息。例如，汽车消费者产生了购车欲望后，会从各种媒体、亲朋处收集有关信息，如品牌、型号、性能、价格等。

对于汽车营销人员来说，这一阶段的关键问题就是了解消费者获取信息的来源，以及这些信息来源对消费者决策的影响程度。一般来说，汽车消费者获取信息的主要来源包括以下几个。

(1) 个人来源。即家庭成员、朋友、邻居或同事等提供的信息。

(2) 商业来源。即从推销员、广告、零售商、展会等获取的信息。

(3) 公共来源。即通过大众传播媒介获取的信息，如网站、评测机构、汽车论坛等。

(4) 经验来源。即消费者本人通过以前的购买、使用获得的经验。

总体来说，消费者得到的关于产品的信息的来源主要是商业来源，而最有影响力、消费者最信赖的来源是个人来源，个人来源对消费者的购车决策影响更大。例如，消费者往往从广告、网站、报刊上了解某款车型的信息，但会向购买过同款车型的朋友或熟人询问对该车的评价。

3. 综合评估

消费者在通过各种渠道获得相关产品信息后，需要分析和处理信息，对市场上各种产品形成不同评价，进而作出购买决策。消费者对产品的评价主要从以下几个方面进行。

1) **分析产品属性**

产品属性是指产品能够满足消费者某种需要的特性。消费者一般都将产品看成能提供实际利益的各种产品属性组合，对不同的产品，消费者感兴趣的属性也不同。然而，并非产品的属性越丰富越好，消费者往往看重产品的性价比，即产品的各项性能组合与产品价格的比例关系。因此，汽车企业在开发产品时应注意，越是符合消费者的实际需要，消费者越是满意。

2) **建立属性等级**

每件商品往往具有多种属性，这些属性在消费者心中的地位也并非均等的。一般认为，消费者会从自身需要的角度出发，对产品属性进行分析后，建立心中的属性等级。例如，对某些青年消费者来说，最重要的属性是外观；而对中老年消费者来说，最重要的属性往往是舒适度,之后依次是其他属性。因此,产品属性在不同消费者心中的重要程度是不同的,企业应根据消费者类型和需求的不同,采取多种策略来增加消费者选购本企业产品的概率。例如,可向消费者提供多种选装、配置等,以满足不同消费者的需求。

3) 确定品牌信念

品牌信念是消费者对某品牌的某一属性达到何种水平的评价。消费者的个人经验、选择性注意、选择性曲解、选择性记忆都会影响他对某品牌的信念。

4) 形成"理想产品"

消费者经过对各产品属性的综合评价,从众多产品中选出其理想产品,理想产品可能是一种,也可能是并列的几种。

4. 作出决策

作出购买决策是消费者购买行为中的关键阶段,消费者作出购买决策后才能产生实际的购买行为。消费者购买决策的确定,除了与自己对产品的评价有关,还与他人态度、环境因素等多种因素相关。

1) 他人态度

这是影响消费者作出购买决策的重要因素之一。研究表明,消费者在作出重大的购买决策时,他人的态度和意见往往会对其决策产生影响。他人态度的影响程度,取决于他人态度的强度、专业水平以及他人与决策者的亲疏关系。

2) 环境因素

消费者在作出决策时,各类营销环境因素也会对其产生影响。例如,销售政策、广告促销、购车场所的环境等,都会对消费者的决策产生影响。例如,汽车4S店一般布置得比较现代、整洁、明亮,有助于消费者在轻松、愉悦的氛围中作出决定。

5. 购后评价

购后评价是消费者对所购买的产品的满意度的评价。消费者完成购买行为后,购买过程并没有结束,他还会通过其他相关信息对其购买行为进行检验,比较对汽车的期望(E)和该车的表现(P)。消费者对产品的满意度(S)是对产品期望(E)和该车表现(P)的函数,即$S=f(E,P)$。若$E=P$,消费者满意;若$E<P$,消费者会更加满意;若$E>P$,消费者会不满意。

企业通过了解用户的购后评价,保持同用户的联系,既是搞好公共关系、树立良好企业和品牌形象的重要途径,又是巩固市场份额、获得用户品牌忠诚度的重要手段。

4.2 私人汽车消费者购买行为分析

个人汽车消费市场由汽车的消费个人构成。研究这个市场的发展规律及其购买特点,对于那些以个人消费为目标市场的企业而言,具有越来越重要的现实意义。由于汽车商品本身的使用特点、产品特点及价值特点与一般商品有很大的区别,因而个人消费者市场的一般性结论是不能简单套用汽车消费者市场的,必须研究其特殊的市场特点和购买行为,最终得出有针对性的结论,以指导市场战略的制定。

4.2.1 私人汽车消费市场的特点

1. 需求具有伸缩性

一方面,个人汽车消费需求具有较强的需求价格弹性,即价格的变动对汽车的个人需求影响很大;另一方面,这种需求的结构是可变的。当客观条件限制了这种需求的实现时,它可以被抑制,或被转化为其他需求,或最终被放弃;反之,当条件允许时,个人消费需求不仅会实现,甚至会发展成为流行性消费。

2. 需求具有多样性

消费者存在个人收入和文化观念上的差别,以及年龄、职业、兴趣爱好、个人性格、气质等方面的差异,必然会形成不同的价值观、时尚偏好和审美观,以及不同的消费态度,从而使个人购买者的需求表现出多层次性或多样性。从这个意义上来说,汽车企业如果能够为消费者提供多种多样的汽车产品,满足消费者多样化的需求,无疑会争取到更多的营销机会。例如,当今中国汽车市场中的车型非常丰富,从传统的两厢、三厢轿车,到SUV、跨界车型等,消费者对车辆的需求基本得到满足,甚至前些年并不流行的MPV、旅行车等车型都在当今的市场中占有一席之地,赢得不少消费者的青睐。

3. 需求具有替代性

个人购买者在面临多种选择时,往往会对能够满足自己需要的商品进行比较、鉴别,只有那些对个人购买者吸引力强、引起需求的强度高、能获得消费者内心认同的汽车产品才会促使消费者作出最终的购买决策。也就是说,能够同时满足消费者需求的不同品牌之间具有竞争性,呈现相互替代性。例如,当前中国汽车市场中,几乎在每个级别的细分市场中,都有数款车型存在竞争关系,如A级车市场中的卡罗拉、思域、速腾、伊兰特、轩逸、福克斯等车型。

4. 需求具有可诱导性

对大多数个人购买者而言,他们对汽车缺乏足够的专门知识,往往会受到周围环境、消费风气、人际关系以及广告宣传的影响,对特定车型往往产生较强烈的需求,而这种需求往往并非完全理性的。因此,企业应注意引导、调解和培养某些被细分后的个人购买市场,强化广告和营销手段的应用。例如,某些企业喜欢投放一些以感人为主题的汽车广告,不少消费者会被广告打动,从而对某品牌或某车型产生非理性的喜好。

5. 需求具有发展性

个人购买需求一般从简单到复杂、由低级向高级发展。在现代社会中,各类消费方式、消费观念、消费结构的变化总是与需求的发展息息相关。所以汽车产品个人购买需求的发展也会永无止境。例如，当前消费者对汽车的安全、节能环保的要求越来越高。

6. 需求具有集中性和广泛性

一方面，由于私人汽车消费与个人经济实力的关系非常密切，在特定时期内，经济发达地区的消费者或高收入阶层，对豪华车型有一定的需求，表现出一定的集中性；另一方面，随着经济的发展，各地区收入水平逐渐均衡，这促使消费者对豪华车型的需求呈现广泛性。

7. 维权意识越来越强烈

有些汽车厂商为了迎合某些消费心理，迅速变化车型，缩短研发周期，导致部分整车性能、配件质量难以保证。一些国外引进的车型，对国内路况、油品的适应能力较差。此外，部分汽车营销人员职业道德操守较差，在工作过程中，常误导消费者，从而引发纠纷。就目前来看，对汽车质量的投诉仍居首位。值得注意的是，由于产品缺陷而引发的消费者对品牌的共有问题的投诉日益增加，群发性、集体性投诉越来越频繁。这些迹象均表明中国汽车消费者的维权意识加强了，汽车企业必须增强社会责任意识，面对企业形象危机，应采取积极的态度，不推卸责任，使事件朝着双赢的方向发展。

4.2.2 影响私人汽车消费者购买行为的因素

1. 心理因素

购买行为会受到4个主要心理因素的影响，分别是：需要和动机、感觉、学习、信念和态度。

1) 需要和动机

(1) 需要。消费者需要是指消费者生理或心理上的匮乏状态，即感到缺少什么，从而想获得它们的状态。人们购买某种产品或接受某种服务，是为了满足一定的需要，当需要满足后，又会产生新的需要。需要不仅来源于生理，也来源于心理。

(2) 需要层次论。美国心理学家马斯洛(Maslow)将人类需要按由低级到高级的次序分成5个层次，即生理需要、安全需要、社交需要、自尊的需要、自我实现的需要。马斯洛认为上述5种需要是由低到高排列的，只有当低层次的需要得到了满足，较高层次的需要才会出现并要求得到满足。从消费者行为的角度看，这一理论对理解消费者的动机具有重要价值。所以，企业在开发、设计新产品时，既要重视产品的核心价值，也要重视产品为消费者提供的附加价值，因为前者可能更多地与消费者的基本需要相联系，而后者则更多地与其高层次需要相联系。

(3) 消费者动机。社会心理学认为，人类的行为受动机的支配，而动机则是由需要引起的。当个人的某种需要未得到满足或受到外界刺激时，就会引发某种动机。

2) 感觉

感觉是影响个人购买行为的另一个重要心理因素。一个被动驱使的人随时准备着行动，但具体如何行动则取决于他对情境的感觉如何。具体来说，人们对相同的刺激会有不同的感觉，主要是由下列三种感觉加工处理程序引起的，即选择感觉、选择扭曲和选择记忆。

(1) 选择感觉。一个人不可能全部接受自己所接触的任何信息，有的信息被注意，有的信息被忽略。一般来说，在汽车市场营销领域中，汽车造型、价格、广告、品牌和性能都是潜在消费者可能接收的信息。如果企业要使自己所发布的信息成为购买者可接收的信息，首先必须使这些信息与消费者的需求和看法相一致。

(2) 选择扭曲。有些信息可能也为购买者所注意和接收，但其影响作用不一定会与信息发布者的预期相同。在购买者对其所接收的信息进行加工处理的过程中，每一个人都会按照自己的一套方法加以组织和解释。也就是说，购买者一旦将信息接收过来，就会将其扭曲化，使其与自己的观点和以前接收的信息协调一致起来，从而导致接收到相同信息的购买者会有不同的感受。

(3) 选择记忆。人们对其接触、了解过的东西往往会遗忘，只记得那些与其观点、气质相投的信息，即购买者往往会记住自己喜爱的品牌的优点，而忘记其他品牌的优点。

由于上述三种感觉加工处理程序的存在，使得同样数量和内容的信息，对不同的购买者会产生不同的反应，而且都会在一定程度上阻碍购买者对信息的接收。这就要求市场营销人员必须采取相应的市场营销策略，如加大市场宣传力度等，以消除各类障碍，使得本公司的产品信息更容易为消费者所注意和接收。

3) 学习

所谓学习，是指个人的购买行为并不是先天具有的，而是受后天经验影响而形成和改变的。它既可表现为公开行动的改变，也可表现为语言和思想上的改变。一个人的学习是通过驱使力、刺激物、诱因、反应的相互影响而产生的，对这种现象通常可用"刺激-反应"学习模式来加以表示，如图4-1所示。

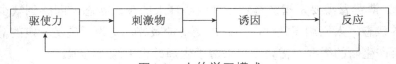

图4-1 人的学习模式

消费者购买汽车这类耐用高价消费品的学习过程是从搜集有关汽车方面的资料开始的，了解品牌、分析判断、提出方案、实物对比、询问释疑，直至最后采取购买行为。在这个过程中，消费者往往希望从营销人员处获得更多真实的关于车辆的信息，因此营销人员就需要将学习和购买动机联系起来，运用刺激性暗示及强化等手段来形成消费者对推销产品的强烈反应，既给消费者一个学习机会，又促进了消费者对产品的需求，从而帮助潜在消费者完成学习过程，成为现实的消费者。例如，企业可以通过汽车展会、广告、宣讲会等形式帮助顾客完成学习过程。

4) 信念和态度

信念是人们对事物的认识。购买行为中的信念，有的建立在对名牌产品的信任的基础上,有的可能建立在某种偏见和讹传上。例如,我们通常会认为奔驰象征成功人士,而宝马代表活力和运动,这些都是消费者由日常生活中的体验而转化成的信念。因此,对汽车营销有利的信念,企业应当采取各种手段去加强;对汽车营销不利的信念,企业应当采取相应手段纠正品牌或产品在消费者心目中的形象。

态度是人们对某个事物所持的持久性和一致性的评价和反映,它体现着一个人对某一事物的喜好和厌恶的内部心理倾向。态度一旦形成,不会轻易改变。因此,企业应注意研究消费者态度的形成过程,以引导用户对企业及产品产生正方向的态度,这对企业开展营销活动是有利的。

2. 文化因素

"人类学之父"爱德华·泰勒于1971年在其代表作《原始文化》中给文化下的定义是:"文化是一个复杂的整体,其中包括知识、信仰、艺术、道德、法律、风俗以及作为社会成员而获得的其他方面的能力和习惯。"文化是人类欲望和行为最基本的决定因素。每一个社会和群体都有自己的文化,人们通过家庭、学校等其他社会组织学习、模仿和接收本社会最基本的价值观、社会规范、宗教信仰、风俗习惯等一系列行为准则。这些行为准则会影响人们对产品的评价和选择。不同的文化造就了不同的消费者购买观念,能满足文化需求的产品较易获得消费者的认可,反之会导致营销活动的失败。文化因素对个人需求和购买行为的影响极其深远,其中最主要的有文化、亚文化和社会阶层三方面。

1) 文化

一个人在社会中成长,受到家庭及社会组织潜移默化的影响,最终习得一套基本的价值观念、风俗习惯和审美观,并形成一定的偏好和行为模式。

(1) 价值观念。价值观念是人们对社会生活中各种事物的态度和看法。在不同的文化背景下,人们的价值观念的差别很大。

(2) 风俗习惯。风俗习惯是在一定的社会物质生产条件下长期形成并世代相传的,它往往成为约束人们思想、行为的规范,并影响消费者的购买行为。

(3) 审美观。不同的消费者往往具有不同的审美观,审美观会受社会舆论、社会观念等多种因素的影响,并制约着消费者的欲望和需求。审美观不是一成不变的,而是处于不断地变化发展中的。例如,车辆外形的更新换代,就与消费者审美观的升级密切相关。

2) 亚文化

在一种文化内部,也会因为各种因素的影响,使人们的价值观念、风俗习惯及审美观表现不同的特征,这就是亚文化。例如,每个民族在宗教信仰、节日、崇尚爱好、图腾禁忌和生活习惯等方面,都有其独特之处,会对该民族的消费习惯产生深刻的影响,从而形成民族亚文化。类似的还有宗教亚文化、地域亚文化等。这些亚文化直接影响着不同国家和地区的汽车的设计风格和消费者的购车偏好。

3) 社会阶层

在一个社会里,每一阶层的成员具有类似的行为、举止和价值观念。同一阶层的成员,行为大致相同。不同社会阶层的人,在购买行为上的差异不仅来源于其购买力的不同,还与消费心理的差异有关。例如,普通技术工人家庭和普通机关人员家庭,假定其年收入相同,但生活方式和消费观念存在较大的区别,两者在购车时对品牌、产品的要求也不尽相同。这些都是汽车厂商要研究的重要内容。

3. 个人特征

个人特征主要包括年龄、家庭生命周期、生活方式、个性、自我形象、职业、经济条件、性别、个人的思想观念等。

1) 年龄和家庭生命周期

消费者的需求和购买能力,往往会因年龄的不同而发生改变。家庭生命周期是指一个以家长为代表的家庭生命的全过程,从青年独立生活开始,到年老后并入子女家庭或死亡时为止。显然,在不同阶段,同一消费者及家庭的购买力、兴趣和对商品的偏好会有较大差别。例如,上海通用生产的老款别克君威轿车就比较适合40~50岁的消费者,因为其外观稳重、气派;而新款别克君威轿车则定位于30~40岁的年轻消费者,以白领精英人群为主。

2) 生活方式、个性和自我形象

生活方式是一个人在生活中所表现出来的活动、兴趣和看法的整个模式。不同的人追求不同的生活方式,所以人们对产品的喜好和追求也不同。个性是指一个人特有的心理特征,它会导致一个人对其所处的环境作出相对一致和持续不断的反应。企业根据个性因素细分市场,可使其产品更好地反映品牌个性,以期与相对应的消费者的个性相适应。自我形象,又称为"镜中的自我",是指人通过他人和社会对自己的反应,而对自我产生的看法。每名消费者心中都有自我形象,如有的消费者觉得自己是儒雅、稳重的人,有的消费者觉得自己是有活力、爱张扬的人,有的消费者觉得自己是平凡、求实的人。消费者心中对自己的看法,会对消费者的消费行为产生显著的影响。消费者对与自己个性相契合的品牌和产品,有着极高的好感度和认同度,购买的概率相对较高。近些年较为流行的SUV、MPV、Cross车型等都是与追求功能使用与个性相结合的消费者的需求相一致的。

3) 职业

职业对人们的需求和兴趣有着重大影响。不同的职业决定着人们具有不同的需要和兴趣。职业不同的消费者由于工作、生活条件的不同,其消费习惯也存在着很大的差别。通常,企业在制定营销策略时,必须分析营销对象的职业,在产品细分许可的条件下,注意开发适合于特定职业消费需要的产品。职业往往决定着一个人的社会地位和经济状况。国外有统计数据显示,知识分子阶层对VOLVO、SAAb品牌的认同度较高,在有的国家,人们甚至默认这两个品牌的车主一般都是知识分子。

4) 经济条件、性别

经济条件决定消费者的购买能力,并直接影响其购买决定。汽车厂商推出高、中、低档轿车就是为了适应不同经济条件的消费者的购买能力,有些厂商甚至将品牌也分为高、中、低档。此外,近些年来,女性消费群体也成为各厂家较为关注的一个群体,许多厂商专门针对女性推出了数款车型。

5) 个人的思想观念

思想观念是一个人长期以来形成的一种固有思维模式。思想观念的保守或开放都会在一定程度上影响其消费习惯。一个思想观念开放的人，往往喜欢外形张扬的车型，而思想观念保守的人则相反。对于汽车企业来说，了解购买者的个性特征及思想观念，可以帮助企业确立正确的符合目标消费者个性特征的汽车产品、品牌形象。

4. 社会因素

消费者的购买行为还会受到社会因素的影响，这些社会因素主要有：相关群体、家庭和社会地位等。

1) 相关群体

一个人的行为会受到许多群体的影响，相关群体是指能够影响消费者个人消费行为的个人或团体。它一般分为三类：①紧密型群体，即与消费者个人关系密切、接触频繁、影响最大的群体，如家庭、邻居、同事等；②松散型群体，即与购买者个人关系一般、接触不太密切，但仍有一定影响的群体，如个人参加的社团等；③渴望群体，购买者个人并不是这个群体的成员，但渴望成为其中一员，羡慕该类群体某些成员的名望、地位，因此效仿他们的消费模式或购买行为。

相关群体对个人购买者购买行为的影响是潜移默化的，人类天生就具有趋同性和归属感，个人购买者往往要根据相关群体的标准来评价自我行为，力图使自己在消费、工作、娱乐等方面同一定的团体保持一致。汽车购买者就非常容易受到相关群体的影响，例如，家庭购买某款轿车，会向周围的相关群体进行意见咨询，购买之后则会向周围群体传递这种信息，其朋友、同事等相关群体就有可能选择该款车型。有研究表明，中国消费者在进行汽车消费时的趋同心理较为明显，往往青睐那些销量大、有友人已购买的车型。

2) 家庭

家庭是社会的细胞，它对个人购买者的影响极大，比如个人购买者的价值观、审美情趣、个人爱好、消费习惯等，多数是在家庭成员的影响和熏陶下形成的。

根据家庭的购买权威中心的不同，可将家庭决策分为4种类型：丈夫决策型、妻子决策型、协商决策型和自主决策型。

当前，我国大多数消费者买车的目的是家庭使用，家庭在消费者购车过程中具有很大的影响力，一辆车能够满足所有家庭成员的需要，往往是消费者选车的重要标准。从一定程度上，这可以解释三厢、长轴距车型在中国畅销的原因。

小资料

迎合中国消费者喜好，海外豪车争推"中国定制"型

由于中国消费者仍然青睐海外品牌，2013年，大多数外国汽车厂商在中国市场的汽车销量都实现了增长，为迎合中国消费者的喜好，专为国内市场开发的产品也随之增多。

戴姆勒日前公开了新一代梅赛德斯-奔驰C级豪华车的生产计划，该公司高管透露，奔

驰公司不久将为中国市场打造轴距加长版的新C级,专门面向中国市场销售。2014年上半年,长轴距奔驰C级将落户北京奔驰工厂。

2013年12月20日,DS首款三厢豪华紧凑级轿车5LS在巴黎全球首发。这是一款为中国消费者量身定做的高档座驾,可满足国人对三厢车的喜好。而目前,国内豪华品牌中的紧凑级车型还没有三厢轿车。DS5LS将在2014年3月份上市。

针对中国市场,捷豹计划推出XF长轴距版车型,新车的主要竞争对手将锁定奔驰E级长轴距版、宝马5系Li以及奥迪A6L车型。未来,新车将会在捷豹路虎的常熟工厂投入生产。由于轴距加长,捷豹XF长轴距版针对后排空间进行提升,增强了后排乘坐的舒适性。

资料来源:杭州日报,2014-1-7

3) 社会地位

营销学中的角色地位是指个人购买者在不同场合所扮演的角色及所处的社会地位。一个人在一生中会参加许多群体,如家庭、俱乐部及各类组织。每个人在各群体中的位置可用角色和地位来确定。每一个角色都伴随着一种地位,这一地位反映了社会对他的总评价。因此,购买者在购买商品时往往结合自己在社会中的地位和角色来考虑,使所购买的产品与个人的角色地位相匹配。例如,有一定社会地位、社会活动较多的消费者,相比社会交往较少的消费者,用车的档次要高一些。

4.2.3 汽车消费者类型

汽车消费者的购买行为会因为购买决策类型的不同而发生变化,通常把汽车消费者的购买行为分为体面实惠型、温馨生活型、进取精英型、时尚个性型、传统节俭型、理性自主型6类。

1. 体面实惠型

该类型的消费者是当前我国汽车消费群体的重要组成部分,其希望通过车型显示身份地位,渴望成功,追求有档次的生活方式;而且相对较为理性,希望用最少的钱买到最豪华的配置,但相对来说对技术方面并不十分关注。

2. 温馨生活型

该类型消费者具有很强的传统观念、家庭观念,追求平凡温馨的生活,不喜欢张扬,较为中庸,并且愿意为创新科技、优越品质付出溢价。该类型消费者以小康之家为典型代表。近年来,这类消费群体成长迅速,在经济发达地区,不少小康之家都购买了汽车,成为汽车消费市场的主力军。

3. 进取精英型

该类型消费者往往以城市中的中青年精英消费者为主,这个群体的特征是追求进取,以事业为核心，对于汽车产品追求外观时尚、尊贵、动力强劲、富有科技感，关注技术的先进性和效率，但对价格、油耗并不十分在意，反对传统价值观。这类消费者的消费能力相对较强，一般较为青睐外资品牌和进口车型。

4. 时尚个性型

该类型消费者以年轻消费者为主，年轻、动感、时尚、追求个性和享乐，具有后现代价值导向，个性张扬，喜欢新潮、酷、自我，喜欢与众不同，以吸引别人注意。这类消费者往往青睐国外品牌，但对价格比较敏感。近些年来，该类型消费者的规模急速扩张，各厂商也针对其推出了多款车型并制定了营销策略。

5. 传统节俭型

该类型消费者具有传统价值导向，注重汽车产品的安全可靠，关注实用性和服务的便利性，对价格比较敏感，追求低油耗、低成本，并不太在意品牌和外观，往往更信赖成熟车型。大多数的中老年消费者都属于这种类型。

6. 理性自主型

该类型消费者也是近些年来购车的主力军，以中青年消费者为主，他们往往对车辆具有一定的了解(很多是通过网络、杂志等掌握了相当的汽车知识)，享受驾驶乐趣，关注先进性、操控性、动力性、安全性等技术指标。这个群体的消费者普遍努力上进，充满激情，懂得享受生活，决策较为理性，看重内在品质，对价格和油耗的关注度不高。

4.3 组织购车用户购买行为分析

汽车产品的购买者不仅仅是私人消费者，还有各种形式的组织。组织构成的市场非常庞大，其在购买动机、购买决策和购买行为方面与私人消费市场相比既有相似之处，也有不同的特点。

4.3.1 汽车组织市场的分类

组织市场是相对于私人消费市场而言的。组织市场的购买者是各类组织，例如公司、集团、事业单位、社会团体等。

1. 企事业单位消费型购买者

这类购买者包括企业组织和事业单位两大类型。企业组织是社会的经济细胞，是从事产品或服务生产与经营的各种经济组织。事业单位主要包括国有学校、国有医院、社会团体，是从事社会事业发展的机构，是为某些或全部公众提供特定服务的非营利性机构。企事业单位购车，目的是满足企业组织开展商务经营活动和事业单位开展事业活动的需要。

2. 政府部门

这类购买者主要包括各种履行国家职能的非营利性组织，是指服务于国家和社会，以实现社会整体利益为目标的有关组织。

3. 运输营运型购买者

这类购买者是指专业从事汽车运输或营运服务的各类组织或个人。包括各类公路运输公司、旅游运输公司、城市公共汽车公司、出租车公司、私人运输经营户等。

4. 再生产型购买者

再生产型购买者包括采购汽车零部件的企业或通过对汽车中间性产品进行进一步加工、生产以制造整车的汽车生产企业，如各主机生产企业、重要总成装配厂家、各种特种车及专用车的生产厂家等。

5. 转卖型购买者

转卖型购买者是指从事汽车流通的各种中间商组织，它们是汽车厂家分销渠道上的成员。中间商一般不构成汽车厂家的市场，但少数汽车厂家也采取了将产品转移给中间商后就视为销售完成的销售方式，故在此也认为此类中间商也是购买者。

4.3.2 组织市场的特点

组织汽车市场是相对私人消费市场而言的。与个人购买市场相比，由于在目的、方式、性质、规模等方面的不同，组织汽车市场具有下列特点。

1. 短期需求弹性较小，波动性较大

与私人汽车消费者相比，组织购买者的需求价格弹性较小，特别是短期内需求受价格变动的影响不大。例如，汽车再生产型购买者，其制造工艺不可能在短期内进行重大变革，消费者不会因为汽车零部件或中间产品的价格波动而大幅增加或减少购买。组织市场可能会受到宏观经济形势的影响，并产生较大的波动性。

2. 购买者数目相对较少

相对于个人购买者而言，组织市场的购买者的数目较少。虽然组织购买者在地理上较为分散，但购买者的类型却较为集中，这一特点使得企业可以采取人员推销的形式开展营销活动，同时也对营销人员的素质和技巧提出了较高的要求。

3. 购买数量一般较大

除了企事业单位消费型购买和私人专业运输户购买外，其他组织购买者一般都具有购买数量大的特点。

小资料

神州租车规模购进全新爱丽舍,创销售回购模式

2014年1月14日,国内租车行业领导品牌神州租车与主流汽车品牌东风雪铁龙在北京举行交车仪式,东风雪铁龙向神州租车首批交付2000台全新爱丽舍。根据双方签订的框架协议,东风雪铁龙还将陆续向神州租车交付过万辆全新爱丽舍。

东风雪铁龙代理总经理王涛表示:"神州租车是中国领先的汽车租赁服务提供商。能获得神州租车2000台大单,这不仅是东风雪铁龙和全新爱丽舍在2014年的开门红,更是神州租车及各界对全新爱丽舍全球品质的认可和信赖。全新爱丽舍马年的第一份大单,不仅掀开了东风雪铁龙与神州租车合作的新篇章,还将在未来极大地推进双方在车辆采购、二手车置换、市场推广等方面更广泛、更深入、更有成效的合作!"

作为国内最大的租车公司,神州租车目前的车队规模近6万辆,超过行业第2名到第20名的总和,车型超过100种。自2013年年初,神州租车便开始以18个月为周期更新车辆,随着新购车型的加入,神州租车的平均车龄将进一步降低。目前,神州租车拥有国内汽车租赁行业车龄最短的车队,平均车龄不到9.5个月,极大地满足了用户"天天开新车"的梦想。

资料来源:搜狐汽车新闻. http://auto.sohu.com/20140114/n393497561.shtml

4. 供求双方关系稳定密切

不同于私人消费市场购买者多变的购买习惯和偏好,组织市场的买卖双方关系的建立需要较长时间,而且双方关系比较稳定、密切。组织购买者希望有稳定的货源,而厂商更需要稳定的销路,因此供求双方需要保持较为密切的联系。有时购买者希望供货商能够按照自己的要求提供产品,在产品规格、功能、交货等方面提出特殊要求,供货商应经常与购买者沟通,详细了解其特殊要求并尽量满足。

5. 购买专业性强

组织购买者大多对产品有特殊要求,且采购过程复杂多变,涉及金额较大,一般由受过专业训练的采购人员完成采购,很少有冲动购买的情况发生。因此,汽车厂商应多从产品功能和技术的角度介绍本企业产品的优势,尽量提供详细的技术资料和服务。

6. 采购决策多元化

组织市场的购买决策并不是一个人作出的,往往受到多重因素的影响,是由组织内部使用这些产品的许多处于不同岗位的个人和领导层组成的采购小组来共同决定的。采购小组往往是由若干技术专家和中高层管理者共同组成的。因此,汽车厂商应当派出训练有素、具备专业知识和人际交往能力强的销售人员,与买方的采购人员和决策者打交道。

7. 需求理性化

组织购买者的购买行为往往比较理性,它不同于个人消费品市场,其决策、协商及购

买都是同时完成的。一般来说,组织购买者需要一段时间来进行谈判和论证,包括需求的确认、产品规格说明、供货商报价、供货商分析、使用者意见征集、供货商选择、购买、购后评估等。

4.3.3 影响购买行为的主要因素

汽车采购人员在作出购买决策时会受到一些因素的影响,更多的时候是多个因素共同起作用。一般来说,除了经济因素之外,外部因素也会对采购人员产生影响,主要包括:环境因素、组织因素、人际关系因素和个人因素。

1. 环境因素

环境因素是指采购人员所处的企业的内外部环境,主要是指企业当前和未来的经济状况,本企业的产品需求情况,技术水平的发展情况,政治、法律、政策环境等。例如,政府出台环保政策后,需要购车的组织就要考虑环保政策对汽车排量、噪声、尾气方面的限制,并在作出购买决策时予以充分考虑。又如,2011年工信部、中央机关事务管理局发布的《党政机关公务用车选用车型目录管理细则》中的"双18"(一般公务用车和执法执勤用车发动机排气量不超过1.8升,价格不超过18万元)规定,就对政府机关购买公务用车作出了限制,这势必会影响此类组织的购车行为。

2. 组织因素

组织因素是指采购组织的具体目标、政策程序和组织结构。营销人员必须尽量了解采购组织的这些信息,关注采购部门在企业组织结构中的变化趋势。当前组织的采购部门有如下变化趋势。

1) 地位升级

在传统的组织结构中,采购部门在管理层次上一直不处于重要位置,但当今各类组织对运营成本的控制越来越重视,采购部门的地位也越来越高,并有很多优秀的专业采购人员得到聘用。

2) 集中采购

企业为了降低成本,通过一些事业部门将商品的采购统一起来,制订统一的采购计划、采购标准,并采用电子化系统进行集中管理。在传统的组织中,采购权是下放的、分散的、低效的。当前的发展趋势是向着集中采购的方向发展,即设立独立的采购部门,专门负责组织所需的各种物资的采购,实现专业化采购。这种机制有利于提高采购的专业化水平,有利于对采购环节进行集中监督,有利于形成规模采购,从而增加谈判主动权,降低采购成本。

3) 合同长期化

组织购买者越来越注重同那些信誉较好的供应商保持长期的合作关系,签订长期合同。这种方式的优点是可以将组织的采购成本控制在一个较为稳定的水平上,从而使其产品或服务的价格具有稳定性。因此，对于未成为供应商的企业来说，要打入在长期合同保护下的市场就较为困难，对于已持有长期合同的供货商来说，应更好地致力于专业化生产，努力提高产品质量，提高产品竞争力。

4) 加强对采购的绩效评估

现代企业将采购部门与营销部门视为同等重要，越来越多的组织都制定了激励制度来激励那些作出突出业绩的采购人员，促使其关注组织利益，降低采购成本，确保良好的供货条件。

5) 网上采购

如今，企业通过网络平台进行采购的交易额越来越大，交易形式越来越多，从而引起了采购模式的重大变革。

3. 人际关系因素

人际关系因素主要是指由采购部门或采购小组构成的因素。组织市场上的采购工作通常由许多人参加，由处于不同地位、拥有不同职权以及具有不同偏好和不同谈判能力的参与者构成。在购买过程中，他们会用不同的标准和观念来选择和评价购买决策。对于营销者而言，应充分了解客户组织的人际关系状况，研究每个人在购买决策中扮演的角色及其影响力的大小，以便利用这些因素促成交易。

4. 个人因素

个人因素主要是指组织购买者中每一个参与购买活动的人员，各自在购买动机、个人经历、喜爱偏好等方面的因素，这些因素在组织市场中也会产生一定的影响。采购活动中的重要项目，如供应商、型号、性能、价格等因素受个人习惯的影响较小，而对于某些采购的细节，如色彩、包装、款式等，个人因素就会起到很大的作用。

4.3.4 组织购车用户购买决策的参与者

组织采购部门的设置，与组织自身的性质和规模密切相关。大型组织有职能较为完整的专门采购部门，小型组织的采购任务往往只由少数几个人负责。在采购决策权的授予方面，不同类型的采购部门也不尽相同。有些采购部门把选择供应商和选择产品的权限授予采购人员，有些则只允许采购人员选择产品，还有的采购人员仅仅是供应商和采购部门之间的媒介，只处理日常订单。总体来说，不同的决策参与者，对决策的作用各不相同，典型的购买决策过程中的参与者可以分为以下6种类型。

1. 使用者

使用者是指实际使用所采购产品或服务的部门或个人。使用者在购买决策中的作用，一般是在采购的最初阶段从使用的角度提出要求和建议，他们的意见在选择产品的功能、品种、规格方面起着重要作用。

2. 影响者

影响者是指组织内部或外部的所有对购买决策具有直接和间接影响的人。其中,组织内部的技术人员是重要的影响者,他们通常可以协助解决部分决策问题,也可能提出不同的评估方案。

3. 决策者

决策者是指组织内部有权决定采购项目和确定供应商的人员。

4. 审批者

审批者是指组织内部有权批准决策者或采购者所提方案的人员,一般是重大购买活动的领导小组或最高机构。

5. 采购者

采购者是指直接实施购买行为的所有人员。采购者的作用是协助决定产品规格,其主要职能是联系供应商并与之进行具体条款的谈判。在重大复杂的采购活动中,高级职员往往也要充当采购者。

6. 控制者

控制者是指在采购组织的内部和外部能够控制相关信息流向决策者、使用者的人员。比如采购代理商、技术人员,甚至秘书、接待员等。这些人不是购买活动的直接参与者,也不会对决策产生影响,但其有能力影响或阻止推销员与采购人员接触。因此,供应商在试图打开一个企业的市场时,必须和这些人员搞好关系,重视他们在整个购买活动中可能产生的影响。

4.3.5 组织购车的决策过程

组织购车的决策过程是一个比较复杂的过程,一般认为此过程可以分为8个阶段,在执行全新的采购任务时,通常需要完整地经过这8个阶段,而进行重购或修订重购时,则可能跳过其中几个阶段。

1. 提出需要

企业内部对某种产品或劳务提出需要,是采购决策过程的开始。提出需要一般是由以下两方面原因引起的:一是内部刺激,包括企业有新的业务需求,需要购置新汽车产品或企业原有的汽车产品发生故障等;二是外部刺激,如展销会、广告或供应商推销人员的访问等,促使有关人员提出采购意见。营销人员应当主动营销,开展各种类型的营销活动,帮助顾客挖掘潜在需求。

2. 确定需要

第二步是确定所需产品或服务的特征、种类和数量，对抽象化的需要进行具体化、量化。在此阶段，复杂的采购任务，由采购人员同企业内部有关人员共同研究决定；简单的采购任务，则往往由采购人员直接决定。营销人员要向客户提供专业的帮助，帮助其明确需求的产品特征、种类和数量。

3. 确定产品规格

需要确定下来之后，接下来还要对所需产品的规格型号等技术指标做详细的说明。这要由专业人员对所需品种进行价值分析(Value Analysis)，价值分析是一种降低成本的分析方法，目的是在保证不降低产品功能的前提下，尽量降低成本，以获取更大的经济效益。经过价值分析之后，写出详细的书面材料说明技术要求，作为采购人员进行采购的依据。营销人员应当尽可能地参与客户的价值分析，帮助采购者确定产品规格，以增加被选中的机会。

4. 寻找供应商

采购人员通常通过工商名录、专业刊物或网络查询供应商，有时也会通过其他企业了解供应商的情况。如果是初次新购，或所需品种复杂、价值很高，组织用户为此所花费的时间就会比较长。在此阶段，供应商的任务就是要使自己列入备选供应商的范围之内，提供有竞争力的方案，并在市场上树立良好的企业形象。

5. 征求供应信息

企业有了备选的供应商之后，会邀请其提供相应资料，包括产品说明书、购买方案、价目表等。在一些比较复杂或大规模的采购中，往往采用招标的形式。此时，供应商就必须按照招标的要求，提供一系列书面材料以及准备标书。

6. 选择供应商

完成上述工作环节之后，企业就掌握了比较丰富的信息，第6步是企业采购部门评价、建议和选择供应商。采购者在作出最后的选择之前，还会与选中的供应商就价格及其他条款进行谈判。

7. 订立合同

确定供应商之后，汽车用户会根据所需产品的技术说明书、需求数量、预期交货时间、退货条件和担保书等，与供应商订立合同。当今不少企业日趋采取"一揽子合同"的形式，而不采取"定期采购合同"的形式。这是因为如果采购次数少，每次采购批量较大，库存压力就会增加，而且会占用过多现金。而用户与供应商建立了长期供货关系，这个供应商就会根据客户需要按照原来约定的价格条件随时供货。这种模式往往是通过先进的采购系统完成的，供应商在系统中可以看到客户当期的需求量，因而"一揽子合同"又称为"无库存采购计划"。

8. 采购评价

如同消费者在购买过程中有购后行为一样，汽车组织客户完成采购后，采购部门也会根据最终的使用情况来对采购作出评价。为此，采购部门要听取各方使用者的意见。这种对某个供应商的评价，会影响今后是否继续从该供应商处订货。因此，供应商在产品销售出去后，要加强跟踪和售后服务，以赢得客户的信赖，保持长期的供应关系。

思考题

1. 私人汽车消费市场具有哪些特点？
2. 影响私人汽车消费者购买行为的因素有哪些？
3. 你认为私人汽车消费者有哪些类型？
4. 组织汽车消费市场具有哪些特点？
5. 组织购车用户购买决策的参与者有哪些？

第 5 章
汽车营销市场调研

5.1 汽车营销市场调研概述

5.1.1 市场营销调研

1. 汽车市场调研的概念

汽车营销市场调研,是指汽车企业对用户及其购买力、购买对象、购买习惯、未来购买动向和同行业的情况等方面进行全面或局部的了解。汽车企业市场调研的主要任务是弄清涉及企业生存与发展的市场运行特征、规律和动向,以及汽车产品在市场上的产、供、销状况及其有关影响因素和影响程度。

2. 汽车营销市场调研的作用

汽车营销市场调研的作用主要有以下几个。

1) 掌握市场供需状况

汽车企业一方面要把生产出来的汽车通过流通领域送到消费者手中,另一方面还要了解消费者需要什么样的车型、对质量和款式有何要求、需求量有多大,以及有多少汽车企业同时向该市场提供或准备提供此类产品。

2) 有利于企业顺利进入市场

汽车的品种、数量等要以市场为导向,汽车企业能生产多少种汽车仅代表了其设计和生产能力,而能销售多少汽车才是企业真正的经营实力。

3) 提高企业的竞争能力

汽车企业能否进入市场以及进入市场的深度如何,除了取决于其本身的生产经营条件外,还包括汽车的品种、数量、质量等在市场上所占据的地位,以及汽车企业对市场变化的适应能力,同时还取决于市场本身对某种车型的需求情况和市场竞争的激烈程度。

4) 提高经济效益

汽车企业可以通过合理组织和利用企业的内部和外部资源,不断提高劳动生产率,降低产品成本来获取较好的经济效益。

5) 提高科技和经营管理水平

汽车企业通过了解和掌握现代技术、经营管理的发展水平和发展趋势,借助世界上已经成熟的科学技术和经营管理成果从事生产经营活动,可为企业的发展和进步创造良好的条件。

5.1.2 汽车营销市场调研的内容

汽车营销市场调研是企业经营的一项经常性工作,是企业增强经营活力的重要基础。汽车企业只有进行充分的市场调研工作，才能进行科学的分析，从而制定出优化的营销策略。

汽车市场营销调研的范围极其广泛，按调研的内容可以分为市场需求调研、市场经营条件调研和市场产品调研等。

1. 汽车市场需求调研

汽车市场需求调研的目的在于了解消费者在一定时期内，对某种车型的需求量、需求时间，以及各厂商的市场占有率的大小，从而帮助汽车企业决定采取何种措施进入市场，或稳固已有的市场占有率。汽车企业只有了解了消费者需求的基本信息，才能采取有效的营销策略。

2. 汽车市场经营条件调研

市场经营条件调研的目的是了解汽车企业面临的外部环境和内部条件之间存在的各种矛盾和问题，从而确定解决这些矛盾和问题的对策，具体包括以下几方面内容。

1) 资源状况

资源状况包括生产同类汽车产品时各企业所需资源的来源、分布、数量、质量、种类、价格、分配和使用情况，并同本企业的资源利用水平进行比较。

2) 市场环境

市场环境主要是指汽车企业外部所处的环境条件，包括国内外政治、经济、社会、文化等状况，以及对企业可能产生的影响。

3) 技术发展状况

技术发展状况主要包括汽车新技术、新材料、新工艺、新结构的发展趋势和应用情况，汽车生产设备的更新水平和技术进步情况，汽车企业管理水平及发展趋势等。

4) 竞争对手

竞争对手包括竞争企业的数量、规模、形象、市场占有率、经营水平、经营能力、竞争对策等。

3. 汽车市场产品调研

汽车产品在市场上的营销状况如何，是关系汽车企业兴衰的大事，所以汽车市场产品调研及分析，是汽车企业市场调研的重点内容之一，主要包括以下几个方面。

1) 产品状况

产品状况包括市场上已有的该类型汽车产品的数量、质量、价格、技术特征、新车型开发情况等。

2) 汽车销售

(1) 现有市场汽车销售情况。如各种汽车产品的社会拥有量及其分布情况；一定时期内的实际销售量和可能的最大销售量；汽车产品销售价格及不同用户对产品的评价与意见；同类产品不同品牌间的销售差异等。

(2) 潜在市场分析。包括正在开发或待开发市场的范围和容量的大小，以及潜在开发的可能性、难易程度和可行性分析,以及该市场的特征等。

(3) 汽车产品的生命周期。

(4) 新车型投入市场的可能性。包括某车型汽车的需求量、发展前景、销售难易程度、可能的售价范围、消费者的反应和可能出现的竞争等。

3) 流通渠道

流通渠道是指经营销售该车型的销售企业的数量、渠道类型、营销能力,以及包装、运输、储存能力等。

4) 汽车市场竞争程度

汽车市场竞争程度是指参与该种汽车竞争的对手的数量、营销策略、销售渠道,以及其各自产品的数量、质量、价格及用户评价等内容。

5.1.3 汽车营销市场调研的步骤

汽车营销市场调研一般由4个主要步骤组成,即:确定问题和调研目标;制订调研计划;实施调研计划;解释并报告调研结果。

1. 确定问题和调研目标

要确定汽车营销中存在的问题及调研工作所要达到的目标,需要营销人员和调研人员共同配合完成。因为前者最了解营销中存在的问题和相应的对策,当然也最了解哪些信息对营销决策最重要;而后者则最了解应如何获得这些信息。

根据调研目标的不同,可将调研分为三种类型:一是探索性调研;二是描述性调研;三是因果分析调研。

(1) 探索性调研。它是指对需要调研的问题还不清楚,无法确定调研的内容和范围,因而只有搜集一些相关的资料,进行分析后找出症结,才能进一步深化调查。

(2) 描述性调研。它是指通过调研如实地记录用于描述某款车型的市场销售情况、消费者态度和偏好等方面的数据资料。

(3) 因果分析调研。这是为了明确原因与结果之间的关系而进行的调研,如企业为了了解某车型降价5%能否使得销售额上升10%所做的调研。

2. 制订调研计划

1) 确定所需要的信息

这是市场调研要解决的首要问题。如某企业准备向市场推出一款家用轿车,该车的特点是燃油经济性好,而且价格适中。决策者要研究这款新车是否能占领一定的市场份额,则需要获得下列信息。

(1) 当地居民的收入水平。

(2) 当地同类产品的竞争状况。

(3) 政策、法律规定。

(4) 对销售与利润的预测。

2) 信息资料收集

为了得到所需要的信息，调研人员要收集有关资料，包括案头资料和原始资料。所谓案头资料，也称二手资料，是指经别人收集和整理过的资料；原始资料是指调研人员通过发放问卷、面谈、抽样调查等形式收集到的第一手资料。

在此阶段，一般是先进行案头调查，即收集二手资料，这些资料主要有以下几个来源。

(1) 政府部门、行业协会公布的统计资料等，如《中国汽车工业年鉴》《中国工业经济统计年鉴等》。

(2) 公开出版发行的报刊、期刊等。如《中国汽车报》《汽车工业研究》等。

(3) 情报咨询机构提供的市场情报、信息。如中国汽车技术研究中心以及信息咨询类企业等。

(4) 汽车企业自身积累的资料。如汽车企业的销售数据、竞争对手的数据及行业信息等。

二手资料由于在可获取性、时效性和准确性等方面存在问题，决策者要想得到足够的、及时的、准确有效的信息，就必须进行原始资料的收集。

原始资料的收集由于成本较高、时间较长，因此，应由专业调研人员设计原始资料的收集方案，并与管理人员一起确定调研方案。一般调研方案应作出4个方面的决策，即调研方法、联系方法、抽样方法设计和应用的调研工具。调研方法和联系方法应根据实际需要认真选择，而对于抽样方法设计则应注意以下几点。

(1) 抽样对象。

(2) 样本大小。

(3) 抽样程序。

(4) 调研工具。

调研问卷是最常用的工具，但设计一份科学有效的问卷并不容易。设计调研问卷时应注意以下几点。

(1) 尽可能减轻被调查者的负担，以客观问题为主，避免设置那些需要让被调查者反复思考、计算或查找资料才能回答的题目。

(2) 问题要具体、易懂，用语确切并符合调研目标，问卷设计应简单明了、方便填写、易于统计。

(3) 避免提出具有诱导性、倾向性的问题。

(4) 注意题目间的逻辑关系。

(5) 问卷的设计应与被调查者的身份和认知水平相适应。

3) 提交调研计划

调研人员应写出书面调研计划，书面调研计划应摘要列出营销中所面临的问题、调研密保、需收集的有关信息及方法，以及调研结果对营销决策的帮助等，最后还应列出调研的预算。

3. 实施调研计划

这一阶段包括收集、整理和分析信息资料等工作。调研中的数据收集阶段是花费时间最多而且又最容易失误的阶段。因此，调研人员在计划实施过程中，要尽量按计划去进行，使获得的数据尽可能接近真实情况。这就要求调研人员具有较高的科学素养和较丰富的经验，在整个信息搜集过程中排除干扰，以获得理想的数据资料。同时，还需要对获得的资料进行筛选、整理和提炼，进行归类整理，并运用数理统计方法使其系统化。

4. 解释并报告调研结果

最后，要对调研结果作出解释，得出结论，并向决策部门提交调研报告。一般调研报告的编写原则是：回答调研计划中所提出的问题；用调查的数据来说明问题；文字应简明扼要、重点突出；分析问题力求客观，避免主观臆断和看问题存在片面性；要能针对问题提出一定的具体意见，避免泛泛而谈。

调研报告包括：调研的目的和范围、采取的调研方法、调研结果、提出的建议、相关附件。

5.1.4 汽车市场调研的方式和方法

1. 汽车市场调研的方式

汽车市场调研的方式可分为全面调研、重点调研、典型调研和抽样调研等。

(1) 全面调研。它是指在一定的时间间隔内，对调研区域内所有的调研对象进行全部调研的一种调研方式。全面调研可以获得完整的调研资料，便于剖析事物变化的实质，但涉及面广、工作量大，对人力、物力、财力和时间的消耗比较多，应慎重选用。

(2) 重点调研。它是指在所有调研对象中，选择一部分对整体影响较大的重点调研对象进行调研的方式。例如，通过对我国主要几个汽车生产企业的产量变化情况的调查，可以推测出我国汽车工业的发展趋势等。

(3) 典型调研。它是指在全体被调研对象中，选出一部分具有代表性的个体进行调研的方式。

(4) 抽样调研。它是指按照一定的方法，从被调研的总体对象中抽出一部分个体样本进行调研，然后运用一定的处理方法通过个体样本调研的结果推测出总体的变化情况。

2. 汽车市场调研方法

常用的市场调研方法有观察法、采访法、实验法等。

(1) 观察法。它是指调研者在调研现场利用一定的方法对被调查对象进行实地观察再获取调研资料的方法。这是一种单项调查方法，在市场调研过程中被广泛应用。如顾客反映观察法、行为记录法、点数观察法、比较观察法等。观察法的客观性较好，结果比较准确，但工作量较大，时间耗费较多，并且观察者往往只注意事物的表面现象，容易忽视内在因果关系。

(2) 采访法。它是指调研者根据既定的调研事项和目的，用采访或书面调研等方法获取调研资料的方法。具体包括个人面谈、座谈会、电话交谈、问卷调研和信函调研等方式。

(3) 实验法。它是指调研者直接进入市场通过试验而获取资料的方法。汽车企业在开发新车型时，往往先小规模推出一批产品，对市场进行试探，然后根据市场反应来确定稳定的产量。

5.2 汽车营销市场调研问卷的设计

通过问卷形式来进行调查，是最有效而且应用最广泛的方法。所谓的问卷设计，是指根据调查目的，将所需调查的问题具体化，使调查者能顺利地获取必要的信息资料，以便于统计分析。它严格遵循概率与统计原理，因而调查方式具有较强的科学性，同时也便于操作。这一方式会对调查结果产生一定的影响，除了样本选择、调查员素质、统计手段等因素外，问卷设计水平也是其中的一个重要因素。

5.2.1 问卷设计的原则

1. 有明确的主题

问卷调查是通过向被调查者询问问题来进行调查的，所以询问的问题必须与调查主题紧密联系。这就要求设计者从实际出发拟题，重点突出，避免可有可无的问题，并把主题分解为详细的细目，以便于被调查者回答。

2. 逻辑性原则

在设计问卷时，问题的排列要按照一定的逻辑顺序，符合被调查者的思维程序，以提高回答问题的有效性和速度。一般遵循的顺序是：先易后难，先简后繁，先具体后抽象，先封闭式问题后开放式问题。

3. 可接受性原则

调查问卷的设计应易于被调查者接受，问卷应使被调查者感到轻松，并愿意如实回答。因为调查对于被调查者来说是额外负担，他们既可以采取合作的态度接受调查，也可以采取抵触行为拒绝调查，这会影响调查的质量。

在进行问卷设计时，要将调查的目的明确地告诉被调查者，让对方知道此次调查的意义和其回答对调查结果的影响。问卷语气要亲切、温和，提问要自然、有礼貌，问题要符合被调查者的理解能力和认知能力，避免使用晦涩难懂的专业术语，并代被调查者保密，以消除其心理压力。此外，可以考虑采用物质激励，如赠送小礼物等形式来鼓励被调查者参与。

4. 简明性原则

简明性体现在三个方面：①调查内容要简明。没有价值或无关紧要的内容不要列入，力求以最少的问题体现必要的、完整的信息资料。②调查时间要简短。③问卷设计的形式要简明，便于被调查者阅读。

5. 非诱导性原则

有些调查者经常使用带有诱导性的问题，这种行为往往会使调查者得到其所希望得到的答案，但却违背了基本的科学性和客观性。这就要求调查者在设置问题的时候，要注意语言的客观性，不进行提示或主观臆断，杜绝诱导性，将被调查者的独立性和客观性放在突出位置。

5.2.2 问卷设计的格式

调查问卷通常包括问卷标题、问卷说明、被调查者信息、调查内容、编码等。

1. 问卷标题

问卷标题的作用是说明调查的主题，使被调查者对所要回答的问题有一个大致了解。标题要简明扼要，并能引起被调查者的兴趣。例如，可以采用"你最喜欢的车型调查"等，而不要采用"问卷调查"这样的标题，它容易引起回答者的怀疑而拒绝回答。

2. 问卷说明

问卷说明旨在向被调查者说明调查的目的、意义。问卷说明一般放在问卷开头，并尽可能简明，通过它可以使被调查者了解调查目的、消除顾虑，并按照一定的要求规范填写。

3. 被调查者信息

此部分主要包括被调查者的基本特征，主要包括性别、年龄、民族、家庭人口、婚姻状况、文化程度、职业、收入水平、地区等。通过分析被调查者特征与所回答问题的关系，可以得出很多有价值的市场信息。

4. 调查内容

调查内容是调查者所要了解的基本内容，也是调查问卷中最重要的部分。它主要以提问的形式提供给被调查者，这部分内容设计的质量直接影响调查的价值。

5. 编码

编码是将问卷中的调查项目和选项变成数字的工作过程，多数市场调查问卷均需要加以编码，以便于分类整理和后期计算机处理分析。

5.2.3 问题的主要类型

1. 直接性问题、间接性问题和假设性问题

1) 直接性问题

直接性问题是指在问卷中能够通过直接提问的方式得到答案的问题。直接性问题通常能给回答者一个明确的范围，所问的是个人基本情况或意见，例如"您的年龄""您最喜欢的汽车颜色"等。这种提问便于进行统计分析，但遇到易让人产生窘迫感的问题时，采用这种方式则不甚妥当。

2) 间接性问题

间接性问题是指那些不易直接回答，而采用间接提问方式能得到所需答案的问题。通常是指那些被调查者因对所需回答的问题产生顾虑，不敢或不愿真实地表达意见的问题。此时若采用间接回答方式，使被调查者认为很多意见已被其他调查者提出来了，他所需要做的只是对这些意见加以评价，这样被调查者就更容易提出自己真实的意见。采用这种方式会比采用直接提问方式收集到更多的信息。

3) 假设性问题

假设性问题是先假定一种情况，然后询问被调查者在该种情况下，他会采取什么行动。例如"如果某车型推出两厢款，你是否会考虑"等。

2. 开放式和封闭式问题

1) 开放式问题

开放式问题又称无结构的问答题。在采用开放式问题时，被调查者可以用自己的语言自由地发表意见，在问卷上没有已拟定的答案。

例如：您开车几年了？您认为什么样的车才是好车？

显然，被调查者可以自由地回答以上问题，并不需要按照问卷上已拟定的答案加以选择，因此被调查者可以充分地表达自己的看法和理由，并且比较深入，有时还可获得研究者始料未及的答案。通常而言，问卷上的第一个问题采用自由式问题，让被调查者有机会尽量发表意见，这样可营造有利的调查气氛，缩短调查者与被调查者之间的距离。

然而，开放式问题亦有其缺点。例如，调查者的偏见、记录过程中的失真等。但这些不足可通过录音来弥补。此外，开放式问题的资料整理与分析比较困难。由于各种被调查者提供的答案可能不同，所用字眼各异，因此在答案分类时难免出现困难，整个过程相当耗费时间，而且免不了夹杂整理者个人的偏见。因此，开放性问题在探索性调研中是很有帮助的，但在大规模的抽样调查中，它就弊大于利了。

2) 封闭式问题

封闭式问题又称有结构的问答题。封闭式问题与开放式问题相反，它规定了一组可供选择的答案和固定的回答格式。此种形式在问卷调查中较为常见，可以大大提高问卷的简易性和可操作性。

例如：您最喜欢的汽车颜色是：
A. 黑色　　B. 白色　　C. 银色　　D. 红色　　E. 蓝色
您购买汽车时最看重的两个因素是(选择最主要的两种)：
A. 外观　　B. 动力　　C. 品牌　　D. 油耗　　E. 空间　　F. 售后服务

封闭式问题的优点主要包括以下几个方面。

(1) 答案是标准化的，对答案进行编码和分析都比较容易；

(2) 被调查者易于作答，有利于提高问卷的回收率；

(3) 问题的含义比较清楚。因为所提供的答案有助于理解题意，这样就可以避免被调查者由于不理解题意而拒绝回答。

封闭式问题的缺点主要有以下几个方面。

(1) 被调查者对题目理解不正确的，难以觉察出来；

(2) 可能产生"顺序偏差"或"位置偏差"，即被调查者选择答案可能与该答案的排列位置有关。研究表明，对于陈述性答案，被调查者趋向于选择第一个或最后一个答案，特别是第一个答案；而对一组数字(数量或价格)，则趋向于选择中间位置的答案。为了减少顺序偏差，可以准备多种形式的问卷，并使每种形式的问卷的答案排列顺序都不相同。

5.2.4　问卷设计的方法

1. 二元选择法

二元选择法也称为二分法，是指提出的问题仅有两种答案可以选择。如"是"或"否"、"有"或"无"等。一般两种答案是对立的，被调查者从中选择一项作答。

例如："您家里现在有汽车吗？"

答案只能是"有"或"无"。

这种方法的优点是易于理解，能迅速得到明确答复，而且便于统计分析；缺点是被调查者没有机会进一步作出说明，对真实情况的了解不够深入。

2. 多项选择法

多项选择法是指提出的问题有两个以上的答案可供选择，被调查者可以选择其中一项或几项。

例如：你喜欢下列汽车品牌中的哪几个？(在您认为合适的□内打√)
奔驰□　　红旗□　　丰田□　　宝马□　　大众□　　日产□　　奇瑞□

应用此方法，一般可以在问题最后设置"其他"选项，以便被调查者表达自己的观点。此种方法的优点是比二元选择法的选择范围更广，也便于统计处理。

3. 顺位法

顺位法是列出若干项目，由被调查者按重要性进行排序。顺位法主要有两种：一种是对全部答案排序，另一种是只对其中部分答案排序。具体的排列顺序，由被调查者根据自己的喜好和认识程度来决定。

例如："您选购汽车时要考虑的因素是什么？"(将答案按重要顺序，以"1、2、3、……"的方式填写在□中)

价格□　　外观□　　售后□　　品牌□
油耗□　　内饰□　　空间□　　动力□

顺位法便于被调查者对其意见、动机、感觉等作出衡量和比较性的表达，也便于对调查结果进行统计。但调查项目不宜过多，否则容易分散，导致被调查者难以作出排序。

4. 李克特量表

它是由伦斯·李克特根据正规量表的方法发展来的。它的设计过程是：给出一句话，让被调查者在类似"非常同意""同意""中立""有点不同意""很不同意"这5个等级上作出与其想法一致的选择。

例如：请您从以下三个方面对这款车进行评价。

外观设计：非常喜欢○　喜欢○　一般○　不喜欢○　非常不喜欢○
内饰设计：非常喜欢○　喜欢○　一般○　不喜欢○　非常不喜欢○
动力水平：非常喜欢○　喜欢○　一般○　不喜欢○　非常不喜欢○

5. 自由回答法

自由回答法是指提问时可以自由提出问题，被调查者可以自由发表意见，没有固定格式的限制。

例如："您觉得这款车在哪些方面可以改进"等。

这种方法涉及面广，灵活性大，被调查者可以充分发表意见，便于使调查者收集到更有价值的资料；但由于被调查者的情况不同，答案的分类整理往往比较困难，而且可能出现由于被调查者表达能力的差异导致的调查偏差。由于时间关系或缺乏心理准备，被调查者往往不愿回答此类问题或答非所问，因此，在设计问卷时，此类问题不宜过多。

5.2.5　问卷设计的注意要点

根据调查行业和调查方向的不同，问卷的设计在形式和内容上也有所不同，但无论设计哪种类型的问卷，都必须注意以下几个要点。

1. 明确调查目的和内容

在问卷设计中，最重要的一点，就是必须明确调查目的和内容，这不仅是问卷设计的前提，也是问卷设计的基础。市场调查的总体目的是为决策部门提供参考依据，可能是为了制订长远性的战略性规划，也可能是为了制定某阶段或针对某问题的具体政策或策略。无论是哪种情况，在进行问卷设计时都必须对调查目的有一个清楚的认知，并且在调查计划书中进行细化和文本化，以作为问卷设计的指导。调查内容可以是涉及民众的意见、观念、习惯、行为和态度的任何问题，可以是抽象的观念，例如人们的理想、信念、价值观和人生观等；也可以是具体的习惯或行为，例如人们接触媒介的习惯、对商品品牌的喜好、购物的习惯和行为等。在设计问卷时，应避免那些被调查人难以回答或者需要长久回忆以及答案模糊不清的问题。具体来说，调查内容应包括受调人的分群、消费需求(主要有产品、价格、促销)、分销和竞争对手的情况(对手优劣势和诉求策略)。

2. 明确针对人群

在设计问卷时，问卷题目必须要有针对性，问卷语言应措辞得当。对于不同层次的人群，应在题目的选择上有的放矢，必须充分考虑受调人群的文化水平、年龄层次和协调合作的可能性。除此之外，在语言措辞上同样需要注意这点，在面对不同的受调人群的时候，由于他们各方面的综合素质和水平的差异，在措辞上也应该进行相应的调整。如受调人群为家庭主妇，在语言上就必须尽量通俗；而对于文化水平较高的城市白领，在题目和语言的选择上就可以提高一定的层次。只有全面考虑各个细节，调查才能顺利进行。

3. 数据统计和分析应易于操作

目前，大多数的市场调查人员都能考虑到市场调查的目的和内容，在题目选择和言语措辞上也能综合考虑各种因素，但往往容易忽视数据的统计和分析，因为这两个环节的工作基本上是人员分离的，所以在整合和衔接上就容易出现偏差。为了更好地进行调查工作，除了在正确清楚的目的的指导下进行严格规范的操作，还必须在问卷设计的时候就充分考虑后续的数据统计和分析工作。具体来说，在进行问卷设计时，应保证题目易于录入，并可进行具体的数据分析。对于主观性的题目，在进行文本规范时，也要具有很强的总结性，这样才能使整个调研进程中的不同环节更好地衔接起来。

4. 卷首应有调查说明和隐私保护说明

问卷调查是一项面对广大受调群体的活动，由于调查目的和调查内容的不同，针对的群体也不尽相同。为了提高受调人群配合调查的积极性，使调查易于操作和顺利进行，策划人员往往会做一些赠送及返利活动。此外，策划人员还应充分尊重受调人员，在问卷设计上应尽量规范，同时还应对调查的目的、内容进行说明。具体来说，卷首语说明包括尊称、填写者的受益情况、主办单位和感谢语。如果问卷中有涉及个人资料的问题，还应做隐私保护说明。只有尊重受调人群，才有可能调动他们的配合积极性。

5. 问题数量合理化、语言逻辑化、格式规范化

问题的形式和内容固然重要，但合理的问题数量同样是保证问卷调查获得成功的关键因素。由于时间和配合度的关系，人们往往不愿意接受一份繁杂冗长的问卷，即使接受，也不可能认真地完成，这样就不能保证问卷答案的真实性。同时，在问题设计的时候，也要注意逻辑性的问题，不能产生矛盾的现象，并且应该尽量避免假设性问题，以保证调查的真实性。为了使受调人员能够更容易回答问题，可以对相关类别的题目进行列框，使受

调人员一目了然。另外，主观性的题目应该尽量避免，或者换成客观题目的形式，如果确实有必要，应该放在最后面，让有时间和愿意配合的受调人员作答。

即使是一份设计得很完善的问卷，也未必能获得理想的调查结果，因此，必须要经历实践的考验。问卷设计初步完成后，可先进行小范围的试填写，并对结果进行反馈，以及时进行修改，只有这样，才能达到市场调查的终极目的，即以准确的数据和科学的分析来为策略的制定提供有价值的参考。

思考题

1. 什么是汽车营销市场调研？
2. 汽车市场调研的步骤是什么？
3. 汽车市场调研的方式有哪几种？
4. 开放式问题和封闭式问题分别具有哪些优缺点？
5. 设计一份调查问卷，调查一下你周围的同学最喜爱的车型有哪些特点。

第二篇
汽车市场营销策略

第 6 章
目标市场战略

任何一个产品市场都是由许多需求各异的顾客所组成的，汽车市场更是如此。一家汽车生产或销售企业开展营销活动时，面对的是非常复杂的市场，市场中的消费者由于经济水平、爱好、兴趣、生活习惯等的不同，对汽车产品和服务的要求也不同。通常情况下，一家企业不可能同时满足市场上所有顾客的所有需求，而且只能满足部分顾客的部分需求。因此，企业应根据自身的条件，选择那些对本企业有吸引力并能有效占领的那部分市场作为目标，并制订相应的产品计划和营销计划，为其提供周到完善的服务。这样企业就可以把有限的资源用在能产生最大效益的地方，从而获取竞争的优势地位，也就是实行目标营销。

一个完整的目标营销过程要经过三个步骤，即市场细分(Segmentation)、选择目标市场(Targeting)和市场定位(Positioning)，简称"STP策略"。

6.1 汽车市场细分

市场细分是由美国的市场营销学家温德尔·史密斯(Wendell R. Smith)在1956年发表的题为"市场营销战略中的产品差异化与市场细分"的论文中首次提出的一个概念。它是市场营销理论的重要成果，顺应了当时卖方市场向买方市场过渡的形势。

6.1.1 市场细分的概念

所谓市场细分，就是在市场调查研究的基础上，根据消费者需求的差异性，选用一定的标准，将整个市场划分为两个或两个以上具有不同需求特征的"子市场"的工作过程。它由在一个市场中具有相同的欲望、购买能力、地理位置、购买态度和购买习惯的大量人群所组成。这样的"子市场"可称为细分市场。市场细分不是通过产品分类来进行的，而是通过划分不同的消费者群体来实现的。

市场细分理论是史密斯在总结西方市场营销实践的基础上提出来的，它的产生和发展经历了以下三个阶段。

第一阶段：大量营销(Mass Marketing)，是指企业大批量生产某种产品，通过密集的分销渠道销售给消费者的一种营销战略。其特点是品种单一、大规模生产、成本低，可以采取低价策略，以最大限度地开发潜在市场，获取较高利润。此策略产生于19世纪末20世纪初的资产阶级工业革命阶段，是在物资短缺、产品供不应求的卖方市场条件下产生的，是"生产中心"观念的产物。

第二阶段：产品差异化营销，是指企业生产两种或两种以上具有不同特色、款式、质量、型号、功能的产品以满足不同需求的一种营销策略。此策略产生于20世纪20—50年代卖方市场向买方市场过渡的时期。由于科技进步，产品产量增加，市场竞争日趋激烈，迫使企业开始生产各种产品以满足市场需要，实行产品差异化营销战略。但是，这种营销战略的出发点是企业自身的技术、设计及生产能力，而不是消费者的需求，因此仍然不能很好地满足市场需求。

第三阶段：目标市场营销，该策略产生于20世纪50年代的买方市场时期，可有效地指导企业的经营活动，此时企业经营的出发点是消费者需求，即"消费者需求什么，我就生产什么"。在此观念的指导下，企业对整体市场进行细分，并根据自己的资源优势，选定目标市场，进行目标市场营销，市场细分战略就此应运而生。

对市场细分的理解，应注意下列几点。

(1) 市场细分不是对产品进行分类，而是对消费者的需求和欲望进行分类。消费者的需求和欲望是由一系列因素引起的。因此，企业在实施市场细分时，应以影响消费者需求和欲望的有关因素为基本线索。

(2) 每一个细分市场，都是一个由若干有相似的欲望和需求的消费者构成的群体，分属于同一细分市场的消费者具有相近的需求倾向，分属于不同细分市场的消费者则在需求倾向上存在着明显的差异性。

(3) 不同的细分市场在需求倾向上的差异性，不仅可以表现在对产品的要求上，而且可以表现在对市场营销组合其他构成因素的要求上，甚至可综合表现在对企业整个市场营销组合要求的异同上。

(4) 市场细分不是简单的分解，而是一个分类组合过程。市场细分，从某种意义上可以说是企业从更具体的角度寻找和选择市场机会，以使企业能够将具有特定需要的顾客群与企业的营销组合对策有机衔接起来。

汽车市场细分，是指汽车企业根据汽车市场需求的多样性和购买者行为的差异性，把整个汽车市场划分为若干具有某种相似特征的用户群，以便执行目标市场营销的战略和策略。

6.1.2 汽车市场细分的作用

1. 有利于选择目标市场

市场细分有利于企业巩固已有市场并发现新的市场机会，适当选择目标市场。企业通过细分市场来研究市场，研究消费者需求的差异性，可从中发现各个细分市场购买者的满足程度，即哪些需求已经得到满足、哪些需求尚未得到满足，进而发现新的市场机会。例如，上海大众依托"跨平台、跨功能"的概念，针对富有运动气息和活力的年轻人市场推出的Cross Polo车型，就迅速占领了某个小众市场。

小资料

Cross Polo备受年轻人青睐

"Cross"本义指交叉、混合物，作为一种站在时尚潮流最前沿的设计理念，它以跨界融合的方式来追求多元创新的效果，目前在服装、建筑、艺术等众多领域都处于方兴未艾的阶段。作为一种汽车设计理念，"Cross"指的是综合多个汽车品类的特点，跨平台或跨功能地开发以带来更多驾乘乐趣的新车型。

上海大众全新Cross Polo在造型设计上，秉持打破框架的先锋跨界理念，准确迎合拒绝束缚、忠于自我的当代时尚先锋人士的潮流生活理念。作为一款跨界精品小车，全新Cross Polo将成为众多年轻消费者心中的"个性"的代名词。

全新Cross Polo车身大包围、炫银铝合金行李架、Cross风格保险杠、运动风格镶拼座椅等SUV跨界元素的运用，使其由内而外散发着自由不羁的魅力，"当红偶像小生"的时尚气质得以完美显现。秉承POLO家族优秀基因的Cross Polo在2007年上市之初就受到追求时尚、个性和动感的年轻消费者的热捧，上市以来一直是诸多年轻消费者购车时的首选，被很多年轻车主亲切地称为小车界的"跨界先锋"。

资料来源：上海大众汽车公司. http://www.csvw.com/

2. 有利于制定营销策略

市场细分，有利于企业根据自身的竞争优势和特点，并结合目标市场需求的特点，开发相应的产品与服务，制定更有针对性、更有效的营销策略。通过市场细分，企业易于清楚地了解各个细分市场上的各个竞争对手的优势和劣势，从而扬长避短，增强自身的竞争能力。

3. 有利于集中资源投入目标市场

任何一个企业的资源、人力、物力、财力都是有限的。通过市场细分，企业可以更好地了解每一个细分市场上竞争者的优势和劣势。有利于企业抓住环境给自身带来的机会，选择适合自己的目标市场，进而可以集中资源去争取局部市场上的优势。

4. 有利于企业提高经济效益和市场竞争能力

市场细分可促使企业提高经济效益。除此之外，企业通过市场细分后，可以针对自己的目标市场，生产出适销对路的产品，既能满足市场需要，又可增加企业的收入。产品适销对路可以加速商品流转，加大生产批量，降低企业的生产销售成本，提高生产工人的劳动熟练程度，提高产品质量，从而全面提高企业的经济效益。

6.1.3 汽车市场细分的原则

1. 可衡量性

可衡量性是指各个细分市场的购买力和规模的大小能被衡量的程度。用以细分市场的特征必须是可测量的、便于量化的，细分出的市场应有明显的特征和区别。

2. 可进入性

可进入性是指企业有能力进入所选定的细分市场。也就是说，所选定的细分市场必须是企业以当前的资源状况足以进入并可占有一定的市场份额的。对于企业无法进入或难以进入的市场，进行市场细分的现实意义不大。

3. 可盈利性

在细分市场中，被企业选中的部分必须具有一定的规模和购买力，能足以使企业有利可图，并能实现预期利润目标。同时，还应注意，由于汽车行业具有关联度高、规模效益显著、资金和技术密集等特点，因此对汽车市场不能细分到企业难以获利的程度。此外，细分市场的规模也不能过大，否则企业会"难以消化"。

4. 可区分性

可区分性是指不同的细分市场的需求特征可以清楚地加以区分。例如，消费者对普通轿车的需求，可以按照两厢车、三厢车、旅行车来划分。

5. 稳定性

细分后的市场应具有相对的稳定性，如果变化太快、太大，会使企业制定的营销组合很快失效，造成营销资源重新分配调整的损失，并形成企业营销活动前后脱节的被动局面，不利于企业目标的实现。

6.1.4 市场细分的依据

企业要进行市场细分，首先需要确定按照什么样的标准来进行细分。造成消费者需求差异的因素是极其复杂的，因此，细分消费者市场不存在一个绝对正确和一成不变的细分模式。各行业、企业可以采用多种标准和方法来细分市场，以寻求最佳的营销机会。一般来说，影响消费者市场需求的主要因素有4大类，即地理因素、人口因素、心理因素和行为因素。这4个因素可以作为市场细分的依据，如表6-1所示。

表6-1 市场细分标准

细分标准	细分变量
地理因素	地理位置、城镇大小、地形、地貌、气候、交通状况、人口密集度等
人口因素	年龄、性别、职业、收入、民族、宗教、教育、家庭规模、家庭生命周期等
心理因素	生活方式、性格、个性、审美观、购买动机、态度等
行为因素	购买时间、购买数量、购买频率、购买习惯、品牌忠诚度，以及对服务、价格、渠道、广告的敏感度等

1. 地理因素

按地理因素细分，就是按消费者所在的地理位置、地理环境等变量来细分市场。因为处在不同地理环境中的消费者,对同一类产品往往有不同的需求与偏好。按地理变量细分市场就是把市场分成不同的地理区域,不同地理环境中的顾客,由于地形地貌、气候、生活习惯、经济水平等的不同,而产生差异性的需求。例如,城市居民青睐外资品牌、样式新颖的汽车,而农村地区的居民则青睐坚固耐用、成熟可靠的车型;平原地区的消费者青睐轿车,而山区、高原、丘陵地区的消费者则对SUV车型比较偏好。很多汽车企业在开展营销活动时,往往把国内市场按照地理位置分成几大部分,例如华北、华东、东北、华南、中部、西北、西南等,或是根据经济发展水平分成沿海地区、内陆地区等。还有的汽车企业在开展营销活动时,将城市分为一二线城市、三四线城市、乡村等,进而采取不同的营销策略。

2. 人口因素

人口因素历来是细分市场常用的重要因素。因为消费者的欲望、需求、偏好和使用频率往往和人口因素有直接联系,而且人口因素相对容易测量,主要考虑以下几个方面。

1) 性别

男性消费者往往对动力、操控等性能有较高要求,而且偏好外观大气、豪放的车型;女性消费者则往往偏好外观柔美或可爱的车型,大多数对外观、内饰风格较为挑剔,对动力等性能要求不高。

2) 年龄

不同年龄段的消费者对汽车的需求特征也有明显差异。例如,年轻人对车辆的性能和外观有着较高的要求,喜欢外观时尚新颖的车型;而中年人则青睐稳重、大气的车型;老年人更注重车辆的稳定性和安全性。

3) 收入水平

收入的变化将直接影响消费者的需求欲望和支出模式。根据平均收入水平的高低,可将消费者划分为高收入、次高收入、中等收入、次低收入、低收入5个群体。收入高的消费者往往更愿意购买高价的产品,低收入群体更加青睐性价比高的产品,这是显而易见的。汽车企业往往能从高收入群体中获得更高的品牌溢价。

4) 职业

不同职业的消费者,由于知识水平、工作条件、相关群体和生活方式等的不同,其消费需求往往存在很大的差异。如文艺工作者对车辆的外观要求较高;教师群体则对车辆的稳定性和实用性有较高要求;商人对车辆的性能、舒适性、品牌都有较高要求。

5) 教育状况

受教育程度不同的消费者,在志趣、生活方式、文化素养、价值观念等方面都会有所不同,因而会影响他们的购买种类、购买行为、购买习惯。

此外,家庭人口、家庭生命周期、民族、宗教等因素也都会对产品需求产生影响。

3. 心理因素

众所周知,心理因素在消费者购买行为中发挥着不可替代的作用。人口因素相同的消费者，对同一商品的态度也可能截然不同，这主要是受心理因素的影响。心理因素主要包括消费者的个性、性格、生活方式、社会阶层、购买动机和偏好等。

1) 个性

个性是用来细分市场的依据，在汽车营销中非常普遍。很多汽车品牌都被赋予了个性色彩，这些品牌也往往针对具有相同或相似个性的消费者开展营销活动。例如，奔驰可让人联想到上流社会的成功人士，宝马可让人联想到富有活力的精英人士，沃尔沃可让人联想到儒雅、知性的文化人士等。不同品牌汽车的特点往往与创始人的个性有关，又经过长时间的演化，已经成为一种约定俗成的观点，这些都对品牌营销产生了重大影响。

2) 性格

消费者的性格与产品的选择有很大的关系。性格可以用外向与内向、乐观与悲观、自信、顺从、保守、激进、热情、老成等词句来描述。性格外向、易感情冲动的消费者往往喜欢表现自己，因而他们喜欢购买能表现自己个性的产品；性格内向的消费者则倾向于大众化的风格，往往购买比较平常的产品；富于创造性和冒险精神的消费者，则对新奇、刺激性强的商品特别感兴趣。

3) 购买动机

购买动机是直接驱使消费者开展某种购买活动的一种内部动力。消费者在购买产品时，主要表现出求实、求廉、求新、求美、求名、求安等动机，这些都可作为细分市场时需考虑的变量因素。

4. 行为因素

按照行为因素细分，就是按照消费者购买或使用某种商品的时间、购买数量、购买频率、对品牌的忠诚度等因素来细分市场。

1) 购买时间

许多产品具有一定的消费时限性，根据消费者产生需要、购买、使用产品的时机，可以对其进行区分，进而采取不同的营销策略。例如，春节、国庆节等重大节日和旅游黄金时间往往是购车、用车的高峰时期，企业可根据不同的情况采取相应的促销和优惠策略。

2) 购买数量

根据购买数量的不同，可将用户分为大量用户、中量用户和少量用户，并针对不同的用户，开展有针对性的营销活动。

3) 购买频率

根据购买频率的不同，可将用户分为经常购买、一般购买、不常购买(潜在购买者)。如对于铅笔这种产品，小学生经常购买，高年级学生按正常方式购买，而工人、农民则不常买。

4) 购买习惯(品牌忠诚度)

根据购买习惯的不同，可将消费者分为坚定品牌忠诚者、多品牌忠诚者、转移的忠诚者、无品牌忠诚者等。由于我国私人汽车市场发展较晚，在这一方面体现得并不是很明显，消费者在换车时往往会考虑新的品牌。西方国家的消费者则表现出很高的品牌忠诚度，比如部分美国消费者对福特汽车情有独钟，一家几代人都会选择福特汽车。

5) 利益

根据消费者可以从汽车上获得的利益进行分类，也是一种非常有效的划分方法。有的消费者注重实用性，有的追求外观时尚，有的将汽车作为地位、身份的象征。

6) 态度

消费者对产品的态度可以分为5种：热爱、肯定、冷淡、拒绝和敌意。企业可以通过调查、分析，针对顾客的不同态度，采取不同的营销对策。

6.1.5 市场细分的方法

1. 单一变量法

所谓单一变量法，是指根据市场营销调研结果，选择影响消费者或用户需求的最主要的因素作为细分变量，从而达到市场细分的目的。这种细分方法以公司的经营实践、行业经验和对组织客户的了解为基础，是为了在宏观变量或微观变量之间，找到一种能有效区分客户并使公司的营销组合产生有效对应的变量而进行的细分。例如，玩具市场需求量的主要影响因素是年龄，可以针对不同年龄段的儿童设计适合不同需要的玩具，这早就为玩具商所重视。除此之外，性别也常作为市场细分变量而被企业所使用，如妇女用品商店、女人街等的出现就反映出性别标准已为市场所重视。

影响消费者或用户需求的因素是多种多样的，一些因素又相互交错在一起，共同对某种需求产生影响。例如，性别与年龄、职业与收入、规模与对产品的要求等交织在一起，影响需求的增减变化。所以采用单一变量法来细分市场，只能实现一种概括性的细分，也就是所谓的"求大同，存小异"。

2. 多变量法

多变量法即企业根据影响需求倾向的两个以上的因素或变量对产品的整体市场进行综合细分的一种方法。这种方法适用于市场对产品需求的差异性是由多个因素或变量综合影响所致的情况。

3. 系列因素法

当细分市场所涉及的因素是多项的，并且各因素是按一定的顺序逐步进行的，可由粗到细、由浅入深地，逐步进行细分，这种方法称为系列因素细分法。采用这种方法，目标市场将会变得越来越具体。例如，某地的皮鞋市场就可以用系列因素细分法做如下细分，如图6-1所示。

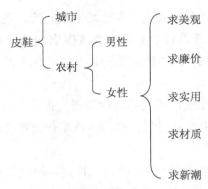

图6-1　某地皮鞋市场的细分

6.2　汽车目标市场策略

6.2.1　目标市场的选择

著名的市场营销学者麦卡锡认为，应当把消费者看作一个特定的群体，即目标市场。通过市场细分，有利于明确目标市场；通过市场营销策略的应用，有利于满足目标市场的需要。即：目标市场就是通过市场细分后，企业准备以相应的产品和服务满足其需要的一个或几个子市场。

在现代市场营销活动中，对任何一家企业来说，并非所有的环境机会都具有同等的吸引力，由于企业资源的有限性，企业的营销活动必然局限在一定的范围内，在此范围内，企业可以充分发挥自身优势，规避竞争风险，这个活动范围就是目标市场。企业选择目标市场是建立在市场细分的基础之上的，通过分析细分市场需求满足的程度和市场细分的特点，可采取相应的营销策略服务于那些细分市场。例如，上海通用汽车将别克GL8商务车率先引入中国市场，凭借市场对于该种车型的巨大需求和产品自身强大的竞争力，迅速占领了商务车这一市场细分，甚至出现了很多消费者以"商务车"代称这款车型的现象。

对汽车市场进行细分后，选择哪个细分市场作为目标市场，仍然是一个复杂的过程，并非所有的细分市场都可以作为目标市场。通常汽车企业选择的目标市场应符合以下两个特征。

1. 细分市场的规模和发展潜力可以保证企业有利可图

企业进入某一细分市场必然要求有利可图，如果细分市场过小或处于萎缩状态，企业进入后难以发展，此时企业应当慎重考虑，不宜轻易进入。企业也不可将市场规模作为是否进入的唯一标准。例如，对于竞争激烈、近乎饱和的市场，即使市场规模很大，企业在进入时也应慎重考虑。

有些细分市场虽然具备了企业期望的发展前景，但可能缺乏盈利能力。迈克尔·波特提出了决定某一细分市场具备长期利润吸引力的5种因素，也称为波特"五力分析(Five Forces Analysis)模型"。如图6-2所示，5种因素分别是：细分市场内部竞争的威胁；新加入竞争者的威胁；替代产品的威胁；购买者议价能力加强的威胁；供应商议价能力加强的威胁。

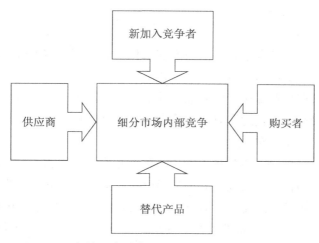

图6-2　波特五力分析(Five Forces Analysis)模型

1) 细分市场内部竞争的威胁

大部分行业中的企业，相互之间的利益都是紧密联系在一起的，作为企业整体战略一部分的各企业竞争战略，其目标都在于使自己的企业获得相对于竞争对手的优势，所以，在实施中就必然会产生冲突与对抗现象，这些冲突与对抗就构成了现有企业之间的竞争。现有企业之间的竞争常常表现在价格、广告、产品介绍、售后服务等方面，其竞争强度与许多因素有关。

2) 新加入竞争者的威胁

如果某个细分市场需求量大，可能会吸引新的增强生产能力和增加大量资源并争夺市场份额的竞争者。问题的关键是新的竞争者能否轻易进入这个细分市场。新进入者在给行业带来新生产能力、新资源的同时，也希望在已被现有企业瓜分完毕的市场中赢得一席之地，这就有可能会与现有企业发生原材料与市场份额的竞争，最终导致行业中现有企业盈利水平的降低，严重的话还有可能危及这些企业的生存。新加入竞争者所带来的威胁的严重程度取决于两方面的因素，即进入新领域的障碍大小与预期现有企业对于进入者的反应情况。

进入障碍主要包括规模经济、产品差异、资本需要、转换成本、销售渠道开拓、政府行为与政策、不受规模支配的成本劣势、自然资源、地理环境等方面。其中，有些障碍是很难借助复制或仿造的方式来突破的。预期现有企业对进入者的反应情况，主要是指现有企业采取报复行动的可能性的大小，这取决于有关厂商的财力情况、报复记录、固定资产规模、行业增长速度等。总之，新企业进入一个行业的可能性的大小，取决于进入者主观估计进入该行业所能带来的潜在利益、所需花费的代价与所要承担的风险这三者的相对大小情况。

近年来，受到中国经济快速发展和国内汽车市场巨大需求的吸引，大量外资汽车企业进入中国市场，与此同时，众多民营企业也涉足该领域。如今，市场上已有120家汽车制造商，预计到2015年，我国汽车产量将达到3100万辆，这必然会加剧行业内的竞争，甚至可能出现结构性产能过剩的情况。

3) 替代产品的威胁

如果某个细分市场存在着替代产品或潜在替代产品，那么该细分市场就可能失去吸引力。例如，摩托车、电动汽车从某种意义上说就是传统汽车的替代品，美国电动汽车特斯拉上市之后，传统汽车行业即感受到强烈的冲击。所以汽车企业也应当密切关注替代产品的技术发展和价格状况，以及时应对替代品带来的竞争威胁。

4) 购买者议价能力加强的威胁

如果某个细分市场中购买者的议价能力很强或正在增强，该细分市场就没有吸引力。购买者会设法压低价格，对产品质量和服务提出更高的要求，并且使竞争者相互斗争，这些都会使经销商的利润受损。在下列情况下，购买者往往具备较强的议价能力。

(1) 购买者的总数较少，但每个购买者的购买量较大，占了卖方销售量的很大比例。

(2) 卖方行业由大量相对来说规模较小的企业所组成。

(3) 购买者所购买的基本上是一种标准化产品，同时向多个卖主购买产品在经济上也完全可行。

(4) 购买者有能力实现后向一体化，而卖主不可能实现前向一体化。

5) 供应商议价能力加强的威胁

如果企业的供应商——原材料和设备供应商、公用事业、银行等，能够提价或降低产品、服务的质量，或减少供应数量、延长供货周期等，那么该企业在所在细分市场中的竞争力就会下降。如果供应商集中或有组织，或替代产品较少，或供应的产品是重要的投入要素，或者供应商可以向前实现联合，那么供应商的议价能力就会增强。在下列情况下，供应商往往具备较强的议价能力。

(1) 供方行业为一些具有稳固市场地位而不受市场激烈的竞争困扰的企业所控制，其产品的买主很多，以致每一个买主都不可能成为供方的重要客户。

(2) 供方各企业的产品各具有一定的特色，以至于买主难以转换或转换成本太高，或者很难找到可与供方企业产品相竞争的替代品。

(3) 供方能够轻易地实行前向联合或一体化，而买主难以进行后向联合或一体化。

例如，博世(Bosch)公司作为一家汽车零部件供应商，在发动机电脑(ECU)、燃油喷射系统、多媒体系统、ESP等零部件领域就拥有较强的议价能力。因此，与供应商建立良好的关系和开拓多种供应渠道对提高企业的防御能力有较大帮助。

2. 符合企业的目标和能力

一方面，某些细分市场虽然具有较大吸引力，但不能推动企业实现发展目标，甚至会稀释企业有限的资源，使之无法完成主要目标，这样的市场应考虑放弃。另一方面，必须考虑企业的资源状况是否适合在某一细分市场内经营。只有选择那些既具有良好的市场吸引力，又能充分发挥企业人力、物力、财力、产品开发能力、市场开发能力和经营管理能力的市场，企业才能取得竞争优势。

6.2.2 目标市场的范围策略

目标市场范围，是指实施市场细分化策略的企业决定进入一种产品整体市场的市场部分的多少，即企业以多少种产品进入多少细分市场。市场范围策略是企业在选择和确定目标市场时需要作出的重要决策，它直接关系企业某一大类产品的内部结构、市场营销组合等问题。一般来说，企业可以在5种目标市场范围策略中进行选择，如表6-2所示。

表6-2　5种目标市场范围策略

目标市场范围策略	市场/产品集中化			产品专业化			市场专业化			有选择的专业化			全面市场化		
	P1	P2	P3	P1	P2	P3	P1	P2	P3	P1	P2	P3	P1	P2	P3
M1	✓			✓			✓	✓	✓		✓		✓	✓	✓
M2				✓								✓	✓	✓	✓
M3				✓						✓			✓	✓	✓

1. 市场/产品集中化策略

这是最简单的目标市场范围策略。企业只选取一个细分市场，只生产一种产品来进行集中营销。如表6-2所示，企业只生产一种产品P1来满足市场M1。这种策略的优点是能集中企业的有限资源，通过集中化的生产、销售等专业化分工，获得经济效益。一些规模较小的企业往往采用此种策略，便于集中有限资源占领某单一市场。例如，某些豪华车品牌就采用此策略，将目标市场定位于"有较高社会地位，并将汽车作为身份、地位象征的顾客"这一细分市场上。

2. 产品专业化策略

产品专业化是指企业选择多个细分市场作为目标市场，但只用一种产品来满足不同市场消费者的需求。如表6-2所示，企业只生产一种产品P1，分别满足M1、M2、M3三个市场的需要。实行产品专业化策略，有助于企业充分发挥生产和技术优势，降低成本，使企业利用某产品建立良好的声誉，树立企业形象。这种模式的缺点在于，由于产品种类过于单一，一旦该市场出现新技术或替代品，其销量就会大幅下降，为企业带来难以应对的风

图6-3　曾为上海大众"一车打天下"的"桑塔纳"车型

险。这种模式当前在汽车市场中并不常见。福特公司曾坚持用广受欢迎的"T型车"来满足所有顾客需求，但这种模式最终被推行多品牌、多产品线的通用公司打败。在中国汽车市场中，也曾有类似现象，作为中国轿车"老三样"之首的"桑塔纳"车型曾被作为上海大众的唯一车型销售十余年，如图6-3所示。但随着市场的发展，这种模式的弊端越来越明显，因此，桑塔纳2000、帕萨特、POLO等车型才被陆续引入市场，以满足消费者越来越高的要求。

小资料

福特T型车的发展历程

福特汽车公司成立于1903年，第一批大众化的福特汽车因其实用、优质、价格合理等优点，深受广大消费者欢迎。1908年初，福特根据当时大众的需要，作出战略性决策，致力于生产规格统一、品种单一、价格低廉、大众需要且买得起的汽车。1908年10月1日，福特公司将采用流水线方式生产的著名的T型车推向市场。此后十多年，由于T型车适销对路，销量迅速增加，产品供不应求，福特在商业上取得了巨大的成功。

到了20世纪20年代中期，随着美国经济的快速增长和消费者收入的增加、生活水平的提高，汽车市场发生了巨大的变化，买方市场在美国已经基本形成，道路及交通状况也发生了质的改变，简陋而又千篇一律的T型车虽然价廉，但已经不能满足消费者的消费需求。然而，面对市场的变化，福特公司仍然自以为是，置消费者的需求变化于不顾，顽固地坚持以生产为中心的观念，就像亨利·福特宣称的"无论你需要什么颜色的汽车，福特只有黑色的"，这句话也成为代表营销观念僵化的"名言"。面对市场的变化，通用汽车公司及时地抓住了市场机会，推出了新的式样和颜色的雪佛兰汽车，雪佛兰一上市就受到消费者的追捧，福特T型车的销量却急剧下降。1927年，福特汽车公司在销售了一千五百多万辆的T型车后不得不停产，通用公司乘机崛起，一举超过福特，成为美国最大的汽车公司。

资料来源：徐向阳.从"福特T型车"兴衰谈汽车营销理念转变.中国汽车报，2004-12-18

3. 市场专业化策略

市场专业化策略是指企业专门生产满足某个细分市场需求的多种产品。如表6-2所示，企业生产三种产品P1、P2、P2来满足市场M1的需要。这种策略可充分满足顾客需求，建立良好声誉，分散企业风险，扩大企业在该市场的占有率。但当该市场的需求特征突然发生重大变化时，企业会承担较大的市场风险。例如，法拉利等知名跑车厂商为跑车爱好者生产了多款车型，从入门级的California，到458、599、F12等，充分满足了该细分市场中消费者的需求。但如果遇到经济恶化的情况，细分市场中的消费者的购买力就会下降，企业则会遇到较大的市场风险，如2008年全球金融危机的爆发就给不少跑车生产企业的经营带来很大的困难。

4. 有选择的专业化策略

有选择的专业化策略是指选取若干个不相关的细分市场作为目标市场，并有针对性地向各个目标市场提供不同类型的产品，以满足其特定需要。如表6-2所示，企业用产品P1满足市场M3的需要，用产品P2满足市场M1的需要，用产品P3满足市场M2的需要。这种策略可以分散经营风险，即使某个市场盈利状况不佳，企业还可以通过其他市场获得盈利。从本质上来说，这是一种多样化战略，是大企业经营、扩大市场的常用模式，在汽车市场中较为常见。

5. 全面市场化策略

全面市场化是指企业生产多种产品来满足整个市场的需求。企业把所有细分市场都作为目标市场，并生产不同的产品以满足各种不同目标市场消费者的需求。实力较强的大公司往往采取这种策略。如丰田、大众、通用、福特等大型汽车企业，均具有完整的产品线和较强的研发能力，从A0级到C级轿车，从越野车到商用车，企业都可以向客户提供，而且可以根据客户的需求对车辆进行定制。这些企业的产品虽然覆盖了整个市场的各个方面，但每一系列产品都有不同型号来针对不同的消费者需求，目标市场选择仍然存在。如图6-4所示，丰田汽车在中国的产品线较为丰富和庞大，可视为全面市场化策略。

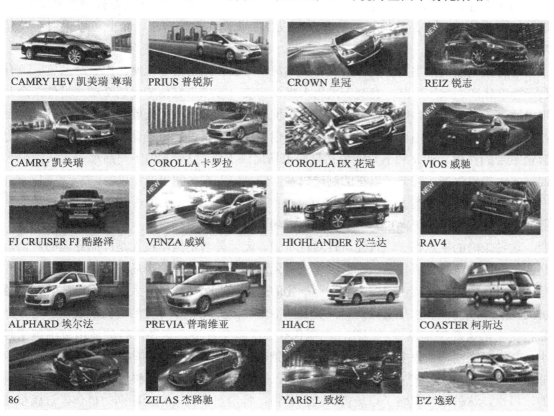

图6-4　丰田汽车在华产品线

6.2.3 目标市场营销策略

在市场细分、选择目标市场之后，企业还要确定目标市场策略，即企业针对选定的目标市场确定有效地开展市场营销活动的基本方针。企业确定目标市场的方式不同，选择的目标市场范围不同，其营销策略也不一样。可供企业选择的目标市场营销策略有以下三种。

1. 无差异营销策略

当企业面对的细分市场同质性较强，即各个细分市场之间对某种产品需求的共性较强时，企业可以采取这一策略开展营销活动。这一策略对拥有广泛需求，能够大量生产、销售的产品较为适用，此时企业将整体市场看成一个大的目标市场，不进行细分，只向市场推出单一的标准化产品，设计和运用一种市场营销组合，为整个市场服务。例如，过去某汽车厂生产的载货汽车，以一种车型、一种颜色行销全国。一般来说，这种策略适用于有着广泛需求、能够大量生产和销售的产品。

实施无差异营销策略，往往基于两种不同的指导思想。一是从传统的经营理念出发，以产品为中心，强调需求的共性而忽略消费者需求的差异性。如福特公司的T型车。企业为市场生产标准化的产品，并实行无差异的营销策略。二是企业经过市场调研之后，认为某些特定产品的消费者的需求有很强的共性，差异较小，企业可以采取无差异营销策略。

这种策略的优点主要体现在规模和成本两个方面。采用这一策略，由于产品单一，有利于标准化和大规模生产，有利于采用大规模、统一的广告宣传和促销活动。另外，企业可以通过大批量生产、储运和销售，降低单位产品的成本；利用无差异促销手段，可为企业节省大量的营销费用；不进行市场细分，也相应减少了进行市场调研、产品开发和制定营销组合的费用。如亨利·福特最初只向市场提供黑色T型车，由于产品单一，采用流水线模式大规模生产，降低了汽车的制造成本，使美国人在1908年就能以825美元买到一辆T型车，促使汽车迅速普及，走进千家万户。到1914年，T型车已经占领美国汽车市场的半壁江山，到1924年，每辆T型车的售价仅为240美元。

这种策略的缺点在于，首先，针对性不强。无差异营销策略往往是产品导向的产物，是在大规模生产时代流行的一种营销模式，无法很好地满足每个市场细分的需求，针对性差。在大规模生产时代，消费者接受标准化的产品，但第二次世界大战之后，随着全球经济的发展和人们生活水平的提高，消费者的需求往多样化和个性化的方向发展，靠单一产品打天下的情况越来越少，因此，在现代社会经济条件下，这种策略的适用范围越来越小。其次，当同行业内多个企业都采用这种策略时，往往会导致某些产品在市场中的竞争非常激烈，而另一些产品则无法满足消费者的需求，这对生产者和消费者来说都是不利的。再次，这种策略忽略了市场需求的差异性，将消费者视为完全相同的群体，这就很难满足消费者的需求，导致消费者的流失。特别是对于像汽车这样的产品是更不适用的。例如，20世纪70年代以前，美国三大汽车公司都坚信美国人喜欢大型豪华汽车，它们多采用无差异营销策略，以大排量、大体积、豪华设计的汽车来占领市场。结果由于激烈的竞争和石油危机的爆发，小型、轻便、省油的轿车需求迅速增加，从而为日本汽车占领美国市场打开了大门，这一事件的影响一直延续到今天。

2. 差异性营销策略

企业经过市场细分之后，认识到不同细分市场中的消费者存在不同需求，在此基础上，企业开始采取多种营销策略，以分别满足多个目标市场消费者的需求。如提供不同的产品，制订不同的营销计划，开展有针对性的营销活动等。当前，多数大型汽车企业都采取这种营销策略。

这种策略的优点主要体现在能够满足不同消费者的需求，具体体现在以下三个方面。

(1) 企业可以采取小批量、多品种的生产方式，能在各细分市场中采用不同的营销组合，从而可以较好地满足产品整体市场中各个消费者的不同需要，进而扩大企业的销售量，提高企业的竞争力。

(2) 如果企业在多个细分市场中都取得了较好的效益，就易于在市场上树立良好的品牌形象，吸引更多的消费者和潜在购买者，从而形成较大的竞争优势。

(3) 由于企业有多个目标市场，可以避免因某个目标市场出现问题，威胁企业的安全，因此可以降低企业的经营风险。

但是，这种策略并非完美无缺。最大的缺点是成本较高，由于要进行市场细分，并要对多个细分市场分别进行研究，而且要针对各个细分市场研发和生产产品，并制订多套营销组合方案，例如采用多种包装、多种营销渠道、多种促销措施等，这样必然导致经营管理的成本上升、企业的资源和力量分散。因此，必须对市场细分进行深入研究，以避免过度细分。

这种策略适用于处于产品生命周期的成长期后期和成熟期的产品。因为这一时期竞争者较多，采取这一策略可以获取竞争优势。

3. 集中性市场策略

集中性市场策略也称为密集性市场策略，是指企业集中力量于一个或少数几个细分市场，实行专业化的生产和销售。这种策略与前两种策略有较大的差异，它并非面对整体市场，也不是把力量分散于多个细分市场，而是集中力量进入一两个目标市场，为市场开发一种理想的产品，实行高度专业化的生产和销售，集中力量为其服务。企业实施这种策略，并非希望在产品的整体市场上占有一定份额，而是力求在较少的细分市场上取得较高的市场份额甚至获得支配地位的竞争优势。

这种策略的优点主要体现在专业化方面。由于企业集中力量于一个或少数几个细分市场，因而便于准确把握顾客需求，开展有针对性的营销活动，提供专业化程度较高的产品和服务，具有较大的竞争优势。同时，由于企业的目标市场较小，容易实现生产和营销的专业化，因而可以降低成本和营销费用，提高投资的收益率。

这种策略的局限性主要是经营风险较大，市场狭窄。因为采取此策略的企业对一个较为狭窄的目标市场依赖程度过高，一旦目标市场突然发生变化，如经济情况恶化、消费者需求偏好迅速变化，或有较强的竞争对手进入该市场，企业就可能陷入困境。因此，采取此种策略的企业必须密切注意目标市场营销环境的变化，做好应变准备，自身实力一旦增强，就要及时寻找机会采取差异化市场策略来规避风险。

这种策略主要适用于小型汽车企业，小企业由于资源力量有限，无力在整体市场或大细分市场上与大企业抗衡，但在大企业未予注意或不愿涉足的某个细分市场上集中投资，易于在激烈的竞争中形成自己独特的优势和获得生存之道，这对小企业来说不失为一种明智的选择。

6.2.4 影响目标市场营销策略选择的因素

前文所述的三种目标市场营销策略各有利弊，企业在决定采取何种策略时，需要考虑多方面因素。

1. 企业实力

企业实力是指企业在研发、生产、质量、销售、管理、资金等多方面力量的总和。如果企业实力强，资源丰富，可以考虑实行差异性营销策略，而集中性营销策略适合于实力不强的企业。

2. 产品特点

无差异营销策略适合于同质性较高的产品。产品的同质性代表产品在性能、特点等方面的差异性的大小，是企业在决定市场营销策略时必须考虑的因素。同质性产品差异较小，例如粮食、钢铁等，可采取无差异市场营销策略；异质性产品差异较大，如汽车、家电、化妆品、服装等，可采取差异性市场营销策略或集中性市场营销策略。

此外，产品所处生命周期阶段不同，其特点也会不同，同样会影响营销策略的确定。在产品的导入期和成长期，消费者对产品的认识不足，竞争尚不激烈，企业此时开展营销活动的重点是挖掘市场对产品的基本需求，往往采用无差异市场营销策略。而在成熟期阶段，消费者的需求往往向深层次发展，表现出更多的个性和多样性，竞争日益激烈，此时企业需要调整策略为差异性市场营销策略或集中性市场营销策略。

3. 市场特点

供给与需求是市场中的两大基本力量，当供不应求时，企业重在扩大供给量，此时，需求差异不甚重要，所以采用无差异市场营销策略；当供大于求时，企业为了刺激需求、应对竞争，多采用差异性市场营销策略或集中性市场营销策略。

此外，如果汽车消费者对产品的需求和偏好大致相同，对营销活动的反应也基本一致，可以采用无差异营销策略；反之，如果消费者需求和偏好差异较大，企业应采用差异性市场营销策略或集中性市场营销策略。

4. 竞争者策略

企业在选择目标市场营销策略时，首先应考虑竞争对手的情况。如果竞争对手多，应采取差异性市场营销策略，发挥自身优势，提高竞争力；如果竞争对手少，可以采用无差异性营销策略，以降低成本。如果竞争对手已经积极地进行市场细分，并采用差异性营销策略，企业应进行更有效的市场细分，并采用差异性市场营销策略或集中性市场营销策略，以寻找新的市场机会。如果竞争对手采用无差异性市场营销策略，企业视对手的实际情况和实力，如竞争对手实力较弱，可以采用无差异性营销策略。

6.3 汽车市场定位

上海大众POLO车型最早于2002年在我国上市，上市之初即以全球同步的精良品质、舒适性、安全性和科技感成为精品小车的代名词，其定位是"汇聚全球尖端技术和潮流魅力的车"，售价高达11～15万元，主要针对都市白领群体，这一车型的销售取得了巨大的市场成功。然而，随着汽车市场的不断发展，POLO在都市白领群体中的竞争力越来越弱，上海大众对市场进行调查分析后，率先提出"第五代人"的概念，即出生于1975—1985年，被称为真正跨世纪一代的"新新人类"，他们注重彰显自我，又注重内心感受，应该是POLO的新目标客户群。此后，上海大众采取了适当的策略，改变了POLO的市场定位，由原来的30～35岁消费者，转变为25～30岁这个群体，同时采取了相应的营销策略，如降低售价至8～12万元，着重宣传产品的时尚外观、品牌个性，将新产品命名为"劲情""劲取"等。上海大众积极改变POLO的市场定位，使POLO这款精品小车在激烈的市场竞争中始终能适应环境，确保了自己在小型轿车市场中的竞争优势。由此可见，在市场中找准企业自身的位置，才能发挥竞争优势，从而适应外部环境的变化。

企业进行市场细分并确定目标市场之后，就要考虑目标市场中的竞争情况。不管企业是作为捷足先登者进入这个市场，还是作为后来者进入这个市场，都需要根据自己的特点和市场环境来树立自己独特的形象，以便与竞争者形成区别，这就是市场定位的问题。

6.3.1 市场定位的概念和作用

1. 市场定位的概念

市场定位是指企业根据用户对所生产产品的需求程度，根据市场上同类产品的竞争状况，为本企业产品规划一定的市场地位，即为自己的产品树立特定的形象，给人以鲜明的个性或印象，使之与众不同，并把这种形象有力、生动地传递给目标顾客。市场定位的过程就是在消费者心目中为公司的品牌选择一个希望占据的位置的过程。

市场定位分为三个层次：产品定位、品牌定位、企业定位。

产品定位就是将某个具体的产品定位于消费者心中，让消费者一产生类似需求就会联想起这种产品。产品定位是最基础的定位，因为产品是品牌和企业的载体。人们常说的"经济耐用""皮实""技术先进"等，就属于消费者心中的产品形象。

品牌定位比产品定位高一个层次，但当一种知名品牌代表某一特定产品时，品牌定位就等同于产品定位。如消费者看到"海飞丝"品牌，便自然能与某种洗发水联系起来。当一种品牌代表多种产品时，产品定位就区别于品牌定位，如提到"海尔"品牌，人们会联想到电冰箱、洗衣机等多种产品；又如提到"丰田"品牌，人们会联想到"皇冠""卡罗拉""凯美瑞"等多款汽车产品。人们看到某品牌，便会产生对此品牌及附属产品的概念，如看到"海尔""丰田"品牌，就会联想到品质可靠；又如看到"奇瑞"品牌，自然会联想到"廉价、实用"。相较于产品定位，品牌定位的内涵更宽、活动空间更广、应用价值更大。

企业定位是企业组织形象的整体或其具有代表性的局部在公众心目中的形象定位。企业定位是最高层次的定位，它的内容更丰富、范围更广泛。

各大汽车公司都十分注重市场定位，精心为产品、品牌和企业赋予鲜明的个性，并将其准确地传递给消费者。如大众汽车公司的形象是"为大众造车"、提供全方位多种车型，而旗下的奥迪品牌则是以"科技领先"为品牌形象，提供富于科技感的高档汽车产品，奥迪A6轿车产品则给消费者留下"沉稳、大气、德国品质"的中高级车形象。

2. 市场定位的作用

1) 定位能创造差异

通过向消费者传达产品定位的信息，可使产品的差异性显现在消费者面前，从而引起消费者的注意，并使其产生联想。若定位与消费者的需求相吻合，那么品牌形象就容易留在消费者心中。

2) 定位能让企业更好地满足消费者需求

在当前汽车市场上，品牌、产品繁多，各有特色，而广大消费者又有着自己的价值取向和认同标准，企业要想在目标市场中取得竞争优势，就必须树立本企业、品牌、产品的鲜明特色，确定产品在消费者心目中的位置，让消费者注意到这一品牌并感觉到它就是他们所需的，从而更好地满足消费者需求，让目标市场成为真正的市场。

3) 定位能形成竞争优势

在竞争日益激烈的时代，单凭质量和价格的优势已不可能获得竞争优势。企业必须针对潜在消费者的心理进行营销设计，创立产品、品牌和企业在目标消费者心中的某种形象或个性特征，从而取得竞争优势。例如，本田雅阁轿车以"中级车标杆"为自己的产品定位，不管在产品方面还是在服务方面，都以标杆产品为定位来进行营销，在消费者心目中树立了良好的标杆形象，逐渐确立了在中级车市场中的竞争优势。

6.3.2 目标市场定位的步骤

市场定位的关键是企业要设法塑造自己的产品比竞争者具有竞争优势的特性。竞争优势一般有两种类型：一是价格竞争优势，即同等条件下产品价格比竞争者的价格更低；二是偏好竞争优势，即以确定的特色来满足消费者的特定偏好，这要求企业应努力在产品特色上下工夫。企业的市场定位过程，一般包括三大步骤。

1. 确认竞争优势

本过程需要对目标市场的现状进行分析，需要对竞争对手的产品定位、目标市场上需求的满足程度、企业可以发挥的空间等问题进行详细研究。因此，企业必须通过一定的调研手段，系统地设计、搜集、分析并报告有关上述问题的资料和研究结果。

通过对上述问题的分析，企业就可以从中把握和确定自己的竞争优势在哪里。竞争优势产生于企业为消费者创造的价值。

2. 选择竞争优势

相对竞争优势代表了企业能够胜过竞争对手的显现能力和潜在能力。选择竞争优势实际上就是一个企业与竞争者各方面实力相比较的过程。比较的指标应是一个完整的体系，通常的方法是分析、比较企业与竞争者在经营管理、技术开发、采购、生产、市场营销、财务和产品7个方面的优劣，以选出最适合本企业的优势项目，从而初步确定企业在目标市场中所处的位置。

例如，吉利汽车公司充分利用互联网和电商平台，开始尝试在网上卖车，开拓了一种新的经销模式，显示很强的竞争优势。

3. 显示竞争优势

这一过程的主要任务是企业要通过一系列的宣传促销活动，将产品独特的竞争优势准确地传播给潜在消费者。强化本企业及产品与其他企业及产品的差异性，主要在于：创造产品的独特优势；创造服务的独特优势；创造人力资源的独特优势；创造形象的独特优势。为此，首先，企业应使目标消费者了解、知道、熟悉、认同、喜欢和偏好本企业的市场定位，在消费者心目中建立与定位相一致的形象。其次，企业通过强化企业在消费者心目中的形象，可保持目标消费者对企业及产品的了解，稳定目标消费者的态度和加深目标消费者的感情，从而可巩固与市场相一致的形象。最后，企业应注意目标消费者对其市场定位理解出现的偏差或由于企业宣传上的失误而造成的目标消费者模糊、混乱和误会，及时纠正与市场定位不一致的形象。

6.3.3 市场定位的基础

市场定位基于消费者心理的差异化，菲利普·科特勒认为企业可以从产品、服务、人员、渠道和形象5个方面体现差异化。

1. 产品差异化

产品差异化，即企业在产品特征、性能、耐用性、可靠性、设计，以及产品的实际功能与企业的宣传的一致性方面与竞争者的区别，从而使消费者感受到差别。

例如，奔驰公司推出的Smart车型，造型独特，在市场上独一无二，一上市便以其独特的设计风格、极强的灵活性、实用性和经济性受到消费者的追捧，取得了良好的销售业绩，也形成了Smart文化，如图6-5所示。

图6-5　奔驰Smart Fortwo车型

2. 服务差异化

服务差异化，是指企业向目标市场提供与竞争者不同的优质服务。企业提供良好的服务有助于改善与消费者的关系，企业的竞争力越能体现在为消费者服务的水平上，服务能力就越强，则市场差异化越容易实现。

通过服务体现差异化，在竞争高度激烈的汽车市场中体现得尤为明显。例如，上海通用为别克用户提供的"别克关怀"服务，全方位向用户提供各类用车服务，成为企业的重要竞争优势。而众多日系品牌，往往也以其优质的服务赢得消费者的青睐。

3. 人员差异化

人员差异化，即通过聘用和培训比竞争者更为优秀的员工以获得竞争优势。员工差异化主要体现在职称、技术水平、礼仪、诚信、沟通能力等方面。

4. 渠道差异化

渠道差异化主要体现在分销渠道的模式、渠道成员的能力及渠道管理等方面。

5. 形象差异化

形象差异化，即通过塑造与众不同的产品或品牌形象来获得竞争优势。企业形象要通过特定的信息传播途径加以展现，并且应具有某种感染力，才能触动消费者的内心。

6.3.4　汽车市场定位策略

1. 产品定位策略

企业推出的每种产品，都应具有一定的特色和形象。在市场营销理论中，产品包括三个层次，分别是核心产品、形式产品和延伸产品。因此，产品定位必须从产品的三个层次的各种特征，如功能、设计、技术、质量、应用、维护、包装、销售渠道等方面入手，使这些特征之中的一个或几个能与其他同类产品区分开来，甚至使其看上去是市场中的"唯一"。一般产品定位策略有如下几种。

1) 根据属性定位

产品的属性与消费者的利益直接相关。如SUV汽车的底盘较高，则定位于通过性、越野性较强的产品；MPV车型凭借大空间和实用性，定位于家用多用途轿车。

2) 根据价格和质量定位

价格是产品最明显、最能反映其质量及档次特征的信息。不管是高价还是低价，都能使产品在消费者心目中占据一定的位置。

3) 根据产品的功能和利益定位

能帮助消费者解决问题，为消费者带来方便，使消费者获得心理上的满足，这就是产品的功能。消费者一般很注重产品的功能，企业可以通过对产品各种功能的说明，来强调企业会给消费者带来比竞争对手更多的利益和满足，从而进行功能定位。产品本身的属性及由此获得的利益、消费者所能获得的利益、解决问题的方法及需求得到满足的程度，都能使消费者感受到产品的利益定位。

4) 根据使用者定位

使用者就是目标消费者。依据使用者定位，实际上就是选择一个独特的目标市场，并使产品在此目标市场上获得难以取代的优势地位的过程。

2. 品牌定位策略

品牌定位是指为企业建立一个与目标市场相关的独特品牌形象，从而在消费者心目中留下深刻的印象，使消费者以此来区别其他品牌。"定位之父"、全球顶级营销大师杰克·特劳特在其著作《什么是战略》中描述道："最近几十年里，商业发生了巨变，几乎每个类别可选择的产品数量都有了出人意料的增长。"对于消费者来说，知识社会带来的信息爆炸，给消费者造成了巨大的冲击，使得消费者要了解企业的产品变得异常困难。当前企业面临的任务已不局限于满足需求或创造需求，而是在消费者心目中建立企业及产品形象，即品牌定位。因此，品牌在消费者决策中发挥的作用越来越明显。

1997年，美国营销学者Walker Chip首次提出了"品牌核心价值"。他认为品牌核心价值是一个品牌的灵魂，它是品牌资产的主体部分，它让消费者明确清晰地识别并记住品牌的利益点与个性，是驱动消费者认同、喜欢乃至爱上一个品牌的主要力量。一个品牌要区别于竞争品牌，必须拥有独特的核心价值，品牌的核心价值是品牌的DNA，它是企业欲传达给消费者的一种独特价值主张、一种个性、一种承诺，这种核心价值事实上是指企业为目标消费者所带来的独特利益。

1) 产品利益定位策略

消费者购买产品主要是为了获得产品的使用价值，希望产品具有所期望的功能、效果和效益，因而以强调产品功效为诉求是品牌定位中的常见形式。目前，许多产品具有多重功效，在品牌定位时向消费者传达单一功效还是多重功效并没有绝对的定论，但由于消费者能记住的信息是有限的，他们只对某一强烈诉求容易产生较深的印象。因此，向消费者承诺一个功效点的单一诉求更能突出品牌的个性特点并获得成功的定位。例如，飘柔的承诺是"柔顺"，海飞丝的承诺是"去头屑"，潘婷的承诺是"健康亮泽"；舒肤佳强调

"有效去除细菌";沃尔沃汽车定位于"安全"等,都是基于这一定位策略。

2) 情感利益定位策略

情感利益定位策略是将人类情感中的关怀、牵挂、思念、温暖、怀旧、爱等情感内涵融入品牌,使消费者在购买、使用产品的过程中获得这些情感体验,从而唤起消费者内心深处的认同和共鸣,最终获得对品牌的喜爱和忠诚。例如,浙江纳爱斯的雕牌洗衣粉,借用社会关注资源,在品牌塑造上大打情感牌,其创造的"下岗片",就是较成功的情感定位策略,"……妈妈,我能帮您干活啦"的真情流露引起了消费者内心深处的震颤以及强烈的情感共鸣,从而使纳爱斯雕牌深入人心;哈尔滨啤酒的"岁月流转,情怀依旧"的品牌内涵勾起了人们对岁月的无限怀念。

3) 自我表达利益定位策略

自我表达利益定位策略通过表现品牌的某种独特形象和内涵,让品牌成为消费者表达个人价值观、审美情趣、自我个性、生活品位、心里期待的一种载体和媒介,使消费者获得一种自我满足和自我陶醉的快乐感觉。例如,果汁品牌"酷儿"的"代言人"大头娃娃,右手叉腰,左手拿着果汁饮料,陶醉地说着"Qoo……",这个有些笨手笨脚却又不易气馁的蓝色酷儿形象正好符合儿童"快乐、喜好助人但又爱模仿大人"的心理,小朋友看到酷儿就像看到了自己,因而博得了小朋友的喜爱。

3. 企业定位策略

消费者在购买一种产品的时候,经常会面临品牌太多而自己又对品牌不了解的情况。这时消费者往往会倾向于看生产该产品的企业是哪一家,企业在消费者心目中的位置此时便会发挥作用。

企业定位是指企业通过其产品及其品牌,基于消费者需求,将企业独特的个性、文化和良好形象,塑造于消费者心目中,并占据一定的位置。宝洁公司通过一系列多品牌的清洁洗护用品,形成的公司形象是实力强大的、卓越的、超一流的日用工业品生产商。可口可乐公司在可口可乐、雪碧、芬达等多种饮品品牌的基础上形成的公司形象是生产富有可口可乐公司特色的、彰显美国文化的、实力雄厚的、生产质量卓越的多种饮品的超级跨国公司。一旦可口可乐公司推出一种新的饮品,它对消费者具有率先的吸引力,消费者会愿意品尝,因为他们认为这是可口可乐公司的产品,一定不会差到哪里去。

企业定位对于绝大多数的生产型企业来说,还是一个模糊的概念,没有充分将其利用起来。从产品定位、品牌定位、企业定位三者的关系层次上来看,一般企业定位要经历的过程是:从产品、品牌、企业定位三者一体化到三者分离,后者相对于前者来说,越来越概括、抽象,越来越多地用以表现企业理念。

企业必须设法让自己作为一个整体,在消费者心目中占据一个明显而突出的位置。企业作为整体的定位,通常有4种策略。

1) 市场领导者策略

在某行业中,往往存在一家经济实力雄厚、市场占有率最大的大企业,被公认为处于市场领导者地位。这类企业为了维护其地位,通常把企业形象定位在消费者偏好的中心位置。

2) 市场挑战者策略

有些企业在市场中处于第二、第三的位置，但它们不甘心屈居人下，立意市场竞争，以挑战市场领导者地位。这类企业的市场定位是把自己的整体形象定位在尽量靠近市场领导者的位置。

3) 市场追随者策略

市场中有些企业，由于资源限制，无法承担过高风险，宁愿居于次要地位追随、模仿市场领导者。

4) 市场补缺者策略

在市场中，有些小型企业由于资源有限，无法与大企业竞争，只能将经营重点放在一些被大企业忽视的小市场中。这类企业把自己的整体形象定位在远离领导者、风险较小的位置上。

案例

吉利汽车的市场定位

2004年5月21日，在浙江台州举行的"中国汽车工业50年"评选颁奖仪式上，吉利集团获得"中国汽车工业50年50家发展速度最快、成长性最好的企业奖"的称号。从2004年1月到目前为止，吉利更是创下了连续4个月，月月销量过万的纪录，其所取得的市场成绩令人瞩目。在汽车市场竞争白热化的今天，吉利集团仍然能够取得如此骄人的业绩，它是怎么做到的呢？可以从吉利6年的发展历程中找到答案。

(1) 目标市场定位准确，产品价格低廉，物超所值。被称为"汽车狂人"的吉利集团董事长李书福提出"造老百姓买得起的好车，让吉利轿车走遍全世界"的创业理念，将吉利汽车定位为"老百姓买得起的好车"。

(2) 抓住"个性化消费"，创造独具特色的产品理念。以开创"色彩营销"为标志，吉利针对经济型轿车设计理念进行了一次突破性创新。如拥有红、绿、蓝三套靓丽"外衣"的吉利豪情色彩系列自上市以来，凭借其亮丽的色彩、时尚的内饰与极具竞争力的价格成为大街小巷的新主角。

(3) 坚持自主研发，孜孜以求，科技创新。在2003年第四届西湖国际博览会国际车展上，吉利推出了中国第一辆初级方程式赛车——吉利纵横方程式赛车。它的诞生实现了中国赛车制造史上零的突破，证明了吉利的研发能力和制造水平。

(4) 积极投身汽车赛事，在民众之中推广汽车文化，提升品牌价值。作为2004年汽车场地拉力赛参赛车辆最多的一支车队，吉利在赛事中获得的更多的是品牌价值的体现和产品质量的进一步提升。

资料来源：中华网汽车频道. http://auto.china.com/

思考：1. 吉利汽车为什么要采用"造老百姓买得起的好车"的市场定位？

2. 请通过互联网查询，当前的吉利汽车的市场定位相比创立之初有哪些变化？

思考题

1. 什么是市场细分？市场细分的作用是什么？
2. 波特五力分析模型中的"五力"分别指什么？
3. 5种目标市场范围策略分别是什么？
4. 目标市场营销策略有哪三种？各自的优缺点有哪些？
5. 什么是市场定位？市场定位有哪三个层次？
6. 在你的心目中，奔驰品牌、大众品牌和奇瑞品牌的定位，分别是什么？
7. 选择你熟悉的一款汽车，帮助其进行市场定位。

第 7 章
汽车产品策略

从市场营销的角度来讲,产品是指提供给市场用于满足人们某种欲望和需要的一切有形物品和无形服务。它是市场营销活动的中心,是市场营销组合中最重要也是最基本的因素。企业在制定营销组合策略时,必须先决策发展什么样的产品来满足目标市场需求。产品策略的研究,将使这一问题得到全面、系统的回答,进而才能研究怎样进行产品创新,使得企业能够通过不同的产品系列满足更广泛的消费者的多元化需求。可以说,产品策略直接影响和决定其他市场营销组合的制定,是企业制定营销组合策略的基础。

7.1 汽车产品的整体概念

人们对汽车产品的理解,在传统意义上仅指实物产品,这个概念仅仅强调了产品的物质属性。而现代营销观念认为,产品是指向汽车市场提供的能满足消费者某种欲望和需要的任何实物,包括实物、服务、保险、品牌等各种形式及它们的组合。简而言之,满足需要的产品=需要的实物+需要的服务。市场营销学关于产品的概念也表明,首先,并不是具有物质实体的才算产品,能满足汽车消费者某种欲望和需要的服务也是产品;其次,对企业而言,其产品不仅是物质实体本身,而且包括在实物出售时所提供的服务等。

广义的汽车产品概念又称为汽车产品的整体概念。著名营销学者菲利普·科特勒认为,产品整体概念包括5个层次,即核心产品、形式产品、期望产品、延伸产品和潜在产品,如图7-1所示。

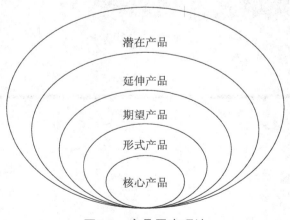

图7-1 产品层次理论

1. 核心产品

核心产品是指消费者购买某种产品时所追求的利益,是消费者真正要买的东西,因而在产品整体概念中也是最基本、最主要的部分。汽车消费者购买汽车，并不是为了占有或获得汽车产品本身，而是为了获得能满足某种需要的效用或利益，可能是为了出行方便，也可能是为了运载物品，还可能是为了体现身份。汽车的核心产品就是汽车客运满足用户交通运输的需要及精神需要，核心产品体现了产品的实质，但核心产品是一个抽象的概念，需要通过产品的具体形式才能让消费者接受。营销的任务就是把用户所需要的核心利益和服务，即用户需要的效用提供给用户。

2. 形式产品

形式产品是指核心产品得以实现的形式，即向市场提供的实体和服务的形式。它在市场上通常表现为产品质量水平、外观特色、式样、品牌名称和包装等。汽车形式产品包括质量水平、外观特色、汽车造型、汽车品牌等。形式产品不仅是产品基本效用得以实现的形式，还是消费者选择产品的重要因素。由于汽车产品的基本效用必须通过这些具体的形式才能实现，因而汽车市场营销人员应该从汽车消费者购买汽车产品所追求的实际利益出发，去寻求其实现形式，进行产品设计和开发。

3. 期望产品

期望产品是指用户在购买汽车产品时所期望得到的与产品密切相关的属性和条件。它主要是指用户或消费者购买产品前，对产品的一种期望。这种期望能否得到满足，直接影响消费者的购买决策。

4. 延伸产品

延伸产品是指用户在购买汽车产品时所得到的附加服务或利益，如信贷、免费送货、调试、保修、售后服务等，又称为附加产品。这些内容看上去与产品无关，但却是消费者购买商品后的一种现实需求，对促进购买和充分发挥产品使用价值有巨大的推动作用。现代市场营销已经产生了所谓的"系统销售"的概念，即销售给用户的不单纯是形式产品，而是产品系统。

5. 潜在产品

汽车潜在产品是指包括现有汽车产品的所有延伸和演进部分在内，最终可能发展为未来汽车产品的潜在状态的汽车产品。它指出了现有产品可能的演变趋势和前景。例如，目前普遍认为有良好发展前景的混合动力汽车等。汽车延伸产品主要指当前的汽车产品，而潜在产品则指当前的汽车产品可能发生演变之后的产品。

产品整体概念的5个层次，突出体现了以消费者为中心的现代营销观念。这一概念的内涵和外延都是由消费者的需求决定的。可以说，汽车产品整体概念是建立在"需求=产品"这一等式的基础之上的。消费者追求的是汽车整体产品的利益，企业提供的也是满足其整体利益需求的产品。没有汽车整体产品的概念，就不可能真正贯彻现代市场营销观念。

7.2 汽车产品组合策略

7.2.1 汽车产品组合

汽车产品组合是指一个汽车企业生产和销售的所有汽车产品线和产品品种的组合方式,即全部汽车产品的结构。研究产品组合,首先必须准确理解如下几个概念。

1. 产品项目

产品项目即产品目录中列出的每一个明确的产品单位,一种型号、品种、价格、外观的产品就是一个产品项目。

2. 产品线

产品线是指在某种特征上相互关联或相似的一组产品,通常属于产品大类的范畴。这种类别可以按照产品结构、生产技术条件、产品功能、消费者结构或者分销渠道等进行划分,比如汽车产品的某一车型系列就是按产品结构划分的一条产品线。企业可以根据经营管理、市场竞争、消费者所需服务等具体要求来划分产品线。

3. 产品组合的衡量

通常采用4个变量来研究产品组合:产品组合的宽度、产品组合的深度、产品组合的长度和产品组合的相关性。

产品组合的宽度是指一个企业生产经营产品系列/产品线的数量,在汽车行业通常称为车系的数量。如广汽丰田汽车公司现有雅力士、凯美瑞、汉兰达、逸致4条产品线,因此该公司的产品组合宽度为4。

产品组合的深度是指企业每条产品线的产品项目的数量,在汽车行业中,通常将某产品线中车型的数量作为产品组合的深度。如广汽丰田雅力士车系,共有不同配置的7款车型,则该产品线的深度为7,如图7-2所示。

广汽丰田-雅力士
1.3E 手动魅动版
1.3E 自动魅动版
1.6E 手动魅动版
1.6E 自动魅动版
1.6G 手动炫动版
1.6G 自动炫动版
1.6G 自动锐动版

图7-2 雅力士产品线

产品组合的长度是指产品组合中所有产品线的产品项目总数。每一条产品线内的产品项目数量，称为该产品线的长度。现在多数汽车公司的产品组合长度都能达到几十甚至上百。如果具有多条产品线，可将所有产品线的长度相加，得到产品组合的总长度，再除以产品组合的宽度，即可得到平均产品线的长度。

产品组合的相关性是指各条生产线在生产条件、最终用途、细分市场、分销渠道、维修渠道或其他方面相互关联的程度。例如，两个车系在零部件上的通用性高低，不同车型能否在同一平台上生产，都属于产品组合相关性的概念范畴。

一个汽车企业的产品要尽可能地加强相关性，如加强汽车零部件的通用性、使不同车型可共用一个生产平台等。加强汽车产品组合的相关性，可以降低企业新车型的开发和生产成本，减少投资风险。近几年来，各个厂商相继采取了平台化、模块化战略，就是为了加强产品组合的相关性，以增加产品的通用性，降低成本。

小资料

大众公司MQB平台

大众集团MQB平台是大众集团的发动机横向前置的模块化平台，从2012年开始启用。MQB是Modularer Querbaukasten的缩写。MQB是大众集团全面的MB(Modularer Baukasten)计划的一种，同类的计划还包括大众集团MLB平台，即发动机纵置平台。MQB平台是一种高效的生产方式，它通过模块化的应用，来降低设计、制造成本，并通过更高级别车型科技配置的引入，来实现新车的溢价，如图7-3所示。

当提及某个车型是"使用MQB平台搭建"的时候，其本质上并不是指某个平台，而是指一个合理引入了共用发动机放置方向的系统。MQB使大量的汽车零部件实现标准化，令它们可以在不同品牌和不同级别的车型中实现共享。这一技术的应用可以使不同品牌的不同车型在同一个工厂里生产出来，这将极大地降低车型的开发费用、缩短周期以及降低生产环节的制造成本。大众汽车开发业务总监Ulrich Hackenberg把MB计划称为"战略武器"。

图7-3　大众MQB平台

模块化生产的优势在于：第一是降低成本；第二是方便进行造型设计的改进。模块化的开发，不仅可以共享部分整车零部件，同时可在外形和轴距等方面根据产品需求进行定制，以达到跨级别生产的目的。

MQB平台可以生产从A00、A0、A到B四个级别的车型，并将取代目前的PQ25平台、PQ35平台和PQ46平台。所有使用MQB平台的车型，无论轴距、外部尺寸如何，均可共享相同的前轴、变速箱、发动机布置。

资料来源：维基百科. http://zh.wikipedia.org/wiki/大众集团MQB平台

7.2.2 汽车产品组合策略的内容

1. 扩大产品组合策略

扩大产品组合策略包括拓展产品组合的广度、增加产品组合的深度和加强汽车产品组合的相关性。

1) 拓展汽车产品组合的广度

拓展汽车产品组合的广度是指在原产品组合中增加产品线，扩大经营范围。一家企业应在汽车生产设备、技术力量所允许的范围内，既有专业性又有综合性地发展多个品种。当企业预测现有产品线的业绩在未来数年可能下降时，就应考虑在现有产品组合中增加新的产品线，即增加新的车系。拓展产品组合的广度，有利于拓展企业的经营范围，增加目标市场数量，更好地发挥企业的潜在技术和资源优势，提高经济效益，并可分散企业的投资风险。在实施拓展产品组合广度策略时，要注重产品组合关联度研究，尽量选择关联度强的产品组合，这样不但可以降低成本，还可以增强企业在某一特定市场领域的竞争力。例如，广汽本田在创设之初仅有雅阁(Accord)一款车型，后来逐渐引入了飞度(Fit)、奥德赛(Odyssey)、锋范(City)、歌诗图(Crosstour)、凌派(Crider)等车型，来满足不同市场消费者的需求，增强本企业的竞争优势。

2) 增加产品组合的深度

增加产品组合的深度是指在原有产品线内增加新的产品项目，即在已有车系中增加新的车型，这些车型一般是年型改款，或是在原有的基础上进行配置升级。增加产品组合的深度，可以占领更多的细分市场，满足更广泛的市场需求，增强产品竞争力。根据消费者需求的变化，企业应该及时发展新的车型，增加产品项目可以通过发掘尚未被满足的那部分需求来确定。例如，上海大众帕萨特车系，在原有配置的基础上，根据国家对政府公务用车采购的相关规定，增加了"1.8TSI DSG政府采购版"，专门针对政府用车市场设计配置和价格，以满足这部分消费者的需要，取得了巨大的市场成功。

3) 加强汽车产品组合的相关性

一家汽车企业的汽车产品要尽可能地相关配套，如加强零部件的通用性、使不同车型可共用一个平台等。加强汽车产品组合的相关性，可以降低企业新车型的开发和生产成本，减少投资风险。例如，上海大众汽车公司的产品组合的扩大，基本上是在PQ35、PQ46的平台上进行的，如明锐、途安、途观等车型都来自PQ35平台，而帕萨特、昊锐则来自PQ46平台。共用相同的生产平台，可以提高零部件和设计的共用率，增加不同车型模块、总成之间的相似性，大大降低开发和生产成本。

2. 缩减产品组合策略

缩减产品组合，是指企业根据市场变化及自身的实际情况，适当减少一部分产品线或产品项目，以缩小经营范围。在市场繁荣时期，较长、较宽的产品组合会为企业带来更多的盈利机会；但当市场不景气，或原料、能源供应紧张时，缩减产品组合反而会帮助企业渡过难关。这是因为那些业绩不佳的产品线和产品项目被从产品组合中剔除，可使企业集中力量于那些竞争力较强的产品线和产品项目。

2005年，一汽大众从德国同步引进了全新的MPV车型"开迪(Caddy)"，源自PQ35平台，性能优异，设计理念先进，定位为既可乘用又可载货的高端多功能车，特点是"全能多用"，但由于市场成熟度不高，消费者对车辆的"面子"比较关注，导致该车型"水土不服"，2008年一汽大众便宣布开迪退市。这是典型的缩减产品组合策略，可以使企业剥离业绩不佳的产品线或产品项目，降低市场风险。

小资料

"水土不服"导致开迪不得不停产退市

提起一汽大众的开迪，很多消费者会感到非常陌生。一汽大众开迪(见图7-4)与上海大众途安都源自大众PQ35平台，但结合两者在市场上的表现，却有着天壤之别。自2005年开迪上市以来，经过三年的苦苦挣扎，开迪最终决定停产退市。

"开迪已经退市了"，一汽大众负责大众品牌的相关人士告诉记者。2007年，记者致电一汽大众询问开迪的生产情况，得到的答复是："尚未停产，以订单式生产。"然而，不到一年时间，开迪终究没能摆脱停产的命运。

图7-4　一汽大众开迪(Caddy)

"其实，去年开迪就已经停产了。此前买断的开迪也已经售完，当时销售的就是库存车了。"作为上海地区唯一销售开迪的经销商，一汽大众嘉安店市场部张经理表示开迪在上海已无车供应。除上海地区外，记者还分别致电浙江、南京两地经销商，得到的答案非常一致——开迪停产。

对于开迪如今的尴尬收场，相关人士表示，一汽大众旗下的车型大都属于慢热型，开迪也是，这使得消费者对它的认知度较低。虽然与途安出自同一平台，但开迪的外形、定价等方面均不被市场所看好，以至于上市以来，所受争议颇多，直接影响日后的销量。

于2005年上市的开迪是一汽大众大胆试探市场的"作品"。但是，这款车自导入中国上市以来，一直未被业内看好，原因不仅体现在价格、做工、技术含量方面，最关键的是，厂家当初对其目标群体的定位，以及对这款车将充当的"角色"，始终未有明确的认识。也正是这种"战略目的"的不明确，使开迪在宣传上虽耗费了巨资，却终被戏称为"大面包"后无功而返。

面对开迪的短板，一汽大众不得不采取直销的销售模式，同时主要瞄准媒体等客户群。但此举已在暗示其今后的市场将局限在固有的消费群体上，难有更大作为。

进入2008年，开迪基本驶进停产边缘。从2008年全国乘用车信息联席会提供的数据来看，开迪在2008年1月份生产了1台、2月份0台、3月份2台，从4月份起，开迪的销量始终是"0"。

与其在这一块利润少得可怜的细分市场中苦撑，不如做强、做大自己更擅长的细分领域。开迪的离开对一汽大众来说并非坏事，反而显示出一汽大众面对复杂的市场环境勇于断臂的果断和决心。

资料来源：江南时报，2008-8-26

3. 产品线延伸策略

产品线延伸是指部分或全部地改变企业原有产品线的市场定位。产品线延伸是针对产品的档次而言的，在原有档次的基础上向上、向下或双向延伸。

1) 向下延伸

向下延伸即把企业原来定位于高档市场的产品线向下延伸，在高档产品线中增加低档产品项目。汽车企业在原来生产中、高档车型的基础上，又推出低档或中档车型，这就是产品线向下延伸。该种策略通常适用于以下几种情况。

(1) 利用高档品牌产品的剩余价值，吸引购买力水平较低的消费者慕名购买这种产品线中的低档廉价产品。

(2) 高档产品的销售业绩表现不佳，市场范围有限，且企业的资源设备利用不足。

(3) 企业最初进入高档产品市场的目的是建立品牌形象，然后再进入中、低档产品市场，以增加销量。

(4) 补充企业产品线上的空白，以占据更大的细分市场或防止新的竞争者进入。

实行这种策略也会给企业带来一定的风险，如果盲目采用，很可能会给企业原有产品的市场形象带来不利的影响。

2) 向上延伸

向上延伸即原来定位于低档产品市场的企业，在原有产品线内增加高档产品项目。这种策略通常适用于下列情况。

(1) 高档产品市场具有较高的销售增长率和毛利率。

(2) 企业的技术设备和营销能力可达到产品生产及经营要求，且企业具备进入高档市场的条件。

(3) 企业想要打造高、中、低档完备的生产线，且具备在不同级别市场赢得竞争的能力。

(4) 企业准备以较先进的产品项目来提高原有产品线的地位。

例如，吉利汽车公司在创立之初，以高性价比的低档车型占领市场，为了进军中高档用车市场，专门推出了"帝豪"品牌。

采用这种策略的企业也要承担一定的风险，因为要改变产品在消费者心目中的地位是有一定困难的，如果决策不当，不仅难以收回新产品开发的成本，还会影响原有产品的市场信誉。

📖 小资料

帝豪品牌

三年累计销售35万辆。对于2009年底横空出世的帝豪品牌而言，能在短期内取得这样的成绩，足以让吉利的竞争对手们侧目。

"没有多品牌战略就没有帝豪品牌，也就没有吉利的今天，更没有消费者和行业对吉利汽车的全新认知。"日前，在帝豪2013款EC7上市发布会现场，吉利汽车销售公司总经理刘金良就帝豪品牌入市三年来取得的市场成绩做了总结，并坦言，吉利将坚持多品牌战略，为此，企业内部大刀阔斧的营销变革也已经启动。

此前，奇瑞也试水多品牌战略，但并未取得成功，此番吉利通过帝豪、全球鹰和英伦三大品牌构筑的多品牌棋局来之不易。尤其是在汽车市场整体增幅趋缓的大背景下，奇瑞已经从去年开始明确提出"回归原点"造车，聚焦一个奇瑞的品牌战略，近期还将发布全新品牌战略和LOGO。

吉利将帝豪品牌规划为吉利的中高端系列产品，其品牌个性为"豪华、稳重、力量"，其产品核心价值为"中国智慧、世界品质"。吉利欲通过帝豪品牌车型的推出，打造吉利汽车和中国汽车的新形象。

资料来源：杨小林.经济观察报，2013-04-01

3) 双向延伸

双向延伸即原定位于中档产品市场的企业，在掌握了市场优势之后，将产品项目逐渐向高档和低档两个方向延伸。这种策略在一定条件下有助于扩大市场占有率，提高企业的市场地位，但只有在原有中档产品市场取得优势，而且具有足够的资源和能力时，才可进行双向延伸。例如，上海通用汽车公司推出"别克"品牌后，取得了巨大的市场成功并赢得了良好的口碑，在此基础上，该公司分别于2004年和2005年引入了针对高档用车市场的"凯迪拉克"品牌及产品线和针对普通消费者市场的大众化品牌"雪佛兰"及产品线，这一策略就属于双向延伸策略。

7.3 产品生命周期理论

7.3.1 产品的生命周期

产品生命周期理论是由美国哈佛大学教授雷蒙德·弗农(Raymond Vernon)于1966年在其《产品周期中的国际投资与国际贸易》一文中首次提出的。

产品生命周期(Product Life Cycle，PLC)，是产品的市场寿命，即一种新产品从开始进入市场到被市场淘汰的整个过程。费农认为：产品生命是指产品在市场中的营销生命，产品和人一样，要经历形成、成长、成熟、衰退这样的周期。就产品而言，也就是要经历一个开发、引进、成长、成熟、衰退的阶段。而这个周期在具有不同技术水平的国家里，发生的时间和过程是不一样的，期间存在一个较大的差距和时差，正是这一时差，表现为不同国家在技术上的差距，它反映了同一产品在不同国家市场中的竞争地位的差异，从而决定了国际贸易和国际投资的变化。为了便于区分，费农把这些国家依次分成创新国(一般为最发达国家)、一般发达国家、发展中国家。

汽车产品生命周期是指一款汽车从投放市场开始到该产品停产、退市所经历的时间阶段。这里的汽车产品生命周期是指产品的市场生命周期。在这个过程中，产品的销售情况和盈利能力都会发生一些规律性变化，这种变化的规律正如人的生命，从出生、成长到成熟，最终走向衰老死亡。正确理解汽车产品的生命周期应注意以下问题。

1. 汽车产品生命周期不同于产品的使用寿命

汽车产品的使用寿命是指产品的自然寿命，即汽车从下线到报废所经历的时间。汽车产品的使用寿命不一，有的汽车可以正常行驶10年，而有的产品可以行驶20年甚至更久，这和汽车产品的自身因素以及对汽车的使用、维护情况、行驶路况都是密切相关的，是具体的、有形的。而汽车产品生命周期并不是指某一辆汽车的使用寿命，其取决于汽车产品的更新换代的速度和人们的价值观念变化的程度，是汽车产品的社会经济寿命，是抽象的、无形的。

2. 汽车品牌、车系、车型的生命周期各不相同

我们研究汽车产品生命周期，从严格意义上来说是研究汽车车型的生命周期，尽管多数汽车企业每年都会对产品进行小幅升级改款，但只要不进行大幅更新换代，我们仍然认为其是一款车型，如桑塔纳车型。汽车车系的生命周期比汽车产品的生命周期要长，比如大众旗下的著名车型高尔夫(见图7-5)，自1974年推出以来，已经过7次更新换代，累计销量已经超过2900万辆。汽车品牌的生命周期变化一般是不规律的，它受到市场环境及企业的品牌战略的影响。

图7-5　大众高尔夫1～7代车型

3. 汽车产品生命周期仅是理论描述

一般认为，典型的产品生命周期可划分为4个阶段，即导入期、成长期、成熟期和衰退期，如图7-6所示。但并非所有汽车产品的生命周期都是如此，有些产品很可能一上市就迅速进入成长期，而有的产品可能没有成长期，直接由导入期进入成熟期。

1) 第一阶段：导入期

导入期是指产品从设计投产直到投入市场进入测试的阶段。新产品投入市场，便进入了介绍期。此时产品品种少，消费者对产品还不了解，除少数追求新奇的消费者外，几乎无人实际购买该产品。生产者为了拓展销路，不得不投入大量的促销费用，对产品进行宣传推广。在该阶段，由于受生产技术方面的限制，产品生产批量小，制造成本高，广告费

用大，产品销售价格偏高，销售量极为有限，企业通常不能获利，反而可能亏损。

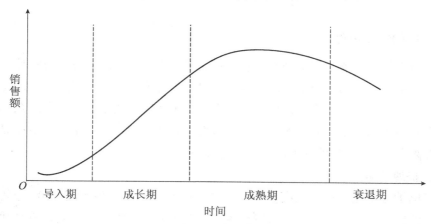

图7-6　产品生命周期曲线图

2) 第二阶段：成长期

当产品进入导入期，且销售取得成功之后，便进入了成长期。在此期间，产品通过试销效果良好，购买者逐渐接受该产品，产品在市场上站住脚并且打开了销路，消费者需求不断增长，产品需求量和销售额迅速上升，生产成本大幅度下降，利润迅速增长。与此同时，竞争者看到有利可图，将纷纷进入市场参与竞争，使同类产品供给量增加，价格随之下降，企业利润增长速度逐步减慢，最后达到生命周期利润的最高点。

3) 第三阶段：成熟期

成熟期是指产品开始大批量生产并稳定地进入市场销售的阶段。经过成长期之后，随着购买产品的人数的增多，市场需求趋于饱和。此时，产品普及并日趋标准化，成本低而产量大，销售增长速度缓慢直至转而下降。由于竞争的加剧，导致生产同类产品的不同企业不得不加大在产品质量、花色、规格、包装、服务等方面的投入，在一定程度上增加了成本。

4) 第四阶段：衰退期

衰退期是指产品进入了淘汰阶段。由于科技的发展以及消费习惯的改变等原因，产品的销售量和利润持续下降，产品在市场上已经老化，不能适应市场需求，市场上已经出现其他性能更好、价格更低的新产品，足以满足消费者的需求。此时，生产成本较高的企业就会因为无利可图而陆续停止生产，该类产品的生命周期也将陆续结束，以至最后完全撤出市场。

产品生命周期是一个很重要的概念，它和企业制定产品策略以及营销策略有着直接的联系。管理者要想使其产品有一个较长的销售周期，以赚取足够的利润来补偿在推出该产品时所作出的一切努力和经受的一切风险，就必须认真研究和运用产品的生命周期理论。此外，产品生命周期也是营销人员用来描述产品和市场运作方法的有力工具。但是，在开发市场营销战略的过程中，产品生命周期却显得有些力不从心，因为战略既是产品生命周期产生的原因又是其结果，产品现状可以使人想到最好的营销战略。此外，在预测产品性能时，产品生命周期的运用也将受到限制。

7.3.2 各生命周期阶段的特点及营销策略

1. 导入期的营销战略

商品的导入期，一般是指新产品试制成功到进入市场试销的阶段。在商品导入期，一方面，由于消费者对商品十分陌生，企业必须通过各种促销手段把商品引入市场，力争提高商品的市场知名度；另一方面，导入期的生产成本和销售成本相对较高，企业在给新产品定价时不得不考虑这个因素。所以，在导入期，企业营销的重点主要集中在促销和价格方面。在此阶段，一般有4种可供选择的市场战略。

1) 高价快速策略

这种策略的方法是：在采取高价格的同时，配合大量的宣传推销活动，把新产品推入市场。其目的在于先声夺人，抢先占领市场，在竞争还没有大量出现之前就收回成本，获得利润。适合采用这种策略的市场环境有如下几种。

(1) 市场中有很大的潜在需求量。

(2) 商品的品质特别高，功效又比较特殊，很少有其他商品可以替代。消费者一旦了解这种商品，常常愿意出高价购买。

(3) 企业面临着潜在的竞争对手，想快速地树立良好的品牌形象。

2) 选择渗透策略

这种策略的方法是：在采用高价格的同时，只做很少的促销努力。采用高价格的目的在于及时收回投资，获取利润；而采用低促销的方法则可以降低销售成本。这种策略主要适用于以下几种情况。

(1) 商品所针对的市场比较固定、明确。

(2) 大部分潜在消费者已经熟悉该产品，且他们愿意出高价购买。

(3) 商品的生产和经营必须有相当的难度和要求，普通企业无法参与竞争，或由于其他原因使潜在的竞争不迫切。

3) 低价快速策略

这种策略的方法是：在采用低价格的同时作出巨大的促销努力。其特点是可以使商品迅速进入市场，有效地限制竞争对手的出现，使企业不断提高市场占有率。该策略的适应性很广泛。适合采用该策略的市场环境有如下几种。

(1) 商品有很大的市场容量，企业可在大量销售的同时逐步降低成本。

(2) 消费者对这种产品不太了解，对价格又十分敏感。

(3) 潜在的竞争比较激烈。

4) 缓慢渗透策略

这种策略的方法是：在新产品进入市场时采取低价格，同时不做大的促销努力。低价格有助于市场快速地接受商品；低促销又能使企业减少费用开支，降低成本，以弥补低价格造成的低利润或者亏损。适合这种策略的市场环境有如下几种。

(1) 商品的市场容量大。

(2) 消费者对商品有所了解，同时对价格又十分敏感。
(3) 当前存在某种程度的竞争。

2. 成长期的营销策略

商品的成长期是指新产品试销取得成功以后，转入成批生产和扩大市场销售额的阶段。在商品进入成长期以后，会有越来越多的消费者开始接受并使用该产品，企业的销售额直线上升，利润增加。在此情况下，竞争对手也会纷至沓来，威胁企业的市场地位。因此，在成长期，企业的营销重点应该放在保持并且扩大自己的市场份额、加速销售额的上升方面。另外，企业还必须注意成长速度的变化，一旦发现成长速度由递增变为递减时，必须适时调整策略。这一阶段可以采用的具体策略有以下几种。

(1) 积极筹措和集中必要的人力、物力和财力，进行基本建设或者技术改造，以利于迅速增加或者扩大生产批量。

(2) 改进商品的质量，增加商品的新特色，在商标、包装、款式、规格和定价方面作出改进。

(3) 进一步开展市场细分，积极开拓新的市场，创造新的用户，以利于扩大销售。

(4) 努力疏通并增加新的流通渠道，扩大产品的销售面。

(5) 改变企业的促销重点。例如，在广告宣传上，从介绍产品转为树立形象，以利于进一步提高企业产品在社会上的声誉。

(6) 充分利用价格手段。在成长期，虽然市场需求量较大，但在适当时企业可以降低价格，以增强竞争力。当然，降价可能会暂时减少企业的利润，但是随着市场份额的扩大，长期利润还可以持续增加。

3. 成熟期的营销策略

商品的成熟期是指商品进入大批量生产且市场竞争最激烈的阶段。通常这一阶段比前两个阶段持续的时间更长，目前市场上的大多数商品均处于该阶段。在此阶段，管理层的工作内容大多数是处理成熟产品的问题。

在成熟期，有的弱势产品应该放弃，以节省费用开发新产品；但同时也要注意，原来的产品可能还有其发展潜力，有的产品就是由于开发了新用途或者新的功能而重新进入新的生命周期的。因此，企业不应该忽略产品的潜在价值或者仅仅消极地防卫产品进入衰退期。一种优越的攻击往往是最佳的防卫。企业应该系统地考虑市场的发展情况，积极制定产品及营销组合的修正策略。

1) 市场修正策略

市场修正策略即通过努力开发新的市场，来保持和扩大商品市场份额的策略。具体包括以下几种方法。

(1) 通过努力寻找市场中未被开发的部分，使非使用者转变为使用者。

(2) 通过宣传推广，促使消费者更频繁地使用产品或增加用量，以增加现有消费者的购买量。

(3) 通过市场细分化，努力打入新的市场区划，例如根据地理、人口、用途进行细分。

(4) 赢得竞争者的顾客。

2) 产品改良策略

企业可以通过对产品特征进行改良，来提高销售量，主要有以下措施。

(1) 品质改良，即增加产品的功能性效果，如对产品的耐用性、可靠性、速度及色彩等方面进行改良。

(2) 特性改良，即增加产品的新特性，如对产品的配置升级、外观及内饰重新设计，以及对附属品等进行改良。

(3) 式样改良，即满足消费者对产品美感的需求。

3) 营销组合调整策略

营销组合调整策略即企业通过调整营销组合中的某一因素或者多个因素，来刺激销售，主要有以下措施。

(1) 通过降低售价来加强竞争力。

(2) 改变广告方式以引起消费者的兴趣。

(3) 采用多种促销方式如大型展销、附赠礼品等来吸引消费者的注意力。

(4) 扩展销售渠道，改进服务方式或者货款结算方式等。

4. 衰退期的营销战略

衰退期是指商品逐渐老化，转入商品更新换代的时期。当商品进入衰退期时，企业不能简单地一弃了之，也不应恋恋不舍，一味维持原有的生产和销售规模。企业必须研究商品在市场中的实际情况，然后决定是继续经营下去，还是放弃经营。

1) 维持策略

维持策略即企业在目标市场、价格、销售渠道、促销等方面维持现状。由于在这一阶段很多企业会先行退出市场，因此，对一些有条件的企业来说，并不一定会减少销售量和利润。采用这一策略的企业可配以延长商品寿命的策略。企业延长产品寿命周期的途径是多方面的，最主要的有以下几种。

(1) 通过价值分析，降低产品成本，以利于进一步降低产品价格。

(2) 通过科学研究，增加产品功能，开辟新的用途。

(3) 加强市场调查研究，开拓新的市场。

(4) 改进产品设计，以提高产品性能、质量，改进包装、外观等，从而使产品寿命周期不断实现再循环。

2) 缩减策略

缩减策略即企业仍然保留原来的目标继续经营，但会根据市场变动的情况和行业退出障碍的水平在规模上作出适当的收缩。如果把所有的营销力量都集中到一个或者少数几个细分市场上，以加强这几个细分市场的营销力量，也可以大幅度地降低市场营销的费用，增加当前的利润。

3) 撤退策略

撤退策略即企业决定放弃经营某种商品以撤出该目标市场。在撤出目标市场时，企业应该主动考虑以下几个问题。

(1) 将进入哪一个新区划，经营哪一种新产品，可以利用以前的哪些资源。

(2) 品牌及生产设备等残余资源如何转让或者出卖。

(3) 保留多少零件存货和服务项目以便在今后为过去的消费者服务。

7.4 汽车品牌策略

7.4.1 品牌概述

品牌是给拥有者带来溢价、产生增值的一种无形的资产，它的载体是用以和其他竞争者的产品或劳务相区分的名称、术语、象征、记号或者设计及其组合，增值的源泉来自于消费者心智中形成的关于其载体的印象。

品牌是人们对一个企业及其产品、售后服务、文化价值的一种评价和认知，是一种信任。品牌是一种商品综合品质的体现和代表，在人们想到某一品牌的同时总会将其与时尚、文化、价值联想到一起，企业在创品牌时不断地创造时尚、培育文化，随着企业的做强、做大，不断从低附加值转向高附加值，不断向产品开发优势、产品质量优势、文化创新优势的高层次转变。当品牌文化被市场认可并接受后，品牌才产生其市场价值。

品牌是制造商或经销商加在商品上的标志。它由名称、名词、符号、象征、设计或它们的组合构成。一般包括两个部分：品牌名称和品牌标志。

品牌名称是指品牌中可以用语言称呼的部分，也称为"品名"，如奔驰、奥迪、丰田等。

品牌标志是指品牌中可以被认出、易于记忆但一般不能用言语称呼的部分，通常由图案、符号或特殊颜色等构成，如三叉星圆环是奔驰的品牌标志，相连的4个圆环是奥迪的品牌标志。

品牌不仅仅是一种符号，一种让人可以加以区别的标记，品牌更是有灵魂、有个性的。它可以把产品及设计者的精神意图传递给消费者，可以从心灵深处打动消费者，激起他们的购买欲望。因此，品牌是形式产品的重要组成部分。品牌也是一个复杂的符号，蕴含着丰富的市场信息。此外，对品牌还要从以下6个角度理解。

1. 属性

品牌属性是指消费者感知的与品牌的功能性相关联的特征。消费者一般都是从质量、价格、便利性三个要素的角度看待品牌属性的。如梅赛德斯-奔驰的属性表现为高贵、制造精良、高舒适度等。多年来该品牌一直宣传它是"世界上工艺最佳的轿车"，这就是在宣传它的属性。

2. 利益

品牌利益是指品牌为消费者提供的之所以购买该品牌产品而非其他产品或品牌的利益出发点或理由。品牌利益主要有两个方面：功能性利益和精神性利益。功能性利益是指源于品牌属性使消费者获得的独特效用，满足的是消费者对品牌的功能需求；精神性利益是指源于精神因素而使消费者获得的满足。

品牌利益可以通过对特定消费群的研究分析来确定。只有让品牌利益准确、独特地满足消费者的需求，品牌利益才能让品牌与竞争品牌区分开来，从而吸引消费者购买此品牌而非彼品牌。例如，梅赛德斯-奔驰品牌让人联想到的是精良的产品和高贵的心理体验。

3. 价值

品牌价值是品牌管理要素中最为核心的部分，也是品牌区别于同类竞争品牌的重要标志。迈克尔·波特在其品牌竞争优势理论中曾提到：品牌的资产主要体现在品牌的核心价值上，或者说品牌核心价值也是品牌精髓所在。劳斯莱斯公司生产的轿车，多年来不仅被认为是一种交通工具，更是英国上流社会生活方式的一种标志。

4. 文化

品牌文化是指通过赋予品牌深刻而丰富的文化内涵，建立鲜明的品牌定位，并充分利用各种强有效的内外部传播途径，使消费者在精神上形成对品牌的高度认同，创造品牌信仰，最终形成强烈的品牌忠诚。拥有品牌忠诚就可以赢得顾客忠诚，赢得稳定的市场，大大增强企业的竞争能力，为品牌战略的成功实施提供强有力的保障。

品牌文化的核心是文化内涵，具体而言是其蕴涵的深刻的价值内涵和情感内涵，也就是品牌所凝练的价值观念、生活态度、审美情趣、个性修养、时尚品位、情感诉求等精神象征。例如，梅赛德斯-奔驰代表了豪华、高贵的品牌文化，宝马代表了运动、活力的品牌文化，沃尔沃代表了安全、精致、儒雅的品牌文化。

5. 个性

在品牌竞争激烈的当今社会，人们提到某个品牌，首先想到的是其独特的个性。例如，Levi's的牛仔裤结实、耐用，适合所有年龄段的消费者。

品牌个性关注的是品牌告诉了消费者什么，以及消费者与品牌发生联系时的感受。消费者会根据品牌个性，来选择适合自己的品牌。例如，选择宝马的消费者追求驾驶的乐趣，选择劳斯莱斯的消费者想要显示自己的社会地位和财富。

6. 使用者

品牌还体现了购买或使用这种产品的是哪一类消费者。

如果企业在品牌规划和推广方面作出努力后，能让目标消费者从以上6个方面整体认识品牌，则说明企业的品牌战略是成功的，它创造出了"深度品牌"，否则仅是"肤浅品牌"。

7.4.2 常见汽车品牌的设计方法

国内外汽车企业设计其产品线及产品品牌的方法大体有如下几种。

1. 以地名命名

在计划经济时期，我国多数汽车企业在命名时采用生产企业所在城市名或附近名胜古迹名。如"北京牌"、"上海牌"(见图7-7)、"长城牌"、"黄河牌"等。国外也有类似的品牌，比如俄罗斯的"伏尔加牌"、捷克的著名卡车"太脱拉牌(TATRA)"。

图7-7　曾经风靡国内的"上海牌"轿车

2. 以时代特征或政治色彩作品命名

这种形式在我国计划经济时期比较常见，如"解放牌""东风牌""东方红牌""红岩牌""跃进牌"等。

3. 以人名命名

这在西方是最常见的品牌命名形式，多数耳熟能详的汽车品牌均以此种形式命名。如"梅赛德斯""福特""克莱斯勒""别克""标致""劳斯莱斯""丰田""本田""马自达"等，都是以创始人的名字为品牌名。

4. 以产品序列化命名

如菲亚特旗下的蓝旗亚汽车公司，习惯用希腊字母为产品命名，如"α""γ""ε"等；又如五菱汽车旗下的"五菱之光""五菱宏光"等；再如梅赛德斯-奔驰品牌旗下的"C系列""E系列""S系列"等。

5. 以社会阶层及相关物品命名

如"总统""王子""皇冠""公爵""市民"等。

6. 以动植物命名

如"捷豹""花冠"等。

7. 以自然现象命名

如大众品牌的几款产品均以某种风命名，如"桑塔纳Santana"(北美某种山谷旋风)、"帕萨特Passat"(热带信风)、"宝来Bora"(亚得里亚海的波拉风)、"捷达Jetta"(大西洋高速气流)、"高尔夫Golf"(德语：湾流)、"波罗Polo"(极地风)等。其他诸如美国雪佛兰品牌的知名SUV车型"Avalanche"(雪崩)等。

8. 以引人注意的名词命名

如"Smart(精灵)"等。

9. 以表达美好愿景的名词命名

我国大量汽车产品均以此种方式命名，如"吉利""天籁""速腾""明锐""现代"等。

10. 以音译命名

很多车型引进到国内后，在命名时都采用了直接音译的方式，并选用有吉祥寓意的汉字。如"凯美瑞""雷克萨斯"等。

11. 以字母缩写命名

如"菲亚特FIAT"(意大利都灵汽车厂的首字母缩写)、"起亚KIA"(韩国汽车工业公司的首字母缩写)。

7.4.3 汽车品牌策略的内容

为了使品牌在市场营销中更好地发挥作用，汽车企业应采取适当的品牌策略。品牌策略是指企业根据产品状况和市场情况，最合理、最有效地运用品牌，以达到预期的营销目的。

1. 汽车厂商、品牌、车系、车型

很多人对汽车品牌感到眼花缭乱、无所适从，而正确区分汽车厂商、品牌、车系、车型则是熟练掌握汽车市场知识的基础。

汽车厂商又称为汽车公司，是进行汽车设计、生产的企业。有的汽车厂商是外资企业，如奔驰汽车公司、标志-雪铁龙公司等；有的汽车厂商是我国国有或集体企业，如上海汽车、奇瑞汽车、长城汽车等；有的是民营企业，如吉利汽车等；有的则是中外合资企业，如上海大众、广汽丰田等。

有的汽车品牌名与汽车公司名相同，如大众公司生产"大众牌"汽车；有的则不同，如通用公司生产"雪佛兰牌"汽车，而不生产"通用牌"汽车。如何识别汽车品牌，最简单的方法就是看车前的徽标，若徽标相同，则它们便属于同一品牌。

汽车车系是一个汽车品牌旗下的一系列车型，一般每个车系都有专属名词。一个车系中可能仅有一款车型，也可能有多款车型，这些车型的各种属性基本相似。如丰田品牌旗下有凯美瑞、卡罗拉、皇冠等车系,凯美瑞、卡罗拉、皇冠便是车系的名称;又如大众旗下的帕萨特、桑塔纳、POLO、途观均是车系的名称。

车型是指具体的某款汽车型号。同一车型的汽车,具有完全相同的配置,但有不同颜色。例如丰田品牌凯美瑞车系的"2012款 2.5G豪华版",便是车系的名称,只要确定了车型的名称,除了颜色以外该车的所有配置便是确定的。

表7-1将汽车厂商、品牌、车系、车型的关系清晰地展现出来。以上海大众这家中外合资汽车公司为例,旗下共两个品牌,分别是大众牌和斯柯达牌,两个品牌分别有多个车系,而每个车系中又有多款车型。

表7-1　上海大众品牌、车系、车型示例

汽车厂商	品牌	车系	车型
上海大众	大众	帕萨特	2013款 1.4TSI 手动尊雅版
			2013款 1.4TSI 手动尊荣版
			2013款 1.4TSI DSG尊荣版
			2013款 1.4TSI DSG蓝驱版
			2013款 1.8TSI DSG尊荣版
			2013款 1.8TSI DSG御尊版
			2013款 1.8TSI DSG至尊版
			2013款 2.0TSI DSG御尊版
			2013款 2.0TSI DSG至尊版
			2013款 3.0L V6 DSG旗舰版
		朗逸	……
		桑塔纳	……
		POLO	……
		途安	……
		途观	……
		朗行	
	斯柯达	晶锐	2013款 1.4L 手动晶致版
			2013款 1.4L 自动晶致版
			2013款 1.4L 手动晶灵版
			2013款 1.4L 自动晶灵版
			2013款 1.6L 自动晶享版
			2013款 1.6L 手动Sport版
			2013款 1.6L 自动Sport版
		明锐	……
		昊锐	……
		昕锐	……
		野帝	……

2. 品牌策略

品牌策略的确立应围绕企业的竞争实力来进行，商家要根据自身的情况、行业的特点、市场的发展、产品的特征，灵活地探寻合适的战略。较有代表性的汽车品牌策略有如下几种。

1) 单一品牌策略

单一品牌又称统一品牌，它是指企业所生产的所有产品都同时使用一个品牌的情形。采用这一策略，可在企业不同的产品之间形成一种最强的品牌结构协同，使品牌资产在完整意义上得到最充分的共享。单一品牌策略的优势不言而喻，商家可以集中力量塑造一个品牌形象，让一个成功的品牌附带若干种产品，使每一个产品都能够共享品牌的优势。例如，大家熟知的"福特"就是应用单一汽车品牌策略的代表。福特公司自创立以来，旗下虽曾拥有多家企业，但一直坚持使用"福特"一个品牌针对大众市场。从轿车到SUV、面包车甚至卡车，均使用单一品牌。

单一品牌的另一个优势就是品牌宣传的成本要低，这里的"成本"不仅仅指市场宣传、广告等成本，同时还包括品牌管理的成本，以及消费者认知的清晰程度。单一品牌更能集中体现企业的意志，容易形成市场竞争的核心要素，避免消费者在认识上发生混淆。

当然，作为单一的品牌策略，也存在着一定的风险，它有"一荣共荣"的优势，同样也具有"一损俱损"的危险。如果某一品牌名下的某种商品出现了问题，那么在该品牌下附带的其他商品也难免会受到株连，至此整个产品体系可能面临着重大的灾难。此外，单一品牌缺少区分度，差异性差，往往不能区分不同产品的特征，这样不利于商家开发不同类型的产品，也不便于消费者有针对性地进行选择。

2) 多品牌策略

在汽车行业中，更为常见的是多品牌策略。

一个企业同时经营两个以上相互独立、彼此没有联系的品牌的情形，就是多品牌策略。众所周知，商标的作用是就同一种商品或服务，区分不同的商品生产者或者服务提供者。一个企业使用多种品牌，不仅可以区别于其他商品生产者，也可区分自己的不同商品。多品牌策略为每一个品牌营造了一个独立的成长空间。

采用多品牌策略的代表非"宝洁"莫属了。宝洁的原则是：如果某一个种类的市场还有空间，最好那些"其他品牌"也是宝洁公司的产品。因此，宝洁的多品牌策略让它在各产业中拥有极高的市场占有率。举例来说，在美国市场上，宝洁有8种洗衣粉品牌、6种肥皂品牌、4种洗发精品牌和3种牙膏品牌，每种品牌的特征描述都不一样。以洗发水为例，我们所熟悉的有"飘柔"，强调柔顺功能；"潘婷"，以全面补充头发所需营养吸引公众；"海飞丝"则具有良好的去屑功效；"沙宣"强调的是亮泽。不同的消费者可以根据需要自由选择，然而都没有脱离宝洁公司的产品。

在汽车市场上，更不乏这样的例子，但选择此种策略的企业需要强大财力的依托。如大众集团至今为止，已经拥有从摩托车到商用卡车的11个品牌，这些品牌分别对应不同的消费市场，可满足不同消费者的需求。如奥迪品牌，以科技和豪华感见长，专门针对豪华车市场,与奔驰、宝马等企业竞争;大众品牌,车型众多,针对的是"大众"市场;斯柯达品牌,以性价比、环保为特色,注重实用性,专门针对追求性价比的家用型消费群体;而西亚特(SEAT)品牌的车型设计都比较时尚动感,专门针对欧洲的年轻人市场。

多品牌的优点很明显,具体表现在:它可以根据功能或者价格的差异进行产品划分,这样有利于企业占领更多的市场份额,满足具有更多需求的消费者;不同品牌之间看似存在竞争关系,但实际上壮大了整体的竞争实力,增加了市场的总体占有率;避免产品性能之间的影响;可以分散风险,一旦某种商品出现问题,可以避免殃及其他商品。

其缺点则在于:宣传费用高昂,企业打造一个知名的品牌需要财力、人力等多方面的配合,如果想成功打造多个品牌自然要有高昂的投入作为代价;多个品牌之间的内部竞争较为激烈;品牌管理成本过高,也容易使消费者产生混淆。例如,美国通用公司曾经拥有多达13个汽车品牌,包括雪佛兰(Chevrolet)、别克(Buick)、霍顿(Holden)、凯迪拉克(Cadillac)、庞蒂克(Pontiac)、悍马(Hummer)、土星(Saturn)等,虽然这些品牌各有特色,但同时运营这些品牌不仅给企业带来了巨大的成本压力,也让不少消费者感到无所适从。因此,通用公司痛下决心,关停了数个业绩不佳的品牌,如图7-8所示,将品牌进行集中,最终取得了良好的效果,现有的"雪佛兰""别克""凯迪拉克"等品牌在各自的市场上均取得了不俗表现,赢得了巨大的品牌忠诚度。

图7-8 数个被通用公司雪藏的品牌

3) 单一品牌加个别品牌

将企业名称与个别品牌相结合,也是汽车行业中常见的一种品牌策略,即在企业主要品牌之外,再推出1~2个副品牌,专门针对特定消费市场。实践证明,这种策略集合了上述两种品牌策略的优点,即成本低廉,又有很好的品牌区隔效果。如日本丰田公司在单一的丰田品牌之外,于1989年推出了雷克萨斯品牌,主要生产豪华车型,针对北美市场。丰田公司为这个豪华品牌创立了一个全新的销售渠道,并在美国及其他市场建立了相应的代理网络,这样不仅消除了丰田与旗下品牌车型在消费者心目中的"低档、廉价"的形象,而且有利于雷克萨斯这一豪华品牌的营销活动的开展。

除了雷克萨斯品牌之外,丰田公司还针对年轻人市场推出了Scion品牌,专门生产高性价比、外观年轻时尚的车型。丰田品牌与雷克萨斯和Scion品牌完美配合,不断取得良好的市场业绩,助力丰田成为世界第一大汽车公司。

类似的还有本田公司的讴歌(Aucra)和日产公司的英菲尼迪(Infiniti)，这两个品牌分别是两个公司的豪华车品牌，比大众化品牌档次要高。此外，还有雪铁龙旗下的DS品牌，以豪华、科技和设计感而著称。

小资料

雷克萨斯品牌的历史

众所周知，Lexus(雷克萨斯)是日本丰田汽车公司旗下的豪华车品牌，但是它的诞生地却在遥远的美国。并且，雷克萨斯品牌在美国豪华车市场中的销量一直处于领先的位置。那么，是什么力量促使雷克萨斯打入美国市场并成为品牌销量冠军的呢？

进入20世纪80年代后，美国经济处于高速发展阶段，同时，汽车市场对于豪华车的需求也开始激增。以宝马、奔驰等为首的欧系豪车品牌已经开始占据美国市场，作为以销售经济性及价格低廉车型为主的丰田，在豪华车品牌方面已经处于劣势，生产一款豪华汽车抢占美国市场对于丰田来说已经迫在眉睫。并且，丰田公司拥有相对占优的条件，一批20世纪70年代的丰田消费者，随着他们进入壮年，消费水平及购车需求也会发生改变。在这种环境下，丰田领导层开始酝酿新一轮侵占美车汽车市场的部署。

1983年8月，丰田董事长丰田英二在一次绝密会议中提出了生产一部豪华轿车称霸全球的构想。目的是通过制造出的豪华轿车与奔驰、宝马等品牌抗衡，达到丰田品牌能够在豪华轿车市场分一杯羹的目的。在此构想下，丰田汽车代号为"F1"的绝密计划展开了(F1中的"F"来自于"Flagship"，意为旗舰，而"1"则代表"第1汽车"的意思)。

与此同时，丰田公司开展了这个豪华品牌的策划工作，以支持其旗舰车的推出。并且，丰田公司为这个豪华品牌创立了一个全新的销售渠道，并为新品牌在美国及其他市场的发展建立了相应的代理网络，这样不仅消除了丰田与旗下品牌车型在消费者心目中的"低档、廉价"的形象，而且有利于雷克萨斯这个豪华车品牌的营销活动的开展。另外，丰田的御用广告公司——上奇广告更为其成立一个特别部门——Team One(第一队)，专门负责新豪华品牌的市场销售工作。而有关方面更聘请了著名的形象设计公司对品牌名称进行构思，经过多方筛选，最终采用了"Lexus"为品牌的名字，其读音与英文"豪华"(Luxury)一词相近，能使人更好地联想到该品牌是豪华轿车。

此外，丰田公司找来了摩利设计公司(Molly Designs)及亨达传讯(Hunter Communications)负责设计雷克萨斯标志，最终的标志图案由"L"和椭圆组成。其中"L"是"Lexus"第一个字母的大写，椭圆代表着地球，表示雷克萨斯轿车将会遍布全世界。1988年1月，雷克萨斯新的标志在洛杉矶车展上首度亮相。

在雷克萨斯品牌成立初期，众多媒体对这一新品牌并不抱太多期望，甚至有杂志挖苦道"丰田生产雷克萨斯？丰田是生产千万辆级汽车的基地，而雷克萨斯与之格格不入，这种做法就如同在麦当劳店里销售惠灵顿牛排"。的确，这一评价也说明了大家对雷克萨斯品牌仍然心存偏见。

1989年1月,在底特律举行的北美国际汽车展中,雷克萨斯旗舰车型LS 400及入门级豪华轿车ES 250首次亮相,当时,为全球高级车坛带来了极大的震撼。同年9月,雷克萨斯这两款车型正式在美国的73个代理商网络开始销售。

其中,雷克萨斯的旗舰车型LS 400从构想到制成经历了6年时间,耗资超过10亿美元,动用了1400名工程师和2300名技术人员,测试过450辆原型车。在新车的制造过程中,设计小组曾在1985年远赴加利福尼亚设计其概念车,并且针对豪华用品消费者群体的生活方式、品味及整体市场进行了一系列的调查。同年7月,第一个LS 400原型被制造出来,并立即送往各地进行各种严格的极限测试,以求在各方面达到完美的境界。

而最终制成的旗舰车款雷克萨斯LS 400拥有独特的设计,搭载了全新的4.0升V8发动机,采用了后轮驱动,并且LS 400拥有良好的车内宁静度、处于领先水平的车内舒适性及国际级的奢华配置等优点,同时最重要的一点是雷克萨斯LS 400并没有与之前的丰田车型共享任何主要元素。这款集众多优点于一身的雷克萨斯LS 400,开始受到美国消费者的关注。到了1990年,LS 400以其优异的表现荣获多个主要汽车奖项,成绩有目共睹。

当然,除了LS 400自身具有的竞争优势外,雷克萨斯品牌提供的高水平服务也是其受到消费者认可的原因之一。雷克萨斯的消费者服务基于他们对消费者作出的"雷克萨斯承诺":"雷克萨斯对待每一位消费者犹如我们在家中招待来宾一样。"1989年,因为刹车灯的电线出现问题而需要自愿回收LS 400型号,车主们在这个过程中都没有被收取任何费用,而且为方便他们取车,汽车都被清洗过并已加好油,车主们对此无不感到惊讶。通过此事,很好地塑造了雷克萨斯在美国的品牌形象。

另外,雷克萨斯也非常注重售后服务。在当时,大部分品牌的汽车代理及维修车厂,都会把地址设在气氛阴暗或偏僻的地方,而雷克萨斯品牌则把维修车厂设在较为便利的地点,这一做法不仅方便了消费者,也让消费者感受到了雷克萨斯品牌对其的重视。

1991年,在销售的第二个年头,雷克萨斯品牌的年度销量上升到71 206台,销量超越了宝马和奔驰,成为美国最畅销的进口豪华汽车。根据J.D.Power的调查,雷克萨斯在同年雄踞购入汽车质量、消费者满意度、销售满意度等榜单首位。

资料来源:日系豪华车标杆雷克萨斯品牌历史介绍。http://www.autohome.com.cn/

案例

耐人寻味的车型"生命周期"

由于技术日臻成熟和市场竞争日趋激烈,中国车市上的车型生命周期正变得越来越短,甚至超过了国际市场的车型交替频率。通常,跨国汽车公司每隔5~6年才会在全球各地推出一款基于全新平台设计开发的新车型,虽然经常会有外观内饰方面的小改动,但一般是一年一次。而在观察国内车市之后可以发现,两年引进一款新车已不是什么新鲜事,每家公司每年推出两款集20多种改进于一身的改良款新车,更是司空见惯的事情。如新出的威驰还成色十足,花冠却已按捺不住上市的冲动;赛欧在车市上才驰骋两年多,却已被称为老将，一款同档次的新车型正准备"上场换人"；风神蓝鸟上市才两年多，却已将推出第4代车型……对于中国车市如此快的新陈代谢速度，跨国公司也感到压力很大，以至于丰田在中国一位已经离职的总经理在离开北京时提出的唯一建议便是：丰田应该调整在中国市场的产品生命周期战略，国际上按6~8年市场周期设计、制造汽车的通行规则，在中国车市场已行不通，这个数据应被缩短为不超过4年。

当今的中国车业已融入全球一体化，世界汽车研发水平的提升及新车研发周期的缩短，是"中国车市周期"出现的前提。经过不断探索，国际上目前的新车平均研发时间已由过去的36个月缩短到24个月左右，日本丰田甚至在其新推出的花冠车型上实现了12个月完成研发的目标。这种日新月异的速度，使各车型在进入中国市场时旨在适应国内路况和消费者口味的改进变得更快。从POLO和GOLF开始，中国车市的新车投放开始与全球同步，研发周期的缩短，为"中国车市周期"的持续缩短提供了有力保障。

近年来，国际车业孜孜以求的另一个目标，是加快车型平台的通用化进程。过去，美国通用汽车为零配件供应商制定详尽的质量指标，根据型号的不同，其麾下5大品牌汽车产品选用的雨刮器，一度竟出现过230多种不同的规格和生产要求。由此，实现产品通用化就成了当务之急。同时，为"中国车市周期"提供平台支持的还有"供应链物流管理"体制的导入。据由全球40多家汽车及零部件制造商设立的"国际汽车分销纲领"的一份研究报告显示，一辆普通汽车从制造到交货要用42天时间，这期间，制造时间仅为2天，运输需5天，其余时间全部用来完成各类文件及各种配件和制造过程的安排。而一旦加速了供应链物流中的订货环节，消费者在第14天就可提车，使产品的上市周期缩短了2/3。经过多年的探索，如今国内各汽车制造商也已普遍提升了物流管理水平。一些厂家还引进了美国通用提出的"产品全生产周期管理系统"，实现了对整个供应链的有效监控，缩短了生产、销售和订货周期。

在中国，车型生命周期缩短，除了基于上述条件之外，更源于国内有别于海外的独特市场环境和市场特点。

在进入中国市场4~5年之后，各跨国汽车公司渐渐摸清了中国消费者的脾气和喜好，其商务政策也开始显现明显的本土化特征。其中一个最特别的现象就是善于"制造"新品。由于国内消费者对新车型的极端渴望，不仅促使大量新款车型被引进国内，也促使许多改良车型被不断推出。如上海通用别克系列中的新世纪车型经过改进后被冠以君威的名称重新上市，市场顿时火爆起来，在上市14个月后，仍然供不应求。有记者询问通用系统的一位高层管理人员：如果是在欧美市场，新世纪会摇身一变成为君威吗？回答是否定的，原因很简单，因为中国消费者和美国消费者有着很大的差异。一方面，在国外，通过多年使用，客户通常会对某品牌、某车型产生较强的忠诚度，改换车型可能面临失去相当一部分忠实消费群体的危险。而在我国，消费者似乎更"喜新厌旧"。汽车生产商为迎合国内消费者容易变换的口味，便加速推出新车型，使汽车生命周期越来越短。另一方面，中国市场中的车型的频繁换代也源于世界汽车工业百年的积累。可以这样认为，是世界汽车行业的底蕴厚度和国内车市的竞争强度，共同造就了当今车型的淘汰速度。而残酷的淘汰，正使国内市场车型生命周期与传统的经济理论日渐背离。在通常意义上，市场产品生命周期可以分为投入期、成长期、成熟期和衰退期4个阶段。在投入期，企业通常很难获利，而在眼下的国内车市中，由于购买力旺盛，新车上市当年即盈利的情况比比皆是，使国内市场新车型普遍出现"早熟"的迹象。而到了成熟期，产品在市场中所占的份额已达到顶峰，降价的情况也开始出现。许多车型一降再降，当利润空间荡然无存之时，就立刻为新产品所代替，因而，几乎没有成长期和衰退期。对此，专家指出，快速变幻的市场动态将挤压企业的反应时间，在产品生命周期较短的市场中，投入产出时间较短，资本回报率较高，但风险的集聚过程也会变短，而且一旦爆发，缺乏准备的企业必然将难以承受。

资料来源：吴乐懿. 解放日报：汽车周刊，2004-02-18

思考题

1. 根据产品层次理论，产品可分为哪5个层次？
2. 常见的汽车产品组合策略有哪些？
3. 请描述产品的生命周期理论。
4. 在导入期实施营销策略，要注意哪些事项？

第8章

汽车产品价格策略

在市场营销中，企业通过产品、分销、促销这三个要素在市场中创造价值，而通过定价从创造的价值中获取收益，即价格是唯一能产生收入的市场营销因素，其他因素则表现为成本。同时，价格也是营销组合中最灵活的因素。因此，对于汽车营销来说，价格策略是营销组合的重要因素之一，它直接决定着产品、企业的成败。

8.1 汽车产品的价格

8.1.1 汽车产品的定价目标

企业的定价目标是指企业通过定价期望达到的效果，它规定了企业定价的目的和水平。现实中，任何企业都不能孤立地定价，而必须按照企业的市场定位和竞争战略来进行合理定价。不同企业有不同的定价目标，不同的定价目标对产品的价位又有不同的要求，一般企业有以下几种定价目标。

1. 以获取利润为目标

1) 获取最大利润目标

获取最大利润目标是指企业在一定时期内综合考虑各种因素后，以总收入减去总成本的最大差额为基点，确定单位产品的价格，以获得最大利润总额。最大利润有长期、短期之分，还有单一产品最大利润和企业全部产品综合最大利润之分。

最大利润目标并不意味着抬高价格。价格抬高会导致销量下降，利润总额可能因此减少。有时高额利润是通过实施低价策略，待占领市场后再逐步提价来获得的；有时企业可以通过对部分产品定低价、甚至亏本销售以招徕消费者，从而带动其他产品销售，进而获取最大的整体利润。

2) 获取合理利润目标

获取合理利润目标是指企业在补偿正常情况下的社会平均成本的基础上，适当地加上一定利润作为产品价格，以获取正常情况下合理利润的一种定价目标。企业在自身力量不足、不能实现最大利润目标或预期投资回报率目标时，往往采取这种定价目标。汽车企业通常愿意采取这种定价目标。

2. 以市场占有率最大化为目标

市场占有率是企业销售量或销售额占同行销售量或销售额的百分比，是汽车企业的经营状况和产品竞争力的直接反映，它的高低对企业的生存和发展有重要意义。一个汽车企业只有在产品市场逐渐扩大和销售额逐渐增加的情况下，才有可能生存和发展。因此，保持或提高市场占有率是一个十分重要的目标。基于此，许多汽车企业宁愿牺牲短期利润，以确保长期的收益。为此，就要实行全部或部分产品的低价策略，以求薄利多销，从而实现提高市场占有率的目标。

3. 以产品质量最优为目标

有些企业以产品质量领先于同行作为自己的经营目标，这就需要实行"优质优价"策略，以高价来保证高质量产品的研发成本和生产成本。并在生产和市场营销过程中始终贯彻产品质量最优的思想。采取这种定价目标的企业，其品牌和产品在消费者心目中一般都享有一定声誉，因此企业可利用消费者的求名心理，制定一个较高的产品价格。这种定价目标适合于市场信誉度较高的产品，如梅赛德斯-奔驰、劳斯莱斯等。

4. 以应对和防止竞争为目标

在产品的营销竞争中，价格竞争是最有效、最敏感的手段。实力较弱的中小企业为了防止价格竞争的发生，在定价时，通常顺应市场领导企业的价格水平，以此避免因价格竞争带来的风险。中国汽车市场竞争十分激烈，有的企业常常将产品价格定得比竞争对手低，或在一定条件下将价格定得比竞争对手高，以显示自己的产品比竞争产品更有优势。这种定价目标比较适合于目标实现的可能性较大，而且实力比较雄厚的企业。

5. 以维持生存为目标

如果汽车企业产能过剩，或者面临激烈的竞争，市场对体格较为敏感，或试图改变消费者需求，则需要把维持生存作为企业主要的经营目标。为了确保工厂持续运转，企业必须制定较低的价格。在这种情况下，汽车企业的生存要比利润重要得多。此时，企业制定的价格如果能够补偿可变成本和部分固定成本，企业就可以维持生存。这种定价目标只适合做企业的短期目标。

8.1.2 影响汽车定价的因素

1. 影响汽车定价的内部因素

1) 成本

任何企业都不能随心所欲地制定价格，某种产品的最高价格取决于市场需求，最低价格取决于这种产品的成本费用。从长远看，任何产品的销售价格都必须高于成本费用，因此，企业制定价格时必须估算成本。成本是企业定价的最低经济界限，原因是商品价值是构成价格的基础。商品的价值由C(不变成本)+V(可变成本)+M(剩余价值)构成，$C+V$是生产过程中物化劳动转移的价值和劳动者为自己创造的价值，反映到价格中就是产品的成本。统计资料显示，目前由产品的各种费用构成的总成本约占汽车产品价格的70%~90%，在正常情况下，产品价格与成本呈正比例关系。长期来看，价格只有高于成本，才能以销售收入抵偿生产和经营成本，否则企业就无法继续经营下去。因此，成本因素是影响定价策略的重要因素，主要包括以下几种。

(1) 固定成本。固定成本是指在一定生产经营规模范围内,不随产品种类及规模数量变化而变化的那部分成本。包括固定资产折旧费、房屋与场地租金、管理人员工资、财产保险费等。不管企业的产量是多少,这些费用必须支出。如果增加总固定成本,只能进行大量投资、更新设备等。如汽车企业的厂房、设备、仓库等投资,都属于固定成本。

(2) 可变成本。可变成本是指随产品种类及规模数量变化而变化的那部分成本费用。产量越大,总可变成本也越大;反之,产量越小,总可变成本也越小。包括原材料、员工奖金、产品包装费用、运输及仓储费用、部分营销费用等。如汽车企业从供应商处采购轮胎,产量越大,轮胎的采购量也越大,这部分费用是随着产品的变化而变化的。

(3) 总成本。总成本是企业生产某种产品的总固定成本与总可变成本之和。当产品为零,即企业不进行生产时,企业的总成本等于总固定成本。

(4) 平均固定成本。产品的平均固定成本等于总固定成本除以总产量。虽然固定成本不随产品的变动而变动,但平均固定成本却随着产品的增加而减少,这是由规模效益发挥的作用,从长期来看,平均固定成本是企业定价时不可忽视的因素之一。

(5) 平均可变成本。产品的平均可变成本等于总可变成本除以总产量。在一定的技术熟练程度和生产设备条件下,平均可变成本不会随产量的增减而变动。而当生产发展到一定规模、工人熟练程度增加、大批量采购原材料和配件的成本降低时,可变成本则呈递减趋势,但若超过某一经济界限,平均可变成本又有可能上升。

(6) 平均成本。产品的平均成本也就是产品的单位成本,它等于总成本与总产量之比,或者等于平均固定成本与平均可变成本的总和。由于固定成本和可变成本随劳动生产率的提高和规模经济效益的逐步形成而下降,所以单位产品成本呈递减趋势。能使总成本得到补偿的定价意味着价格至少不能低于平均成本。

2) 汽车产品的特征

产品特征是从汽车产品对消费者的吸引力的方面来考虑的,是汽车自身构造、配置所形成的特色。汽车的自身构造要素包括它的造型、质量、性能、服务、品牌和装饰等,它能反映汽车对消费者的吸引力。汽车产品的特征好,该汽车就有可能对消费者产生较大吸引力,能给消费者带来物质和精神的双重满足,甚至成为其炫耀的资本,这种汽车往往供不应求,因而在定价上占有有利地位,其价格要比同类产品略高。

3) 汽车企业的销售渠道和促销宣传

汽车企业销售渠道的建设和选择、中间环节的多少直接决定着汽车销售费用的高低,且影响着汽车价格的高低。汽车企业的促销宣传需要大量资金的支持,促销费用最终也要计入汽车的销售价格之中。总体来说,营销能力强的企业,易于在既定的汽车价格水平下完成销售任务,对制定和调整汽车价格有较大的回旋余地。例如某些大型汽车企业,有足够的实力调整价格策略,在不同季节、竞争条件下都能精准地制定既有竞争优势又能确保企业足够利润的产品价格。

4) 汽车企业的营销战略与策略

各个汽车市场营销决策相互协调配合,可形成一个有机整体,构成一个汽车市场营销决策体系。在汽车定价之前，企业必须对产品总战略作出决策，如果企业已经选择好目标市场并做好市场定位，那么确定整体营销战略和策略，包括制定价格都是水到渠成的事。营销战略与策略的确定在很大程度上取决于企业所追求的定价目标。汽车行业是一个竞争面很广的行业，市场需求弹性很大，在进行定价时，需要根据特定环境制定特定的定价目标。一般定价目标以追求最大利润、追求有利的竞争地位，来寻找实现汽车企业营销方向转移的新的汽车市场营销机会。具体的定价目标不同，汽车企业的营销战略与策略也不同。只有在了解了具体的定价目标之后，才能制定出具有竞争力的汽车价格策略。

2. 影响汽车定价的外部因素

1) 市场供求状况

市场经济的基础是价值规律，它决定了商品价格会随着供求关系的变化而波动。尽管企业定价不是绝对地受某个地方某一时点的供求关系的影响，但从长期的、全局的角度看，商品价格仍与市场供求状况有对应关系。另外，商品供应量、需求量也会随价格升降而变化。因此，汽车企业在定价时必须以价值规律为依据，根据供求状况及时制定和调整价格。当汽车市场需求大于供给时，价格应定得高一些；当汽车市场需求小于供给时，价格应定得低一些。

2) 商品需求特性

市场需求会影响汽车产品的价格，反过来汽车产品价格的变动又会影响市场需求总量，进而影响销售量，最终影响企业目标的实现。因此，汽车企业在制定价格时还必须了解价格变动对市场需求的影响程度，用指标反映就是商品的价格需求弹性系数。对于价格需求弹性小的商品，价格的调整没有多大实际意义；而对于价格需求弹性大的商品，企业可考虑通过适当降价刺激需求，以促进销售。中国汽车产品价格的变动对产品需求的影响很大，所以汽车企业在定价过程中必须着重考虑市场需求。

3) 竞争状况

汽车企业定价要受竞争状况的影响。完全竞争与完全垄断是竞争的两个极端，现实中的市场多表现为不完全竞争状态。在不完全竞争条件下，竞争的强度对企业的价格策略有重要影响。因此，首先，企业首先要了解竞争的强度，它主要取决于产品技术水平、知识产权保护、供求形势及具体的竞争格局。其次，要了解竞争对手的价格策略及实力。产品的成本决定了价格的下限，产品的市场需求决定了价格的上限，而在这个幅度内具体价格的确定，则往往取决于竞争对手同类产品的价格水平。所以汽车定价要了解竞争对手的产品状况、品牌、企业形象、竞争优劣势，再和企业自身状况进行对比分析，找到产品在市场上的准确定位，在此基础上制定相应的价格。同时，竞争对手的状况不是静止的，而是处于不断变化的过程中，汽车企业必须对这种变化非常敏感，以及时调整自己的产品价格。

寡头垄断市场是指少数几家汽车企业联合起来控制市场上某类汽车产品的生产和销售的市场结构。这种形式在现实中比较普遍。在这种汽车市场中，几家大型汽车企业往往通过协议或默契控制汽车价格，而不是完全通过市场供求关系来决定价格。

4) 汽车消费者心理

消费者心理会影响其购买和消费行为，企业定价当然不能忽略这个因素。例如，消费者对价格的未来变动趋势有一个预期，当预期价格上涨时，会增加购买量；当预期价格下跌时，则会持币观望，也就是所谓的"买涨不买跌"。再如，消费者求新、求异的心理会使其愿意为某些个性化的、新颖的东西支付较高的价格。对消费者心理的分析研究，是企业定价所必须进行的一个环节，否则制定的价格往往只是企业的一厢情愿。消费者的心理因素对价格的影响主要表现在消费者对汽车产品的预期价格上，即在心目中认为这种汽车应该值多少钱，因此，企业在制定或调整汽车产品的价格时，必须对消费者心理加以分析。任何一件商品都是为消费者服务的，消费者在购买汽车时往往会受到不同心理倾向的支配。如自信心理、追求时尚心理、炫耀心理等，不同的消费心理对汽车产品的价格有不同的要求。企业只有研究并掌握不同的消费心理之后，才能制定出最佳的产品价格。

5) 政府和行业组织干预

企业定价并非孤立的行为，它必定是在法律、法规、政策的大背景下进行的。价格是国家调控经济的重要手段，国家通过税收、金融等手段间接控制价格，同时对垄断价格进行限制，因此，企业定价的自由度必然受政策因素的影响。

另外，经济发展现状也会影响企业定价，因为经济景气与否会使人们对价格的敏感性发生变化，从而影响企业定价。一个国家或地区的经济发展水平高及发展速度快，将促使人们收入水平的快速提高及购买力的增强，从而降低对价格的敏感性，有利于汽车企业较自由地为汽车产品定价。

小资料

捷豹路虎在华面临价格反垄断调查

由于处于市场支配地位，捷豹路虎公司近三年来独享丰厚的垄断利润，然而令捷豹路虎公司始料不及的是，路虎长期以来在国内外同车不同价的行为开始遭到媒体的声讨。

有媒体报道，"路虎揽胜尊崇创世版"国内售价为279.8万元，但由于经销商货源有限，要想提现车还得加价40万元，实际上消费者需付320万元才能买下这辆车。而这辆车在原产地英国的裸车售价仅为83.5万元，不到中国的三分之一。

"捷豹路虎公司自从收回4家区域代理商的代理权之后，基本上控制了包括定价、零部件供应、售后服务等环节的利润。"苏晖表示，2005年出台的《汽车产业政策》和《汽车品牌销售实施管理办法》实际上维护的是总代理商的利益，经销商处于弱势地位。

发改委反垄断局局长许昆林公开表示，反垄断调查的下一个目标将包括石油、电信、汽车、银行等领域，此后，商务部也公开表示对汽车反垄断的关注。

商务部新闻发言人沈丹阳表示：《反垄断法》严格禁止经营者滥用其市场支配地位，排除限制竞争。同时，《反垄断法》禁止供应商与经销商达成协议，以固定产品的零售价格或限定最低零售价格。如果汽车供应商存在以上违法行为，将依法予以处罚。

联系发改委对手机、酒类、奶粉业的反垄断立案调查，在国内主流媒体的炮轰和外电的高度关注下，"进口车暴利"的话题一度喧嚣尘上，汽车行业反垄断调查更是"风声鹤唳"。

资料来源：证券日报，2013-09-24

8.2 汽车产品定价策略

定价策略是指根据营销目标和定价原理，针对生产商、经销商和市场需求的实际情况，在确定价格时所采取的各种具体对策。定价策略是市场营销战略和市场营销组合策略中的主要组成部分，是企业可控因素中最难确定的因素。汽车企业要在激烈的市场竞争中不断提高自己的竞争力，满足消费者的需求，提高自己的经济效益，就必须制定正确的汽车产品定价策略，并且根据不同的汽车产品和市场情况，灵活地运用各种定价策略，以提高企业竞争力。

8.2.1 新产品定价策略

新产品定价的难点在于无法确定消费者对于新产品的理解价值。如果价格定高了，难以被消费者接受，会影响新产品顺利进入市场；如果价格定低了，则会直接影响企业效益。常见的新产品定价策略有撇脂定价、渗透定价和适中定价。

1. 撇脂定价

撇脂定价策略又称为高价策略，这一定价策略就像从牛奶中撇取其中所含的奶油一样，取其精华，所以称为"撇脂定价"策略。即将产品的价格定得较高，尽可能在产品生命初期，在竞争者研制出相似的产品以前，尽快收回投资，并且取得相当的利润。然后随着时间的推移，再逐步降低价格使新产品进入弹性更大的市场。一般而言，对于全新产品、受专利保护的产品、需求价格弹性小的产品、流行产品、未来市场形势难以测定的产品等，可以采用撇脂定价策略。例如，圆珠笔在1945年发明时，属于全新产品，成本为0.5美元一支，可是发明者却利用广告宣传和消费者求新求异的心理，以20美元的单价销售，仍然引起了人们的争相购买。

利用高价产生的厚利，可使企业在新产品上市之初，即能迅速收回投资，减少了投资风险，这是使用撇脂策略的根本好处。此外，撇脂定价还有以下几个优点。

(1) 在全新产品或换代新产品上市之初，消费者对其尚无理性的认识，此时的购买动机多属于求新、求奇。利用这一心理，企业通过制定较高的价格，可提升产品价值，塑造高价、优质、名牌的产品形象。

(2) 先制定较高的价格，在其新产品进入成熟期后可以拥有较大的调价余地，不仅可以通过逐步降价来保持企业的竞争力，而且可以从现有的目标市场上吸引潜在需求者，甚至可以争取到低收入阶层和对价格比较敏感的消费者。

(3) 在新产品开发之初，由于资金、技术、资源、人力等条件的限制，企业很难以现有的规模满足所有的需求，利用高价可以限制需求的过快增长，缓解产品供不应求的状况，并且可以利用高价获取的高额利润进行投资，逐步扩大生产规模，使之与需求状况相适应。

当然，撇脂定价策略也存在着以下几个缺点。

(1) 高价产品的需求规模毕竟有限，过高的价格不利于开拓市场、增加销量，也不利于占领和稳定市场，容易导致新产品开发失败。

(2) 高价高利会导致竞争者的大量涌入，以及仿制品、替代品的迅速出现，从而迫使价格急剧下降。此时若无其他有效策略相配合，则企业苦心塑造的高价优质形象可能会受到损害，失去一部分消费者。

(3) 价格远远高于价值，在某种程度上损害了消费者利益，容易招致公众的反对和消费者的抵制，甚至会被当作暴利产品来加以取缔，诱发公共关系问题。

从根本上看，撇脂定价是一种追求短期利润最大化的定价策略，若处置不当，则会影响企业的长期发展。因此，在实践中，特别是在消费者日益成熟、购买行为日趋理性的今天，采用这一定价策略必须谨慎。

2. 渗透定价

这是与撇脂定价相反的一种定价策略，即在新产品上市之初将价格定得较低，以吸引大量的购买者、扩大市场占有率，又称为低价策略。利用渗透定价策略需具备以下几个前提条件。

(1) 新产品的需求价格弹性较大。

(2) 新产品存在着规模经济效益。

(3) 新产品的潜在需求量大。

采用渗透价格策略的企业无疑只能获取微利，这是渗透定价策略的薄弱之处。但是，由低价产生的两个好处是：首先，低价可以使产品尽快为市场所接受，并借助大批量销售来降低成本，获得长期稳定的市场地位；其次，微利阻止了竞争者的进入，增强了企业自身的市场竞争力。

小资料

丰田的低价策略能否成功

甜头在哪里，就将重拳打向哪里，这是大众目前在中国的做法——朗逸卖得好，就延伸出朗行、朗境等全系车型"围攻"中级车市。而丰田的打法则不同——未来市场在哪里，我的研发就指向哪里。因此，虽然在过去的几年里，丰田的高端小型车威驰和雅力士都卖得不好，但丰田却不愿意放弃高端小型车市场，而是再接再厉花大量时间和精力对这两款车型进行改款换代,希望能重新赢得中国消费者的认同。

与其说日本人"轴",不如说日本人对于未来中国市场的走向有着更加坚定的判断,一方面,随着汽车的普及,空气污染和交通拥堵将困扰越来越多的人,在这个时候,以大为美的汽车审美将得以回转,小型车在中国市场必将迎来"春天";另一方面,随着2015年和2020年油耗法规的倒逼,越来越多的车企也必将回归生产小型车的行列。

近日,专为中国消费者设计的全新一代威驰宣布上市,最低售价6.98万元,比老款威驰整整低了两万元。"全新一代威驰是专门针对中国消费者设计的,最基本的销量目标是月销超过万辆,明年全年的销量目标是14万辆。"一汽丰田销售有限公司公关总监马春平告诉记者,新威驰从设计之初就完全按照中国消费者的需求,根据初期的调研,中国消费者不仅希望车内前排要有足够的空间,还希望后排也有更舒适的空间,以方便全家出行。根据这一特殊需求,丰田公司对车型进行重新设计,为了增加后部空间,将车型的轴距加长了110毫米。

当然,从目前的市场格局来看,这种判断还是一场"豪赌"。毕竟,国内小型车市场一直不温不火,市场份额不断下滑。这是由中国消费者特有的消费习惯所决定的,在同等价位的条件下,消费者最先看中的是空间,其次才是其他性能。空间大,不仅意味着舒适,更意味着体面。因此,这些年来,国内的很多车型不断加长,小型车做成中级车的尺寸,中级车的空间已经媲美中高级车,整个市场处于一种恶性循环中。

然而,盲目加长是否值得提倡?这种以大为美的审美观会不会在未来几年内发生变化?

事实上,随着国内汽车保有量的日益增多,空气污染和交通拥堵已经成为很多城市的难言之痛。在这种情况下,有越来越多的人意识到,车小好调头、好停车,还省油。从政策层面上来看,汽油肯定会越来越贵,而且针对排放的措施也会越来越严格。因此,无论是从欧洲、日本等发达国家的经验来看,还是从中国的实际国情出发,都不难判断,小型车在中国一定会迎来"春天"。

这也许就是在大众依靠捷达、宝来、朗逸和桑塔纳赚得盆满钵满的时候,丰田还愿意"豪赌"小型车的原因。"消费者越来越年轻,消费者的要求也越来越'年轻'。"一汽丰田销售公司总经理田聪明认为,消费者对汽车整体的需求更趋时尚与活力,一汽丰田作出改变是顺应发展潮流。

除了吸引庞大的年轻消费人群、深入实施"年轻化"战略外,事实上,全新威驰对一汽丰田还有另一个重要意义,那就是在混合动力技术尚未在中国普及之前,以全新威驰为主的小型车,将承担起丰田节能降耗的重任。根据国家节能减排目标,到2015年,当年生产的乘用车平均燃料消耗量将降至6.9升/百公里,而新威驰的百公里油耗仅为5.4升。

马春平告诉记者:"小型车的利润肯定没有中级车、豪华车的利润高,但随着市场需求的增长、成本的降低以及国产化率的提高,今后,丰田继续推出低于7万元的小型车,是有可能的。"

"丰田一旦想明白了,大众的日子就没那么好过了。"业内人士认为,作为丰田导入中国的第一款车,威驰已经征战中国市场近10年,它是丰田专为中国设计的第一款车,也是当时第一款配置了DVD语音电子导航系统的国产车。此次丰田携一汽丰田新威驰和广汽丰田致炫强势回归，表明未来丰田将把小型车作为在华重要的发展领域，从而实现丰田的"年轻化战略"。

值得注意的是，从9月开始，以丰田为代表的日系车已经全面复苏。在刚刚过去的10月，一汽丰田共销售38 348辆，同比增长81.4%，环比增长7%。

资料来源：黄少华.中国青年报，2013-11-21

3. 适中定价

适中定价策略既不是利用高价来获取高额利润，也不是通过低价来占领市场。使用定价策略应尽量降低价格在营销手段中的地位，重视其他在产品市场上更有力或更有成效的手段。当不存在适合于撇脂定价策略或渗透定价策略的环境时，企业一般采取适中定价策略。例如，一个管理者可能无法采用撇脂定价法，因为产品被市场看作极其普通的产品，没有哪一个细分市场愿意为此支付高价，同样，他也无法采用渗透定价法，因为产品刚刚进入市场，消费者在购买之前无法确定产品的质量，会认为低价代表低质量（"价格-质量"效应）；或者是因为，如果破坏已有的价格结构，竞争者会作出强烈反应。当消费者对价格极其敏感，不能采取撇脂定价策略，同时竞争者对市场份额极其敏感，不能采用渗透定价策略的时候，一般可采用适中定价策略。

采用适中定价策略还有另外一个目的，就是保持产品线定价策略的一致性。虽然与撇脂定价策略或渗透定价策略相比，适中定价策略缺乏主动进攻性，但娴熟地运用它也并非易事。应用适中定价策略没有必要将价格定得与竞争者一样或接近平均水平。从原则上讲，采用适中定价策略甚至可以制定出市场上最高或最低的价格。与撇脂价格和渗透价格类似，适中价格也是参考产品的经济价值和市场反应而决定的。

对于企业来说，采用撇脂价格策略、渗透价格策略还是适中价格策略，不能一概而论，需要综合考虑市场需求、竞争、供给、市场潜力、价格弹性、产品特性、企业发展战略等因素才能确定。在定价实务中，往往要突破许多理论上的限制，在对选定的目标市场进行大量调研和科学分析的基础上来制定价格。

8.2.2 折扣定价策略

在汽车市场营销中，汽车企业为了赢得竞争和实现经营战略，经常针对汽车价格采取折扣、折让的优惠政策，直接或间接地降低汽车价格，以争取消费者，增加汽车销量。灵活地采用折扣、折让策略，让汽车价格与汽车市场营销组合中的其他因素更好地配合，是提高汽车企业经营效益的重要途径。汽车企业经常采用的折扣定价策略有以下几种。

1. 现金折扣

现金折扣是指企业为了加速资金周转，减少坏账损失或收账费用，给予现金付款或提前付款的消费者在价格方面的一种优惠。如某企业规定一次性付现金的消费者，可享受额外1%的现金优惠。这种折扣并非针对某固定客户，而是保证对所有符合这些条件的客户都给予同样的待遇，这种折扣在许多行业内已经成为惯例。因为折扣带来的回报率通常比银行利率要明显高一些，所以消费者一般都不会放弃这种折扣。同时，实行现金折扣还可以加强卖方的收现能力，降低信用成本和减少呆账。

2. 数量折扣

数量折扣是指按购买汽车数量的多少，分别给予不同的折扣。购买汽车数量越多，折扣越大。目的是鼓励大量购买，或集中向汽车企业购买。

数量折扣包括累计数量折扣和一次性数量折扣两种形式。累计数量折扣规定消费者在一定时间内，购买汽车产品若达到一定数量或金额，则按照总量给予一定的折扣。目的是鼓励消费者经常向汽车企业购买，成为可信赖的长期客户，主要针对非个人市场。一次性数量折扣规定一次购买汽车产品达到一定数量或购买多种汽车产品达到一定金额时，则给予折扣优惠，目的是鼓励消费者大批量购买，促进产品多销、快销，如常见的"汽车团购"便属于这种形式。

3. 功能折扣

功能折扣又称为贸易折扣。这是汽车产品生产者给予中间商的一种价格折扣。汽车产品生产者根据中间商的不同类型和不同分销渠道所提供的服务的不同给予不同折扣。目的是激励中间商积极主动地执行某种市场营销功能(如广告、储存、融资、服务等)。这种折扣不是将价格作为竞争手段来使用，而是把制造商因减少功能节约下来的开支，以折扣的形式让给中间商，以密切同中间商的合作关系。功能折扣的另一目的是对中间商经营的有关产品的成本和费用进行补偿，并让中间商获得一定的盈利。这种折扣方式一般根据不同类型的中间商在不同分销渠道中所提供的不同服务以及所发挥的作用的不同，给予不同折扣，而制造商则必须在每一个交易渠道中提供相同的功能折扣。

4. 季节折扣

季节折扣是指在汽车销售淡季时，给消费者一定的价格优惠，使汽车企业的生产和销售在全年内能保持相对稳定的状态。季节折扣比例的确定，应考虑汽车成本、储存费用、基价和资金利息等因素。季节折扣有利于减少库存，加速汽车产品流通，节约管理费用，降低生产成本，促进企业均衡生产。

8.2.3 心理定价策略

心理定价策略是指汽车企业在定价时，考虑消费者购买时的心理因素，利用消费心理学原理，科学地制定产品的价格，诱导消费者增加购买，扩大市场销售的一种定价策略。每一品牌汽车都能满足汽车消费者在某些方面的需求，汽车价值与消费者的心理感受有很大关系。因消费者所处的社会阶层、地域、收入水平、生活习惯、审美都不同，消费者往往具有不同的价格心理。汽车企业在制定价格时，应注重这种有差别的消费者心理，使汽车企业在定价时可以利用汽车消费者的心理因素，制定满足消费者心理、物质和精神多方面需求的产品价格，从而达到促进产品销售、扩大市场份额的目的。常见的心理定价策略有如下几种形式。

1. 整数定价策略

整数定价策略是针对消费者的求名、求方便心理，将汽车价格有意定位为整数，不带尾数的一种策略。这种舍零凑整的策略实质上是利用了消费者按质论价的心理、自尊心理与炫耀心理。在购买汽车的过程中，大多数人可能都有这样的想法：便宜无好货、好货不便宜。由于同类型产品的生产者众多，花色品种各异，在许多交易中，消费者往往只能将价格作为判别产品质量、性能的指示器。同时，在众多尾数定价的商品中，整数能给人一种方便、简洁的感觉。这种策略主要适用于高档消费品或消费者不太了解的商品。

有些企业在给高档汽车定价时，往往把汽车价格定成整数，不带尾数。凭借整数价格来使消费者产生高档消费品的印象，从而提升汽车品牌形象，满足消费者的心理需求。当前采用此种定价策略的以高档进口车和豪华跑车居多。

小资料

售价达4700万，阿斯顿马丁One-77国内发布

全球限量77台，国内售价4700万人民币，中国配额仅5辆，这是一组惊人的数字。阿斯顿马丁One-77于2011年4月19日在上海车展正式亮相，这是目前全球超贵的跑车之一，它的价格已经超过了标准版的布加迪威航。最重要的是，从未与大众谋面的它，已经销售一空。

对于国人来说，阿斯顿马丁一直是一个处在金字塔最高端的神秘品牌，如今阿斯顿马丁出品的更具神秘色彩的车型ONE-77的车型外观自然备受关注。除了售价，新车的动力部分亦是消费者最为看重的一点：One-77将采用7.3升V12发动机这一点并没有改变，阿斯顿马丁此前表示要让新车的动力达到700马力以上，而最终确认的760马力也比传言的710马力高出更多，升功率达到76.58kw/L，极速有望突破350km/h。同时还匹配一个安装在后中部的6挡手自一体变速器，这款变速器配备Auto Shift Manual(可理解为自动换挡)和Select Shift Manual(可理解为手动换挡)(ASM/SSM)，由一个电动液压系统控制。

阿斯顿马丁one-77除了具备强劲的动力，还拥有碳纤维一体式底盘结构、复合陶瓷刹车系统以及可调的悬挂系统。传递发动机输出的则是一台6挡半自动变速器；而P Zero Corsa轮胎则由倍耐力特别提供。这款Coupe将会提供左舵版和右舵版，以满足不同国家的需要，但是座位将被限制为两个。它的车身覆盖件由手工加工的铝板组成，而其一体化的车身结构则由碳纤维制造。一个可以展开的尾翼、自适应悬架、陶瓷碳纤维制动和稳定性/牵引控制都包含在这个套件内，One-77的整车重量预计控制在3300磅左右。 在3.5秒内可

以让该车完成0~60英里/小时的加速。

资料来源：百度百科. http://baike.baidu.com/

2. 尾数定价策略

尾数定价策略是与整数定价策略正好相反的一种定价策略，是指在确定零售价格时，以零头数结尾，使用户在心理上产生一种便宜的感觉，或是按照风俗习惯的要求，价格尾数取吉利数字，以扩大销售。目前，这种定价策略已被商家广泛应用，从生活日用品到家电、汽车，大量产品都采用尾数定价策略。

尾数定价策略也会给消费者一种"企业经过了认真的成本核算才定价，以对消费者负责"的感觉，可以提高消费者对定价的信任度，从而激发消费者的购买欲望。例如，把一款汽车价格定为9.99万元，而不定10万元，可以在直观上给消费者一种便宜的感觉，从而激发消费者的购买欲望。

为了迎合消费者对吉利数字的偏好，我国商品价格的尾数主要固定为6、8、9，而很少用4、7，这主要是受文化的影响；而美国、加拿大等国家的消费者普遍认为单数比双数少，奇数比偶数显得便宜；但是在日本，价格往往以"零"结尾，这是因为在日本，偶数象征着对称、和谐、吉祥、平衡和美满。

然而，尾数价格应用过多、使用过频的现象势必会刺激消费者产生逆反心理。例如，由原来的尾数定价给人定价准确、便宜很多的感觉，变成定价不准确、不便宜甚至被商家利用的感觉，进而对企业的定价行为产生不信任的心理。

3. 声望定价策略

声望定价策略是指利用消费者仰慕名牌汽车的声望所产生的某种心理来制定商品的价格。这是整数定价策略的变形。消费者具有崇尚名牌汽车的心理，往往以价格来判断汽车产品的档次和质量。这种定价策略既补偿了提供优质产品和服务的汽车企业的必要耗费，也有利于满足不同层次的消费需求。声望定价法一般适用于具有较高知名度、有较大市场影响力的著名汽车品牌和产品。

许多市场营销学者认为，声望定价策略有其科学性与合理性。传统观念认为，产品的价值是所投入的人力、物力和时间的综合，产品的价值等于其客观成本的综合。实际上，真正决定产品价值的因素是产品本身给人们带来的满足感，商品提供了满足感就产生了价值。与尾数定价策略迎合消费者的求廉心理相反，声望定价策略迎合了消费者的高价炫耀心理。这是消费者受到相关群体、所属阶层、地位以及身份等外部刺激的影响而愿意为名牌产品花高价的心理反应，以达到彰显身份、地位以及实现自我价值的目的。

4. 招徕定价策略

招徕定价策略是指汽车企业将某几种汽车产品的价格定得非常高，或者非常低，以引导消费者的好奇心理和观望行为后，带动其他汽车产品销售的一种价格策略。招徕定价策略主要利用消费者的求廉心理，适用于汽车专卖店使用。在汽车营销过程中，许多企业都会推出某款车型报价最低的基本型,以吸引消费者的关注和询问,然后再向消费者推销配置较高的款型,以求得最佳利润。

在应用招徕定价策略时,要注意以下几个问题。

(1) 降价的汽车产品应是消费者熟知的;

(2) 汽车产品降价的降幅要大,甚至可以低于成本销售,只有这样才能引起消费者的注意和兴趣;

(3) 降价汽车产品的数量要适当,太多的话对企业盈利不利,太少则容易引起消费者的反感。

如一汽-奥迪推出的奥迪A4L车型,最低配置"30 TFSI 手动舒适型"仅需27.28万元,大大低于人们普遍认为的30万的心理价位,一上市便引起了消费者的极大兴趣。但在实际购买过程中,消费者往往会发现,该款配置的车型厂家生产的数量较少,提车周期一般较长,且存在颜色不全的情况,而销售人员此时往往会大力向消费者建议增加几万元预算,选择高配置车型。这种定价策略,便达到了吸引消费者注意力的目的。

5. 分级定价策略

分级定价策略是指制定汽车价格时,把同类汽车分成几个等级,不同等级的汽车,采用不同的定价策略。该定价策略能使消费者对汽车产品产生货真价实、按质论价的感觉,因此更容易被消费者所接收。值得注意的是,采用这种定价策略,等级的划分应得当,级别太大或太小均起不到应有的作用。

案例

奥迪的高价策略

作为国内中高档车标杆的奥迪A6的换代车型A6系列——新奥迪A6,在6月16日正式公布售价,除了核心配置和美国版有差异外,国产的新奥迪A6/3.0的售价高出美国版逾20万元。据业内资深人士分析,德国大众旗下的奥迪品牌对主力车型的过高定价一旦失误,很可能会加速大众汽车在华市场份额的下滑,同时导致中国中高档车市重新洗牌。

一汽大众正式公布了全新奥迪A6L 2.4和A6L 3.0共6款车型的价格和详细装备表。其中,A6L 2.4三款车型的厂家指导价格为46.22至57.02万元;A6L 3.0三款车型的价格为56.18至64.96万元。这6款车型已于6月22日正式上市销售。

据了解,自1999年投产以来,上一代国产奥迪A6经历了5次升级,在不到5年的时间里销量超过20多万辆,多年来,在国内豪华车市场中可谓"一枝独秀",直到2007年市场份额仍维持在60%左右。

按照这个价格,新奥迪A6的最高价格已经打破了目前国产豪华轿车最贵的一款——宝马530i。国产宝马5系目前的价格是53至61万元,市场报价更低;日产天籁公爵的价格是24.98至34.98万元;丰田皇冠的报价是32.8至48万元。新奥迪A6等于"让出"了原来销量最大的价格区间。

奥迪美国官方网站上注明,目前美国市场上新奥迪A6只有3.2L和4.2L两个排量,其价格分别为4.262万美元和5.222万美元。这样，美国版的3.2L排量的新奥迪折合人民币为35万元，国内版本竟高出21至29.96万元。

"和美国版的新奥迪A6相比，在核心配置方面，国内版的新奥迪A6的发动机不是FSI的，而且不带全时四驱，变速箱也不是Tiptronic，且价格也贵出很多。"业内人士这样分析道。一位不愿意透露姓名的分析师说，如果市场证明新奥迪A6在定价上出现失误，很可能将加速大众汽车在华市场份额的下滑，同时导致中国中高档车市的重新洗牌。

某机构全球中国首席汽车分析师则认为，从目前新A6的定价来看，肯定会改变老A6的产品定位，这将导致原来的30至40万元的价格区间被竞争对手们蚕食，假如奥迪2008年年内没有弥补这个价格区间的车型，那么今年要想达到去年5万多辆的销量，几乎成了不可能完成的任务。

其实，奥迪采取高价策略，已经不是第一次了，之前奥迪A4也采用了类似的高价入市策略。这样，可以使汽车厂商在短时间内攫取大量利润。等过一段时间之后，竞争对手的车也上市了，此时，消费者的热情也消退大半，再通过降价刺激市场，可扩大市场占有率，提升销量。对于高档豪华轿车来说，消费者多是高收入个人、政府和企事业单位，购买者对价格并不是太敏感，他们主要看重的是品牌。

资料来源：北京世纪纵横管理咨询有限公司资料

思考：1. 你认为什么是高价策略？
2. 奥迪为何采取高价策略？
3. 结合今天的汽车市场，你认为奥迪的定价策略成功了吗？为什么？

案例

本田飞度的低价策略

在国内经济型轿车市场上，像广州本田飞度一样几乎在全球同步推出的车型还有上海大众的POLO。但与飞度相比，POLO的价格要高得多。飞度1.3L五速手动挡的全国统一销售价格为9.98万元，1.3L无级变速自动挡的销售价格为10.98万元。而三厢POLO上市时的价格为13.09~16.19万元。飞度上市后，POLO及时进行了价格调整，到12月中旬，在北京亚运村汽车交易市场上，三厢POLO基本型的最低报价是11.11万。即使这样，其价格还是高于飞度。虽然飞度9.98万元的价格超过了部分消费者的心理预期，但在行家眼里，这是对其竞争对手致命的定价。

飞度在定价方面也体现了广州本田的营销技巧。对于一般汽车企业来说，往往会从利润最大化的角度来考虑定价，以最大限度地获得第一桶金。这体现在新车上市时，总是高走高开，等到市场环境发生变化时才考虑降价。但这种方式存在一定的问题，即在降价时，因为没办法传递明确的信号，消费者往往更加犹豫，因为他们不知道企业是否已经将价格降到谷底。

飞度的做法则不同，它虽然是一个技术领先的产品，但采取的是一步到位的定价。虽然这种做法会使消费者往往要向经销商交纳一定费用才能快速取得汽车，增加了消费者的负担,但供不应求的现象会让更多的消费者产生悬念。如果产量屏障被打破以后,消费者能在不加价的情况下买到车,满意度会有很大的提高,因为它能给予消费者荣誉上的附加值。

对于飞度为什么能实现如此低的定价这个问题,广本方面的解释是,飞度起步时国产化就已经超过80%,而国产化比例是决定国内轿车成本的两大因素之一。

从整体来看,飞度获得良好的市场表现的重要原因之一是广本采用了一步到位的低价策略。汽车性能和价格在短期内都难以被对手突破。这就使得长期徘徊观望的经济型轿车潜在消费者打消了顾虑,放弃了持币待购的心理,纷纷选择了飞度。

资料来源:北京世纪纵横管理咨询有限公司资料

思考: 1. 你认为什么是低价策略?
2. 结合今天的汽车市场,你认为本田飞度的低价策略是否获得了成功?为什么?
3. 近几年,本田飞度的销售业绩并不尽如人意,假设你是广本的决策者,你将针对本田飞度的销售情况采取何种定价策略?

案例

本田雅阁的价格策略

1998年,广州本田在成立之初就确定了将第6代雅阁引进中国生产。1999年3月26日,第6代新雅阁在广州本田下线,当年就销售了1万辆。在雅阁推出的当年,市场炒车成风,最高时加价达6万元以上,成为当年最畅销的中高档车。继2000年成为全国第一家年产销中高档轿车超3万辆的企业后,2001年广州本田产销超过5万辆,比计划提前了4年。2002年,广州本田产销量为59 000辆,销售收入达137.32亿元人民币,创利税50亿元。2002年3月1日,第10万辆广州本田雅阁下线,标志着广州本田完全跻身于国内中高档汽车名牌企业行列。

雅阁刚上市时国产化率是40%;经过几年经营,国产化率上升到60%;2003年,北美版新雅阁上市时国产化率提升到70%,大大降低了进口件成本。建厂时,广州本田的生产规模是3万辆;2001年达到5万辆的生产规模;到了2002年,提升为11万辆,规模带来了平均成本的降低,同年完成12万辆的产能改造。

广州本田借推出换代车型之机,全面升级车辆配置,同时大幅压低价格。2003年1月,广州本田新雅阁下线,在下线仪式上,广州本田公布新雅阁的定价,并且宣布2003年广州本田将不降价。其全新公布的价格体系让整个汽车界为之震动:排量为2.4L的新雅阁轿车售价仅为25.98万元(含运费),而在此前,供不应求的排量为2.3L的老款雅阁轿车的售价也要29.8万元,还不包含运费。这意味着广州本田实际上把雅阁的价格压低了将近4万元,而且新雅阁的发动机、变速箱和车身等都经过全新设计,整车操作性、舒适性、安全性等方面都有所提高。其总经理门胁轰二的解释是:"一方面,广州本田致力于提高国产化率来降低成本,有可能考虑将这部分利润返还给消费者;另一方面,这也是中国汽车业与国际接轨的必然要求。"业内人士认为,这正是广州本田在新的竞争形势下调整盈利模式的结果。

雅阁2.3保持售价29.8万元仍供不应求，新雅阁价格下调将近4万元，而排量、功率、扭力、科技含量均有所增加，可以说，性价比提升了5万元左右。广州本田新雅阁的售价与旧款相比相差比较大，旧雅阁2.3VT1-E(豪华型)的售价为30.30万元，相差近4万元，算上新雅阁的内饰、发动机和底盘等新技术升级的价值，差价估计在6万元。旧雅阁2.0的售价为26.25万元，比新雅阁高2～3千元。广州本田新雅阁此次采取的低价格策略是在旧雅阁依然十分畅销的前提下作出的。尽管业内已经预期到广州本田新雅阁的定价将大幅降低，但新雅阁的定价公布之后还是引起了"地震"。

广州本田新雅阁的定价将成为国内中高档轿车的价格风向标，即将下线的上海别克君威2.0和2.5、一汽轿车M6都在此列，市场热销的帕萨特、风神蓝鸟、宝来、福美来也将难逃干系。在雅阁降价前，2002年12月，第一辆索纳塔下线，有消息说风神阳光6月入局，东风公司与PAS的标致307也有可能下线。新雅阁的定价，无疑将成为它们难以回避的参照系。降价后的2.4L新雅阁已接近了1.8T帕萨特的售价。上海通用于2月10日上市的别克君威，就盯准了新雅阁的价格，先推出3.0，而将2.0和2.5延后。1月21日，备受市场关注，甚至被不少媒体视为2003年中高档汽车最值得期待的一汽2.3LM6下线，一汽轿车M6项目有关人士透露"豪华版价格将为25～30万元，不会超过30万元"，而之前，业内一致认为M6的价格将在30万元左右。4月，2.3L技术型马自达6接受预订，售价为23.98万元。

新雅阁一步到位的定价影响了整个中高档轿车市场的价位，广州本田的这种定价策略一直贯穿到之后下线的飞度车型的营销之中。广州本田车型的价格体系也因此成为整个国内汽车行业价格体系的标杆，促使国产中高档轿车价格向"价值"回归，推动了我国轿车逐渐向国际市场看齐。近几年来，广州本田生产的几款车型在市场上一直供不应求。2003年，广州本田更以11.7万辆的销量使增长率超过100%，成为增幅最大的轿车生产商。销售最火爆时，一辆雅阁的加价曾高达4万元。

资料来源：上海财经大学市场营销教学案例集(学习资料，非出版物)

思考： 1. 请分析雅阁价格调整的市场背景。
2. 根据本案例，分析雅阁价格调整的原因。
3. 从本案例中，可以看出竞争对手针对雅阁的价格调整作出了哪些反应？

思考题

1. 汽车产品定价目标有哪些？
2. 影响汽车价格的内、外部因素分别有哪些？
3. 新产品定价策略有哪几种？
4. 心理定价策略有哪几种？
5. 你认为影响汽车产品定价的因素还有哪些？

第 9 章

汽车产品分销策略

9.1 分销理论概述

9.1.1 汽车分销渠道的概念

汽车分销渠道是指当汽车产品从汽车生产企业向最终消费者移动时，直接或间接转移汽车所有权所经过的途径，它是沟通汽车生产者和消费者直接关系的桥梁和纽带。汽车分销渠道的重要意义在于汽车流通过程构建了提高汽车市场营销活动效率的基础。汽车能否及时分销出去，销售成本能否降低，企业能否抓住机会赢得市场竞争，在相当程度上都取决于分销渠道是否畅通和优化。

汽车分销渠道主要包括总经销商、批发商、经销商，以及汽车分销渠道的起点——汽车生产企业、终点——消费者。

理解汽车分销渠道，需要注意以下几个问题。

(1) 汽车分销渠道的起点是汽车生产企业，终点是汽车消费者或汽车用户。

(2) 汽车分销渠道的参与者是汽车商品流通过程中的各种类型的中间商。

(3) 汽车分销渠道的构建的前提是汽车商品所有权的转移。

9.1.2 汽车分销渠道的作用

汽车分销渠道是将汽车产品从制造商转移到消费者手中所必须经过的业务环节。它的目的在于消除汽车产品与消费者之间的距离，弥补产品、服务和使用者之间的缺口，其主要作用体现在以下几个方面。

1. 收集、提供信息

分销渠道构成成员中的汽车销售中间商直接接触市场和消费者，最能了解市场的动向和消费者的实际情况。这些信息都是企业产品开发、促销活动开展等不可或缺的重要参考因素。汽车销售渠道可紧密观测市场动态，收集相关信息，及时反馈给汽车企业。

2. 刺激需求、促进销售

分销渠道系统通过其分销行为和各种促销活动来创造需求、扩展市场，无论是销售人员推销，还是营业活动推广都需要渠道的参与。汽车企业无论选择何种促销方式，大多离不开汽车渠道的参与。例如，厂商组织的试驾活动、体验活动，以及厂商赞助的试车、探险等活动，在整个过程中都离不开各地中间商、销售商的支持。

3. 服务

汽车销售活动以消费者为中心，各个环节的服务质量直接关系汽车企业在市场中的竞争实力，因此，汽车销售渠道必须为消费者提供周到、高质量的服务，以提高消费者的满意度。

4. 调整、配合

分销渠道所进行的调整活动包括集中、选择、规格化、备齐产品等。这些职能可以调整生产商与消费者之间的关系，使产品得以顺利流通、服务得以顺利开展。

5. 物流

要使产品从生产者转移到消费者手中，就需要储存和运输环节的支持。汽车销售渠道能够解决将何种汽车、以多少数量、在什么时间内送达正确的汽车市场上的问题，从而实现汽车销售渠道的整体效益最佳。

6. 生意谈判

汽车分销渠道可转移汽车产品的所有权，并就其价格及有关条件达成协议。具体表现为：一是寻找可能的购买者并与其沟通；二是向生产者进行反向沟通并订购产品。

7. 承担风险

在产品分销过程中，汽车分销渠道可承担与渠道工作有关的部分风险。汽车市场的销售情况变化多样，有高峰也有低谷，其风险需渠道中的各个成员共同面对，从而提高整体抵御风险的能力。

8. 融资

融资是指为补偿渠道工作的成本费用而对资金的获取与支用。汽车销售渠道的各个成员之间通过及时进行资金清算，并且相互提供必要的资金融通和信用的相关信息，可加速资金周转，减少资金占用。

9.1.3 汽车分销渠道的类型

1. 按汽车分销渠道结构分类

根据汽车分销渠道结构的不同，可将其分为直接渠道和间接渠道、短渠道和长渠道、窄渠道和宽渠道。分销渠道结构是指分销渠道中的成员结构及其运转方式。

1) 直接渠道和间接渠道

按在汽车产品流通过程中是否有中间商参与，可将分销渠道分为直接渠道和间接渠道两种类型。

(1) 直接渠道。直接渠道是指没有中间商参与，汽车制造商把产品直接销售给消费者或用户的渠道类型。上门推销、电话直销、电视直销和网上销售都是直接渠道的主要方式。特种汽车、专业车辆生产企业多采用直接渠道来销售产品，如扫路车、洒水车、油罐车、垃圾车、吸粪车、厢式货车、清障车、消防车、水泥搅拌车等。

直接渠道的优点是不经过中间环节，可大大减少流通费用、降低成本；缩短流通时间，加快资金周转，有利于控制产品市场价格；有利于收集市场信息，及时掌握市场行情变化，提高企业的应变能力。缺点是企业需要投入大量的人力、物力和财力建设分销网络，且产品销售范围受到一定限制。

(2) 间接渠道。间接渠道是指经中间商把企业产品销售给消费者或用户的渠道类型。这是当前我国汽车销售渠道的主要方式。

间接渠道的优点是可以使汽车企业集中精力进行产品的研发和制造，有利于企业集中资源拓展主营业务；可利用中间商的分销网络的优势，扩大产品销售范围和提高销量；可减少交易次数，节省交易成本。缺点是不利于企业收集、掌握市场信息的第一手资料，以及进行完善的售后服务。

2) 短渠道和长渠道

按在汽车商品流通过程中经过的中间环节的多少，可将分销渠道分为短渠道和长渠道两种类型。

(1) 短渠道。短渠道是指在汽车商品流通过程中没有或只经过一个中间环节的分销渠道。零层渠道和一层渠道是其主要形式。

(2) 长渠道。长渠道是指在汽车商品流通过程中经过两个或两个以上中间环节的分销渠道。二层渠道和三层渠道是其主要形式。

3) 窄渠道和宽渠道

按分销渠道每一个层次中中间商数量的多少，可分为窄渠道和宽渠道两种类型。

(1) 窄渠道。窄渠道是指在分销渠道的各个层次中只选择一个中间商来销售企业产品的分销渠道，包括独家销售、独家代理等。

窄渠道的优点是有利于鼓励中间商积极开拓市场；流程简捷，有利于协商合作，容易控制商品销售价格。缺点是容易造成中间商垄断市场，使企业处于被动局面。

(2) 宽渠道。宽渠道是指在分销渠道的各个环节中选择两个或多个中间商来销售企业产品的分销渠道，在汽车行业中比较常见。

宽渠道的优点是有利于在中间商之间展开竞争，增加产品销售量，拓展销售范围。缺点是企业与中间商关系松散，中间商不愿承担广告宣传等营销费用；容易造成中间商恶性竞争、削价竞争，有损产品和企业形象，也不利于厂商控制销售渠道。

2. 按汽车分销渠道层次分类

汽车从生产企业出发，经过一定的中间销售环节，方可到达最终消费者手中。在庞大的汽车流通领域中，汽车分销渠道的类型结构多种多样。不同的汽车企业，可从自身特点出发，选择多种层次的分销渠道结构，如图9-1所示。

1) 零层渠道结构

零层渠道结构，即直接渠道。汽车生产企业不通过任何中间环节，直接将汽车销售给消费者。

2) 一层渠道类型

汽车生产企业先将汽车卖给经销商，再由经销商直接销售给消费者。这是经过一道中间环节的渠道类型。其特点是：中间环节少、渠道短，有利于企业充分利用经销商的力量扩大销售。

3) 二层渠道类型

二层渠道类型主要有以下两种模式。

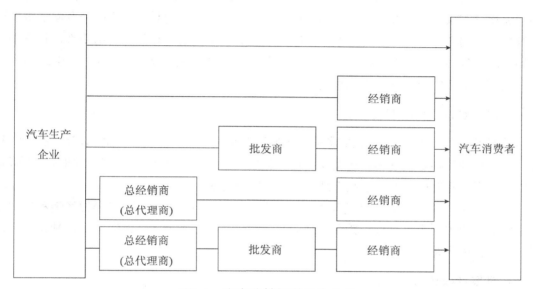

图9-1 汽车分销渠道层次分类

(1) 汽车生产企业先把汽车批发给批发商，由其转卖给经销商，最后由经销商将汽车产品销售给消费者。这是经过两道中间环节的渠道类型，也是分销渠道中的传统模式。特点是：中间环节较多，渠道较长。一方面有利于生产企业大批量生产，节省销售费用；另一方面有利于经销商节约进货时间和费用。这种分销渠道在我国大、中型企业的市场销售中比较常见。

(2) 汽车生产企业先委托并把汽车提供给总经销商(全国或地区性总经销商)，由其销售给经销商，最后由经销商将汽车销售给消费者。这也是经过两道中间环节的渠道类型。其特点是：中间环节较多，但由于总经销商不承担经营风险，易于调动积极性，有利于拓展市场，从而打开销路。

4) 三级渠道类型

汽车生产企业先委托并把汽车提供给总经销商，由其向批发商销售汽车，批发商再转卖给经销商，最后由汽车经销商将汽车直接销售给消费者。这是经过三道中间环节的渠道类型。其优点是：总经销商为生产企业销售汽车，有利于把握市场，打开销路，降低营销费用，增加效益。缺点是：中间环节多、流通时间长、增加流通成本。

9.2 分销渠道的中间商

9.2.1 汽车中间商的类型

汽车分销渠道中的中间商是介于汽车生产企业与消费者之间,参与汽车流通、交易业务,促使汽车买卖行为发生和实现的经济组织和个人。中间商是汽车生产企业向消费者销售汽车的中间环节,它一头连着汽车生产企业,另一头连着汽车的最终消费者,具有平衡市场需求、集中和扩散汽车产品的功能,在汽车分销渠道中起着十分重要的作用。

汽车中间商主要包括以下几种类型。

1. 总经销商(总代理商)

总经销商是受汽车生产企业委托,从事汽车总经销业务,并拥有汽车所有权的中间商。而总代理商则是受汽车生产企业委托,从事汽车总代理销售业务,但不拥有汽车所有权的中间商。两者最大的区别在于是否拥有汽车所有权。

在现实中,总经销商或总代理商一般只负责某一个大区(如华东大区)的经销和代理业务,而对整个中国市场进行经销和代理的并不常见。如中冀斯巴鲁汽车公司,独家代理斯巴鲁汽车在中国北方的业务。

2. 批发商(地区分销商)

批发商是处于汽车流通的中间阶段,通过实现汽车的批量转移,使经销商达到销售目的的中间商。它一头连着生产企业或总经销商(总代理商),另一头连着经销商,并不直接服务于最终消费者。通过批发商转销汽车的交易行为,汽车生产企业或总经销商(总代理商)能够迅速、大量地转售汽车,减少汽车库存,加速资金周转。地区分销商处于某地区汽车流通的中间阶段,它帮助生产企业或总经销商(总代理商)在某地区促销汽车,提供地区汽车市场信息,承担地区汽车转销业务。

3. 经销商(特许经销商)

经销商在汽车流通领域中处于最后阶段,是直接将汽车销售给最终消费者的中间商。它的基本任务是直接为最终消费者服务,使汽车直接、顺利地到达消费者手中。它是联系汽车生产企业、总经销商、批发商与消费者之间的桥梁,在汽车销售渠道中具有突出作用。特许经销商是从特许人(如总经销商)处获得授权,在某一特定区域内直接将特定品牌汽车销售给最终消费者的中间商。按照特许经营合同,受许人可以享用特许人的品牌,获得其支持,参与统一网络的运营。如遍布全国各地的汽车4S店,就是某特定品牌的特许经销商。

9.2.2 汽车批发商

1. 批发商的类型

汽车批发商按其实现汽车批量转销的特征，可分为独立批发商、委托代理商和地区分销商。

1) 独立批发商

独立批发商是指自己独立批量购进汽车，再将其批发出售的商业企业，它对其经营的汽车拥有所有权，以获取批发利润为目的。汽车独立批发商按其业务职能和服务内容又可分为两种类型：一是多品牌汽车批发商。它是指批发转销多个汽车生产企业的多种品牌的汽车的批发商，它批发转销的范围较广、品种较多、转销量较大，但因其批发转销的汽车品牌较杂，无法获得诸多汽车生产企业的全力支持，也没有能力为经销商提供某品牌汽车转销中的专业化服务。另一类是单一品牌汽车批发商。它是指批发转销某个汽车生产企业的单一品牌的汽车的批发商，它批发转销的范围较窄、转销量有限，但因其批发转销的品牌单一，能够获得此品牌生产企业的直接支持和帮助，因而它具备此品牌汽车转销的专业能力，能为经销商提供此品牌转销中的专业化服务。

2) 委托代理商

委托代理商区别于独立批发商的主要特点是：他们对于其经营的汽车没有所有权，只是替委托人(汽车生产企业或汽车总经销商)组织推销汽车，以获取佣金为目的，促成交易。委托代理商按其代理职能和代理内容又可分为：总代理商和分代理商、生产企业的代理商和总经销商的代理商、多品牌汽车代理商和单一品牌汽车代理商。

3) 地区分销商

地区分销商是指在某一地区为生产企业(或总经销商)批发转销汽车的机构，是由汽车生产企业(或总经销商)为减少层层批发和跨地区销售问题而设立的。它使汽车从生产企业(或总经销商)到地区内的经销商只经过一道批发转销环节，经销商将全部直接面对其所辖区域内的消费者进行销售。

2. 批发商的功能

汽车分销渠道是由汽车生产企业、总经销商、批发商、经销商、代理商、运输商和消费者所组成的。在这条渠道中，批发商处于传统的推动式销售和以市场为导向的拉动式销售之间的过渡位置。在消费者、经销商和总经销商之间，批发商在更大程度上由消费者需求拉动着经销商的销售活动和批发商转销业务的开展，又由汽车生产企业(或总经销商)年度目标和销售任务要求推动着批发业务的进行。因此，批发商最重要的功能是在目前买方市场条件下，通过发展营销网络，改进转销方式，提高转销能力，来协调供需矛盾，平衡销售计划和市场需求。同时批发商应有效地协调管理总经销商与经销商、消费者之间的物流、信息流、资金流和服务流，建立总经销商和经销商、消费者之间紧密的合作伙伴关系，提高汽车的市场竞争能力。因此，汽车批发商在汽车分销渠道和销售网络中处于十分重要的位置。它的功能主要体现在以下几个方面。

1) 销售管理功能

批发商通过销售管理，可使经销商在自己的领域内规范销售，从而可降低经销商之间的内耗、合理处理渠道冲突(水平及垂直冲突)、稳定销售价格，进而可更好地集中精力开拓市场、服务营销。批发商主要的管理功能包括供需矛盾的协调、销售计划的制订和执行、销售模式的转换以及对经销商销售网络的重组。

2) 售后支持功能

我国对汽车销售行业的相关规定要求汽车销售企业必须具备提供售后服务的能力。批发商应为经销商提供维修技术、产品、零部件等支持，以提高经销商的营销和服务水平，充当总经销商和经销商之间的协调桥梁。

3) 市场营销功能

批发商通过行之有效的市场营销活动，建立和发展经销商营销网络系统，促使经销商销售体系正规化，同时配合汽车厂商加强汽车产品的定位。

4) 储运分流功能

批发商可及时、准确地将汽车送至经销商处，从而减少流通过程中的时间和成本损失。

5) 资金结算与管理功能

通过批发商的工作，可减少经销商耗费在资金结算等管理任务上的时间，便于经销商集中精力于销售及售后服务。

6) 经销商培训功能

批发商通过对经销商进行培训，可提高经销商的业务素质。主要工作内容包括调研所管辖地区的现状、制订培训计划及开展多方面培训等。

7) 经销商评估功能

批发商可对经销商进行全面的业务评估(业务水平、营销能力、销售业绩等)、消费者满意度评估等。

8) 信息系统功能

通过信息系统可缩短汽车储运时间，并可提供完善的汽车产品和客户信息，以供营销决策及经销商考评使用。

9.3 汽车产品常见分销模式

9.3.1 影响分销渠道选择的因素

汽车企业决定采用何种分销渠道，以及渠道的长短、宽窄等，要受到一系列因素的影响和制约，主要包括以下几个因素。

1. 市场因素

(1) 目标市场的范围。市场范围广，宜用较宽、较长的渠道；反之可以用较短、较窄的渠道。如丰田汽车公司在日本本国采用较短的渠道进行分销，而且有相当一部分消费者通过直销的方式购买车辆，但针对中国这样的特大型汽车消费市场则采用了多层中间商的形式进行分销，便于不同地区、不同类型的消费者购买。

(2) 消费者的集中程度。消费者集中程度高，可采用较短、较窄的渠道；消费者分散，多采用较宽、较长的渠道。

(3) 消费者的购买量、购买频率。消费者的购买量小、购买频率高，宜采用较长、较宽的渠道，如一般消费品多采用此种渠道；消费者的购买量大、购买频率低，多采用较短、较窄的渠道，如某大型企业一次性购买上百辆汽车，往往直接通过生产厂家或一级代理商购买。

(4) 竞争状况。通常情况下，同类产品多采用与竞争对手相同或相似的销售渠道；而面对激烈的市场竞争，企业可寻求有独特之处的分销渠道。如吉利汽车在激烈的市场竞争中，率先登陆淘宝网，探索出通过电商平台销售的新渠道。

小资料

李书福淘宝商城卖汽车，大宗消费品进入网购时代

吉利上淘宝商城卖汽车，这应该算作继今年3月吉利汽车以18亿美金收购沃尔沃后，第二次爆出的大新闻。2010年12月6日，吉利汽车正式进驻淘宝商城开启旗舰店，成为淘宝商城中的首家汽车销售企业。此次开设旗舰店的品牌为新吉利旗下三大品牌之一——全球鹰，在运营初期，吉利将采取网络4S店销售与线下4S店体验及售后服务相结合的方式进行网上销售。网购成为主流生活方式，作为大宗消费品的汽车也开始进入网购时代。

据吉利集团副总裁刘金良介绍，吉利此次推出的网络专供款只能在网上购买。消费者可以在网上支付保证金购车，也可以分期付款或者支付全款买车。提车和售后服务在实体店完成。

淘宝网副总裁叶朋认为，随着电子商务的成熟和网络人群消费的多样化，汽车销售必然会进行渠道创新，网络人群将成为汽车市场新焦点。

来自淘宝网的数据显示，超过90%的消费者会在购车前通过网络搜集信息并进行比较。

"目前购车需求旺盛的人群多为20岁至35岁的年轻人，这和淘宝网购用户的年龄层重合度非常高。"叶朋说，这让淘宝看到了电子商务与传统汽车销售融合的契机。

据介绍，吉利网上卖车将主打网络专供产品，与4S店实现差异互补。为此，吉利方面从去年开始已在加大研发力度，打造合适的网络专供款车型，以满足网购群体的个性化需求。

业内人士认为，传统品牌针对网购消费者推出专门产品已经成为风潮。仅在淘宝商城，目前已有两万多款来自各个行业品牌厂商的网店专供产品，包括服装、笔记本电脑等。对于拥有超过4.5亿网民、1.4亿网购消费者的中国而言，通过电子商务推行个性化定

制或将挖掘出新的内需。分析人士表示，观望多年后，随着吉利汽车迈出第一步，汽车行业终于进入电子商务时代。相信会有越来越多的汽车企业加入网上销售行列，明年很有可能成为汽车企业集体触网的爆发年。从长远来看，跟其他行业正在发生的颠覆一样，传统的汽车销售模式将因电子商务而发生颠覆性的变化。

资料来源：二十一世纪经济报道，2010-12-31

2. 产品因素

(1) 价值小、体积小、重量小的产品，分销渠道的长度和宽度都较大；反之，价值高、体积和重量大的商品的分销渠道则较短、较窄。汽车的分销渠道一般采用较短或中间环节较少的渠道。

(2) 技术性强和需要提供专业售后服务的产品，营销渠道较短，渠道密度也较小，汽车便属于这类产品。

(3) 产品数量较大的，往往需要通过更多的中间商销售。如上海通用、上海大众、一汽大众等公司，每年销量已过百万辆，它们拥有较为庞大的中间商网络。

(4) 汽车产品的生命周期也影响渠道的选择。

3. 汽车企业自身因素

如果汽车企业自身实力较雄厚，就容易开展广泛而直接的市场营销活动。相反，如果企业实力较弱，就要更多地依靠中间商来承担更主要的工作。

(1) 从汽车厂商的产品组合来分析，如果产品组合的宽度和深度大，则应采用密度较大的短渠道；如果产品组合的宽度和深度不大，则应采用密度较小的渠道。汽车厂商的产品组合之所以会影响营销渠道的选择，是因为在客观上存在着一定的产销矛盾：对汽车厂商而言，追求的是大批量销售，销售次数频繁、销售批量小则不是厂商乐见的；而对汽车经销商而言，追求的是多品种、小批量、勤进快销。

(2) 从汽车厂商控制营销渠道的程度来分析，如果汽车厂商为了实现其战略目标，准确地贯彻营销策略，就需要对汽车的终端零售价格及营销渠道进行控制，选择直接销售或较短的渠道进行营销。

4. 中间商因素

中间商能广泛地接触不同层次的消费群体，但是他们在广告、储运、市场拓展、信用等级等方面又有较大差异。此外，中间商的财力也是十分重要的，多数汽车厂商对经销商的财务状况有一定要求。

5. 竞争者因素

一般而言，采用与竞争对手相同或相似的分销渠道有利于降低营销风险。但近年来，随着汽车市场竞争的加剧，各大厂商都纷纷探索自己独特的分销渠道，以避开竞争对手的锋芒。

6. 环境因素

在市场环境发生变化时，企业营销渠道的选择也会受影响。当经济不景气时，汽车厂商就会采用最短、成本最低的分销渠道。

9.3.2 汽车产品常见的分销渠道模式

通过前文可知，汽车分销渠道模式的选择对企业的效益有显著影响，且多种不同因素都会影响汽车分销渠道的选择。近年来，中国汽车市场蓬勃发展，汽车产品分销渠道也经过了多种形式的演变，逐渐适应了中国汽车市场，更好地满足了中国消费者的购车需求。

中国汽车市场中常见的分销渠道模式主要有以下几种。

1. 直销模式

直销模式是指由汽车生产厂商及其下设的销售机构，直接向最终用户销售汽车。目前，这种分销模式主要针对汽车大客户，如政府机构、大型企业、军队等，这种分销渠道模式有利于制造商快速开拓区域性的目标市场，对大客户比较适用。

显而易见，直销可以减少中间环节，让消费者得到更多的实惠，在很多日用品领域，直销已经成为一种全新的分销渠道，受到市场的广泛欢迎，但汽车产品的直销由于运营成本非常高，在我国并没有呈现遍地开花的局面。不少汽车厂商曾经尝试以直销的模式进行汽车销售，并进行了不同方式的探索，但由于成本过高、经销商阻力过大等种种原因多数并未获得成功。迄今为止，我国并没有真正的汽车直销模式。

例如，一汽大众于2006年12月在广州成立一汽大众广州品牌体验中心，直接由厂商销售汽车给终端消费者。当时，一汽大众建立这种直销模式是为了提振华南市场，给经销商打造一个市场运作的标杆，以发挥"鲶鱼效应"激活广州乃至华南市场。广州品牌体验中心凭借厂家的身份和强大的市场运作，虽然每年能贡献3000辆左右的销量，但大部分销量并不是来自竞争对手，而是来自同一阵营的经销商，这并未对一汽大众作出实质的贡献。而且该体验中心的存在，在一定程度上扰乱了传统经销市场的运作秩序，必然受到来自经销商的强大压力。最终，该品牌体验中心于2009年1月15日正式关门盘点，等待经销商接手。

小资料

告别直销模式，一汽大众品牌体验中心关张

传闻终于成为事实，根据一汽大众内部人士透露的消息，广州品牌体验中心于2009年1月15日正式关门盘点，等待经销商接手。内部人士表示，一汽大众已经和广州品牌体验中心的外聘工作人员解除了工作合同，剩下的少数具有一汽大众编制的工作人员将予以保留，等待接盘者的进驻。

本报记者在14日下午2时到达这里时，广州品牌体验中心已经完全没有了往日的气氛，展厅里销售顾问不见踪影，除了几个工作人员在整理资料之外，偌大的展厅显得空荡荡的，尽管大液晶显示屏还在不停地播放一汽大众的广告。

一汽大众广州品牌体验中心成立于2006年12月，当时面对积弱不振的华南市场，处于营销变革时代的一汽大众选择了建立直属一汽大众销售公司的品牌体验中心，给经销商在华南打造一个市场运作的标杆，以发挥"鲶鱼效应"激活广州乃至华南的经销商。

广州品牌体验中心凭借厂家的身份和强大的市场运作能力，虽然每年能贡献3000辆左右的销量，但大部分销量并不是来自竞争对手，而是来自同一阵营的经销商，这并未对一汽大众作出实质的贡献。汽车专家向寒松表示，一汽大众虽然非常重视华南市场，但一直没有找到恰当的开拓方式，之前一汽大众一直在营销体系上下工夫，成效并不大，但却在客观上激化了和经销商之间的矛盾。

以广州为代表的华南市场是我国主要的汽车消费市场之一，也是各个汽车厂家的必争之地。一般来说，华南市场的新车销量占全国总销量的35%以上，每家汽车企业大概有30%的销量由华南市场完成，如一汽丰田销量的30%以上都来源于华南市场。但华南市场却是一汽大众的短板，一汽大众旗下的大众品牌在华南市场的占有率一直在4%左右徘徊，而在北方的有些省份，一汽大众的占有率甚至高达20%。

资料来源：第一财经日报，2009-01-16

小资料

特斯拉直销模式触动经销商利益遭起诉

俄亥俄州汽车经销商声称，特斯拉违反了俄亥俄州法律，因为特斯拉"没有提供一份与汽车制造商关于销售汽车的合同"，有关它的许可是错误的，应该被取消。因此，俄亥俄州汽车经销商协会携当地5家主要汽车经销商，向俄亥俄州富兰克林县民事诉讼法院递交诉状，将特斯拉公司、俄亥俄州公共安全部、俄亥俄州机动车辆管理局告上了法庭。

在美国，根据《特许经营法》的要求，几乎所有的汽车销售都要通过经销商来完成。美国汽车经销商协会(NADA)称："美国有48个州拥有《特许经营法》，各州具体条款有所不同，但都禁止或严格限制汽车制造商直接向终端消费者销售汽车。"该法律在20世纪初制定的初衷是保护汽车经销商的权益，防止汽车制造商的垄断行为。如今，它却成了汽车经销商阻止汽车直销的利器。

作为新兴的电动汽车制造商，特斯拉没有采取传统的特许经营模式，而是复制了"苹果"的直销模式，其直营店如图9-2所示，这就触犯了各州汽车经销商的利益，引起"众怒"。汽车经销商不愿意看到特斯拉开启直销先例，以免影响自身利益，而庞大的经销商网络提供的税收及就业机会也使得州政府不敢轻易允许直销。除了少量没有出台《特许经营法》的州(例如加州)以外，特斯拉在其他州都多多少少遇到了一些阻碍，俄亥俄州就是其中一例。

这并不是特斯拉与俄亥俄州汽车经销商的第一次冲突。本月初，特斯拉决定在俄亥俄州开设直销店，这一举措引起了该州汽车经销商的不满。在经销商的支持下，一份针对特斯拉的提案被递到了俄亥俄州议会的案头,该提案禁止特斯拉在俄亥俄州开设直销店和服务中心。

幸运的是,得益于特斯拉强大的公关能力,该提案没有获得通过。于是,汽车经销商想出了新主意:通过起诉来禁止特斯拉在俄亥俄州销售汽车。

对此,特斯拉在一份声明中称:"这种琐碎的诉讼是在浪费纳税人的钱,不能代表俄亥俄州消费者或居民的意见。相反,它们扼杀创新,损害经济,站在了自由市场的对立面。"特斯拉监管事务副总裁及首席顾问詹姆斯·陈表示:"这与我们在其他州受到的来自经销商的欺凌一样。这些经销商,当他们在公共舆论、媒体、议会面前没占到便宜后,他们就会去法院。"特斯拉拥有自己的网上销售系统,并一直声称,纯电动车不能由传统经销商来销售。特斯拉CEO伊隆·马斯克表示:"我们的直销模式与传统车的特许经营模式并不冲突,电动汽车不能与传统车放在一起卖,电动汽车的受众群体是少数人。经销商的绝大多数利益来自传统车,他们不太可能以削弱传统车业务为代价来向人们积极推广电动汽车。"负责商务拓展的特斯拉副总裁迪尔米德·康奈尔也说道:"我们正在引导一种新颖的、创新的技术,这需要大量的消费者的支持。"

图9-2 美国特斯拉汽车直营店

资料来源:张冬梅. 中国汽车报,2013-12-31

2. 代理模式

代理商是受汽车生产企业的委托,在一定时期、一定区域和一定业务范围内,以委托人的名义从事经营活动的中间商。代理模式是一种非常有效的分销网络模式,世界上很多国家都建立了汽车代理制,不少国家还成立了汽车代理商协会,由代理商组成销售网络。目前,代理商已成为各大汽车公司的重要销售渠道。

代理制的优势主要体现在以下几个方面。

(1) 实现生产、销售的分工,可调动生产厂家和代理商的积极性。

(2) 销售网点多,可以更贴近消费者,使销售活动更加灵活主动。

(3) 代理商一头是消费者,另一头是企业销售部门,有利于减少销售渠道的环节,降低企业销售成本。

(4) 可促使销售实现专业化，效率更高。

(5) 代理商可为汽车生产企业承担经营风险。

在中国汽车市场中，代理制曾经非常普及，但目前采用这一模式的厂商已经很少。当前采用代理模式的主要是进口汽车，如法拉利、斯巴鲁等。

为了保证委托给代理商的业务能够取得成功，委托人首先要认真选择适合自己的委托业务的代理商，选择代理商主要应考虑以下几个要素。

(1) 代理商的身份及其经营范围。

(2) 代理商的优势。不同代理商拥有的客户群、渠道能力、当地影响力、声誉、经济实力及规模都不尽相同。

(3) 合作态度和工作作风。

(4) 令委托人满意的过往业绩。

3. 特许经销制

代理制模式曾在我国非常流行，但也产生了一些弊端，如厂商很难规范代理商、厂商对终端产品价格的控制力较弱、代理商之间展开恶性竞争、一个代理商同时同地经营多个品牌等。1996年以后，汽车分销渠道模式逐渐转变为特许经销制。这一模式的特点是生产企业与流通企业没有资金合作的关系，通过提供优惠的汽车经销价格和货款结算方式，将流通企业确定为生产企业的特许经销公司，经营方式采取联合营销。

上海大众汽车公司曾采用此种模式，在其体系中，一方面，上海大众汽车公司作为委托人向受托人(特许经销商)输出以桑塔纳为核心的产品与品牌商标，而受托人以遵守各项规章制度为前提，在一定区域内销售商品、提供服务。另一方面，统一的特许经销商硬件条件及服务标准可以进一步增强大众及其产品的品牌形象，从而为"桑塔纳"等产品的成果销售和盈利提供坚实的市场基础。而所有的特许经销商又因上海大众汽车公司的全国性广告、公关活动而受益，从而形成全方位品牌管理的规模优势，这种体系的建立扩大了上海大众的销售网络，可以直接带来产品价格、服务质量的长期优势，通过互联网等现代化的管理手段，可有效兼顾经营成本和市场需求。

普通经销商若想加盟成为某品牌的特许经销商，须满足一定的条件，如在企业规模、占地面积、注册资金标准、人员素质、在某地区的经营时间、良好的信誉等方面，应能满足要求。同时，还要满足营销标准的"八个统一"，具体包括以下内容。

(1) 统一收购。大宗的汽车产品均须由汽车生产企业及各地分销中心的相关部门统一收购。

(2) 统一监测。

(3) 统一评估。

(4) 统一价格。

(5) 统一广告。全国范围的广告活动，应由汽车生产企业市场部门统一规划，各地网点执行。

(6) 统一配送。各地销售的汽车产品，均由汽车生产企业统一组织配送。

(7) 统一运营。特许经销商的运营,均须遵循汽车生产企业制定的相关标准和规定。

(8) 统一促销。特许经销制是目前较为流行的汽车经销方式,特别是在欧美国家十分盛行。特许经销商享用汽车厂商的品牌、统一视觉标识、服务标准等,并享有新款车型的销售权等。但它也要承担一些义务,如不允许跨地区经营、保证销售货源的唯一、统一价格、直接面向终端用户销售等。

4. 品牌专卖制

品牌专卖制是指由汽车厂商或总销售商授权,只经营销售专一汽车品牌、为消费者提供全方位购车服务的汽车交易场所的分销模式。汽车厂商通常会对汽车经销商的销售方式、宣传方式、服务标准、销售流程、专卖店的外观装修作出要求。一般情况下,同一专卖店中只销售同一品牌的产品。品牌专卖制是一种以汽车厂商的营销部门为中心,以区域管理中心为依托,以特许或特约经销商为基点,集新车销售(Sales)、零部件供应(Spare parts)、维修服务(Services)、信息反馈(Survey)于一体,受控于汽车生产商的渠道模式,主要以3S(Sales、Spareparts、Services)和4S(Sales、Spareparts、Services、Survey)为表现形式,有些厂商还推出了5S店(比4S多Sustainability,可持续性)。

自20世纪90年代中期开始,汽车市场逐渐由卖方市场转为买方市场,为汽车厂商和经销商都带来了较大冲击。自1997年底开始,汽车厂商开始探索建立一种新的品牌专营的营销体系。1998年,广州本田汽车公司建立了中国第一家汽车4S店。

品牌专卖制模式有利于结束混乱的汽车销售局面,强化营销资质认定,规范汽车交易行为,而且可以帮助生产厂家增加利润,有益于扩大生产规模和加大研发力度,有益于品牌保护。同时对厂商来说,品牌专卖店可以作为它们的信息触角,收集到客户的需求和市场信息。由于责任明确、产品售后服务更有保障,对广大消费者来说,也能获得更好的保障,如可以购买到放心的原厂配件,以及厂商认可的、标准化的维修服务。

近些年来,4S店模式在我国发展极为迅速,已经成为汽车分销渠道的主流模式,截至2013年,全国4S店数量已超过两万家,如长安福特的4S店已达到800家,而且4S店不仅局限于一、二线城市,在三、四线城市也大量涌现。

以4S店模式为代表的品牌专卖制主要有以下优点。

1) 有利于树立汽车品牌形象,培养品牌忠诚度

品牌是企业可持续发展的重要资源,品牌意味着市场定位,意味着产品质量、性能、技术和服务等价值,体现了汽车企业的经营理念。品牌形象的核心是用户对产品使用效果的满意的程度,来源于产品的价值定位和由此产生的物有所值的感受。汽车不同于一般商品,具有高价格、重复使用、多次投入的特点。因此,用户满意度的一个重要因素就是营销体系的服务水平和功能多样化。而品牌专卖店不仅具有产品销售的功能,还具备市场开发、备件供应、维修保养、车辆美容、保险上牌、融资租赁、旧车交易及信息反馈等许多功能。

2) 可增加汽车企业的可用资源

汽车企业的可用资源主要包括财务资源和人力资源。开设每一家4S店,经销商都要向特许人(汽车企业)提供一定的资金支持,从而帮助汽车企业更好地发展业务。经销商作为

品牌专卖店的所有者，为了提高业绩，会尽其所能发挥自己的经营能力。

3) 专业化水平高、售后服务完善

由于4S店只针对一个厂家的系列车型，再加上厂家的系列培训和技术支持，使其在车的性能、技术参数、使用和维修方面都达到了一定的专业水准，做到了"专而精"。而汽车用品经销商接触的车型多，对每一种车型都不是非常精通，只能做到"杂而博"，在一些技术方面多是只知其一，不知其二。所以在改装一些需要技术支持和售后服务的产品时，4S店是有很大优势的。

随着竞争的加剧，4S店商家越发注重服务品牌的建立，加之4S店的后盾是汽车生产厂家，所以在售后服务方面可以得到保障。特别是汽车电子产品和汽车影音产品在改装时要改变汽车原来的电路，这为以后的售后服务带来了一定的麻烦。有些汽车制造商甚至规定：不允许用户进行汽车电子方面的改装，否则厂家不提供保修服务。如果在4S店改装的车仍可享受保修的服务，消除车主的后顾之忧，那将成为吸引车主改装的重要手段之一。在4S店改装一些技术含量高的产品是车主的首选，同时还可以避免与零售改装店进行直接的价格竞争。

目前，品牌专卖制与特许经销制都是我国较为常见的汽车分销渠道模式，两者的区别主要体现在以下方面。

1) 对经销商的要求不同

在特许经销制下，汽车企业一般只对经销商的地理位置、销售能力进行考察，不能对经销商有过多软硬件要求，如店面大小、装修水平、售后服务等方面；而在品牌专卖制下，汽车企业不仅关注专卖店的位置和销售能力，同时对专卖店的软硬件有着严格的规定，有的甚至对装修材料、内部设施的采购都有明确规定，此外对售后服务功能和信息反馈功能也格外重视。

2) 管理力度不同

汽车企业对特许经销商的销售管理和业务培训方面所给予的支持较少；而在品牌专卖制下，汽车企业对专卖店有着严格的管理，在店面管理、销售管理、员工培训等方面有统一的管理措施。

3) 展示的形象不同

在特许经销制下，经销商一般不须严格遵循汽车企业的品牌形象要求；而在品牌专卖制下，专卖店可以获权全方位利用汽车企业的品牌，注重展示品牌形象。

4) 经营品牌的数量不同

特许经销商经营汽车的品牌数量不是唯一的，汽车企业也不能对此严格控制，如不少"别克"特许经销店内也销售"雪佛兰"品牌的汽车，"上海大众"特许经销店内也销售"斯柯达"品牌等；而品牌专卖店只能经营单一的汽车品牌。

品牌专卖制也并非完美无缺，存在的缺点主要有以下几个。

1) 投资较大、硬件要求较高

平均每个4S店的建设和配套费用在2000万元以上，年维护费用均以百万计。此外，汽车厂商对4S店的占地面积也有一定的要求，导致在理想的销售范围内找到合适的建店场所比较困难，且存在一定程度的浪费土地资源的情况。

2) 经营风险较大

采用品牌专卖制模式，投资者要承担所经营品牌的生产、物流、销售、服务等一系列风险，且该种模式下汽车厂商与经销商并不处于平等地位，汽车厂商的政策变更会给经销商带来一定的影响，从而增加经营风险。同时，由于经营的品牌较为单一，也必然要承担该品牌带来的风险。现实生活中，汽车4S店经营的好坏，直接受到所经营品牌的影响。由于高额的前期投入和运营成本，以及激烈的市场竞争，实际上不少4S店都利润微薄。

5. 汽车园区

汽车园区是汽车交易市场在规模和功能上的"升级版"。除了规模上的扩张，汽车园区最主要体现在功能的全面性上，在汽车销售、汽车维修、配件销售等方面，汽车园区更多地加入了汽车文化、汽车科技交流、汽车科普教育、汽车展示、汽车娱乐等众多功能。汽车园区的优势在于功能齐全，对购车用户来说非常方便，同时汽车园区自身具有更强的吸引消费者的能力。

6. 汽车超市

汽车超市主要是指那些特许经销模式之外、多品牌经营的汽车零售市场。这是一种可以代理多个汽车品牌、提供多个品牌销售和服务的一种方式。另外，有些汽车超市还提供休息和娱乐功能。汽车超市的特点是以汽车服务贸易为主体，并千方百计拓展服务的外延，促使服务效益达到最大化。

例如，北京的亚之杰联合汽车销售展厅、天津滨海汽车城、上海永达汽车城等，经营多个品牌，涵盖进口车和国产车。事实上，汽车超市是与品牌专卖制的经营理念相违背的，因此汽车超市通常是由一些有实力的、掌握了多个汽车品牌销售代理权的经销商运作的。

汽车超市的竞争优势在于：一是利用一次性大批量进货或买断车型等手段取得价格优势，从而让利于消费者，自己也获得竞争优势；二是满足消费者个性化、多样化需求，靠服务品牌加强汽车产业价值链的延伸扩展。然而，目前汽车厂商大多鼓励品牌专卖制，有的厂商甚至还限制汽车产品进入汽车超市。

7. 网络销售

随着互联网和电子商务的发展，包括大众、丰田、日产、吉利、长安、东风标致雪铁龙等在内的多家汽车企业都已拓展了网上购车渠道，有的商家已经初尝甜头，在汽车业界引起了广泛关注，这也是当今汽车行业创新营销模式的又一举措。消费者通过网上购车，可以随意从多角度欣赏汽车，可以查看其他用户的留言和评价，还可以根据自身爱好选择车型和配件。这种模式更加符合个性化的消费特征，消费者甚至还可以从网上选择汽车配置、颜色、内饰风格等，上海大众汽车网上销售如图9-3所示。

图9-3 上海大众汽车网上销售

网上销售汽车虽然是未来汽车营销的趋势,但如果没有强大的经销网络、售后服务体系作为依托,网上销售汽车也只能是海市蜃楼。此外,汽车价值较高,消费者更倾向"眼见为实",希望能够亲身体验和试驾汽车,同时对网络购车的安全性也存在一定的顾虑,所以当前多数网上购车还仅限于产品介绍、咨询、预订等,表现为"网上下单,网下提车"。网上销售汽车暂时离不开现实销售渠道的支持。

当前网络购车的一般流程如图9-4所示。

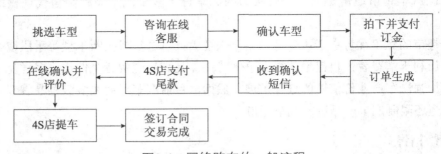

图9-4 网络购车的一般流程

案例

车主方先生是武汉少数网上购车者之一。4月,方先生计划购买一辆新车,但因工作繁忙没时间去4S店看车,便先在网上搜索新车信息。他在天猫商城发现东风标致旗舰店正在大力推广刚上市的新世嘉两厢天猫特别版,现金优惠一万,除赠送导航、真皮座椅等5项配置,还额外送1500元的新车养护。

方先生打电话到指定的东风标致沌口4S店确认信息真实性后，在网上支付了499元订金下订单，4S店次日派人上门签订合同，一周之后，方先生到4S店成功提车。"在网上买车要便宜一些。"4S店工作人员小吕介绍，东风标致308天猫版只在网上专供，但与4S店里的幸福版配置标准相当。因为是新车上市，幸福版的优惠幅度只有7000元左右，网购版则可优惠一万元，再加上额外送1500元新车养护，网上买车比较划算。

网上买车更便宜是否会冲击4S店的生意？"基本没什么冲突。"小吕说，网上所销售的车是特别版，不在4S店里直接销售。网上买家签订合同后，汽车厂家会直接发货到4S店。网上和4S店卖的不是同一款车，相互间的竞争不大。为避免网店和4S店展开恶性竞争，网店推出的都是纪念版、限量版等特殊车型。目前，网上购车是厂家直接与电商平台展开的合作，一般不会用店面主打的车型做线上促销。

目前，东风标致网上购车者中的九成以上是"80后"。刘均说，特别版吸引的是追求个性的购车者，而这恰好是"80后"的特征。

资料来源：湖北日报，2013-06-03

小资料

京东试水网上卖车：一次"变体"营销

业内人士认为，真正意义上的网上卖车，应该是消费者在电脑前就可以完成全部交易，足不出户便可提到车。从这个角度来说，目前的网上卖车更多地还是一种吸引人气赚取眼球的网络营销。不过未来是否会出现真正的网络卖车模式，尚需拭目以待。

2月20日，京东开卖汽车，近15万元一辆的Smart，在89分钟之内卖了300辆。那天，著名作家刘震云戏言：将来说不定能在京东商城看到航空母舰出售。

此前京东已开展了诸多造势活动。在京东商城销售的Smart流光灰2012特别版全球限售1200辆，中国区限售300辆。该车售价为149 888元，比市价要优惠不少。据Smart经销商网上报价，同等配置的Smart市价在16.3万元左右。

京东商城目前是B2C行业最大的网络零售商，但在网上卖汽车尚属首次。不过此次卖车，用户需登录京东商城，进入Smart迷你站，单击"抢购"，再单击"预约"，填写信息并支付预约保证金1000元，等待京东商城确认预约单后，才可在2月26日前到4S店签署汽车销售合同，并支付车款。用户成功提车后，京东将退还1000元保证金并赠送京东券。

也就是说，京东商城网站主要提供预约功能，最终的看车、试车及购车流程仍需在梅赛德斯-奔驰(中国)指定的授权经销商处完成。

此次京东卖Smart，平均每18分钟卖出一台车，就算放在4S店内，一个月能卖出300台也是震惊业内了不起的业绩了。不过，与其说这是京东的魅力，不如说这是Smart自身的魅力——第一，这是限量版，足以吸引部分消费能力较强的Smart拥趸掏出钱包；第二，这台车的价格吸引力巨大，售价较相同配置的Smart要低一万多元。

不过，京东也从这次网络卖车中收获颇多，并对京东客户群的潜在购买力有了一次直观的认识。

记者从京东商城内部人士处获悉，该公司正在接触更多汽车厂商，未来可能推出单价更高的汽车类商品。"其实此次合作，我们还想探底京东用户的购买能力。这个结果让我们对用户的购买能力又有了重新评估，未来在商品定位上，京东胆子会越来越大。"该内部人士说。

最早尝试网上卖车的，当属吉利汽车。在天猫(原淘宝商城)，吉利汽车的"全球鹰官方旗舰店"已从2010年底开业至今。登录其页面，可以看到最热销的全球鹰熊猫1.0L累计售出550台。说到流程，也是消费者先在网上选好车型、颜色，并支付订金，随后4S店会通知消费者自行上门提车，并支付余款。

从电商角度而言，卖车的瓶颈很多，例如仓储物流：存放汽车的仓库和存放家电的仓库的级别相差甚远；快递几本书的成本和快递一台车的成本更是天差地别。此外，买车毕竟不同于买衣服或者家电，车价动辄数万到数十万元，网上图片与实物可能在色彩、款式、大小等各方面存在差异，消费者很难做到不看实体车就贸然下单。

也正因此，吉利最初在天猫开店时，就表示正考虑在城市中建设旗舰店，供消费者试乘试驾，而买车则通过网上交易完成；同时，在城市中建设非4S店的售后维修站，以节省建设4S店的费用。不过这一美好愿景到目前尚未实现。而就目前情况来看，不论京东还是天猫，都无法承担起汽车的仓储物流及支付全款等交易流程，更多的是扮演展示橱窗和预订渠道的角色。

资料来源：张奕. 新京报，2012-02-23

思考题

1. 汽车分销渠道有哪些作用？
2. 汽车中间商有哪几种类型？
3. 影响汽车分销渠道选择的因素有哪些？
4. 我国常见的汽车分销渠道模式有哪些？
5. 品牌专卖制(4S店模式)为什么会成为我国主流的汽车分销渠道模式？
6. 品牌专卖制(4S店模式)与特许经销制有哪些不同？
7. 你认为网络销售是否会成为将来的主流汽车分销模式？为什么？

第10章
汽车产品促销策略及营销公关

现代汽车市场营销不仅要求企业开发适销对路的汽车产品，制定有吸引力的汽车产品价格，通过合适的渠道使目标消费者易于得到他们所需要的汽车产品，而且还要求企业树立其在市场上的形象，加强企业与社会公众的信息交流和沟通，即进行促销活动。现代汽车企业促销的手段与方式日新月异，由于各种手段和方式各具不同特点，因此需要在实际促销活动中组合运用，各种不同的促销方式组合形成了不同的汽车促销策略。

10.1 汽车产品促销组合

10.1.1 汽车促销的概念

促销是促进产品销售的简称。从市场营销的角度看，汽车促销是汽车企业通过人员和非人员的方式，沟通企业与消费者之间的信息，帮助消费者认识商品或服务所带来的利益，刺激、引发消费者的消费欲望和兴趣，使其产生购买行为的活动。促销的实质是传播与沟通信息，目的是促进销售、提高企业的市场占有率及增加企业收益。促销具有以下几层含义。

1. 促销的主要任务是沟通和传递信息

促销实质上是企业与消费者直接的信息沟通活动。通过这种沟通，企业把有关自身和所生产的产品、服务的信息传递给消费者，使其充分了解企业及产品、服务的性质、特点、价格等，帮助其进行判断和选择，这是企业向消费者传递信息。同时，在促销过程中，消费者又把对企业及产品、服务的认识和需求动向反馈到企业，引导企业根据市场需求进行生产经营，这是消费者向企业传递信息。可见，促销的实质是生产者、经营者与消费者之间互相沟通信息的过程，这种沟通是卖方与买方的双向沟通。

2. 促销的目的是诱发购买行为

企业必须通过运用各种促销手段，吸引消费者的注意力，使其对企业的形象或产品产生兴趣，激发其购买欲望，诱发其购买行为，从而实现产品和劳务的转移。

3. 促销通过一定的方式进行

促销的方式分为人员促销和非人员促销。非人员促销又包括广告、营业推广、公共关系三个方面。促销策略的实施，也是通过上述促销方式的运作实现的。

10.1.2 汽车促销的作用

1. 传递信息，提供情报

通过汽车促销宣传，可以使消费者了解企业生产经营汽车产品的品种、产品的特点、到什么地方购买等，从而引起消费者的注意，激发其购买欲望，为实现和扩大销售做好舆论准备。

2. 突出产品特点，诱导需求

在激烈的市场竞争中，汽车企业通过促销活动，可以宣传本企业产品的特点，提高汽车产品和企业的知名度，加强消费者对本企业汽车产品的了解和喜爱程度，增强信任感，从而提高企业和产品的竞争力。

3. 强化企业形象，巩固市场地位

通过促销活动，可以树立良好的企业形象，尤其是通过对精品产品的宣传，可促使消费者对产品、品牌及企业本身产生好感，从而培养"品牌忠诚度"。

4. 影响消费，刺激需求

新产品上市之初，消费者对它的性能、用途、特点并不了解，通过促销沟通，可引起消费者的兴趣，建立声誉，诱导需求，并创造新的需求，从而促使新产品尽快打开市场。

10.1.3 汽车促销的方式

汽车促销的方式有人员促销和非人员促销两类。人员促销主要适合于在消费者数量少、比较集中的情况下实行，其针对性强，但影响面窄、成本高昂，而且优秀的推销人员并不是随处可觅、容易培养的。非人员促销是指企业借助广告、营业推广和公共关系等媒介，传递企业或产品信息，促使消费者产生购买欲望和购买行为的一系列活动。非人员促销是一种间接的促销途径，它主要适合于消费者数量多、比较分散的情况，其针对性较差，但影响面较宽。企业在开展促销活动过程中，通常将人员促销和非人员促销结合使用。不同的促销方式会产生不同的效果，它是企业进行促销组合决策所必须考虑的因素。

1. 人员促销

人员促销是指推销人员通过与消费者面对面的口头洽谈，帮助、说服消费者产生购买行为的促销活动。在沟通过程中，人员促销在建立消费者对产品的偏好、增强信任感及促成行为方面卓有成效。推销人员可以与消费者进行双向沟通，保持密切联系，可以针对消费者的意见和顾虑第一时间作出反应，是一种传统的推广方式，也是最普遍、最基本的推销方法。

2. 广告

广告是通过报纸、杂志、广播、电视、广告牌、互联网等传媒形式向目标消费者传递信息的。采用广告宣传可以使广大消费者对企业的产品、商标、服务等加强认识，留下印象，进而产生好感。其特点是可以更为广泛地进行宣传。

3. 营业推广

营业推广是由一系列短期诱导性、强刺激性的战术促销方式组成的。它一般只作为人员推销和广告的补充形式，其刺激性强，吸引力很大，包括免费试用、赠券、展览、折扣、抽奖等，可以鼓励现有消费者大量重复购买，并吸引潜在消费者。与人员促销和广告相比，营业推广不是长期性的，而是短期的，只能发挥临时作用。

4. 公共关系

为了使公众理解企业的经营活动符合公众利益，并有计划地加强与公众的联系，建立和谐的关系，树立企业信誉的一系列活动即属于公共关系。其特点是不以短期促销效果为目的，而意欲通过建立公共关系使公众对企业及其产品产生好感，并树立良好的企业形象。它与广告的传播媒体有些类似，但又是以不同于广告的形式出现的，因而能取得比广告更长远的效果。企业建立并维护公共关系的目的不仅在于促销，还在于为企业的生产经营创造更为和谐的营销环境等。

10.1.4 汽车促销的组合

所谓汽车促销组合，是指汽车企业根据产品特点和营销目标，把人员促销、广告、营业推广、公共关系4种基本促销方式有目的、有计划地结合起来，并加以综合运用，以达到特定的促销目标。这种组合既包括上述4种方式，也包括其中的两种或三种，由于各种汽车促销方式分别具有不同的特点、适用范围和效果，所以要结合起来加以综合运用，使企业的全部促销活动相互配合、协调一致，从而更好地突出汽车产品的特点，加强企业的竞争优势。正如汽车销售大王乔·吉拉德所言，"如果我只能依靠一种销售工具来做生意，日子一定不太好过。我之所以有今天，是因为我总是在使用各种有用的销售工具"。

汽车企业在制定促销组合时，应考虑下列因素。

1. 汽车促销目标

要制定最佳的汽车促销组合，首先要考虑汽车促销目标。汽车促销目标不同，应配以不同的汽车促销组合。如果促销目标是提高汽车产品的知名度，则汽车促销的重点就应放在广告和销售促进上，辅之以公共关系宣传；如果目标是让消费者了解产品的性能和亮点，则汽车促销组合就应采用适量的广告、大量的人员促销和某些销售促进；如果汽车促销目标是立即取得良好的销售业绩，则应采用销售促进、人员促销和广告宣传。

2. "推动式"与"拉动式"销售

在汽车销售过程中，采用"推动式"销售还是"拉动式"销售，对汽车促销组合有较大影响。"推动式"销售是一种传统的销售方式，是指汽车企业将汽车产品推销给总经销商或批发商；而"拉动式"销售是以市场为导向的销售方式，是指汽车企业(或中间商)针对最终消费者，利用广告、公共关系等促销方式，激发消费需求，经过反复强烈的刺激，消费者将向中间商指名购买这一汽车产品,这样,中间商必然要向汽车企业要货,从而把汽车产品拉进汽车销售渠道。

"推动式"策略以人员促销为主,辅之以中间商营业推广,兼顾消费者的营业推广。"推动式"策略是把商品推向市场的促销策略,其目的是说服中间商与消费者购买企业产品,并层层渗透,最后到达消费者手中。"拉动式"策略以广告促销为拳头,通过创意、高投入、大规模的广告轰炸,直接诱发消费者的购买欲望,由消费者向经销商购买。前者的重心在推动,注重强调企业的能动性;后者的重心在吸引,强调消费者的能动性。两者各有特色,当前市场营销理论倾向于"拉动式"销售。许多企业在促销实践中,都结合具体情况采取"推动式"与"拉动式"组合的方式,既有侧重,又有配合。

3. 汽车市场性质

不同的汽车市场,由于其规模、类型、潜在消费者数量的不同,应该采用不同的促销组合。规模大、地域广阔的汽车市场,多以广告为主,辅之以公共关系宣传;反之,则宜以人员促销为主。汽车消费者众多、却又零星分散的汽车市场,应以广告为主,辅之以销售促进、公共关系宣传;汽车用户少、购买量大的汽车市场,则宜以人员促销为主,辅之以销售促进、广告和公共关系宣传。潜在汽车消费者数量多的汽车市场,应采用广告促销,有利于开发需求;反之,则宜采用人员促销,有利于深入接触汽车消费者,促成交易。

4. 汽车产品档次

不同档次的汽车产品,应采取不同的促销组合策略。一般说来,广告一直是各种档次的汽车市场开展营销活动的主要促销方式;人员促销则是中、低档汽车市场开展营销活动的主要促销工具;而销售促进则是高、中档汽车市场开展营销活动的主要促销工具。

5. 汽车产品生命周期

汽车产品所处的生命周期阶段不同,促销目标也不同,因而要相应选择、匹配不同的促销组合。在导入期,多数消费者对新产品不了解,促销目标是使消费者认知汽车产品,应主要采用广告宣传介绍汽车产品,选派促销人员深入特定消费群体详细介绍汽车产品,并采取展销等方法刺激消费者购买。在成长期,促销目标是吸引消费者购买,培养汽车品牌偏好,继续提高汽车市场占有率,仍然可以广告为主,但广告内容应突出宣传汽车品牌和汽车特色,同时也不要忽略人员促销和销售促进,以强化产品的市场优势,提高市场占有率。在成熟期,促销目标是战胜竞争对手、巩固现有市场地位,需综合运用促销组合各要素,应以提示性广告和公共关系为主,并辅之以人员促销和销售促进,以提高汽车企业和汽车产品的声誉,巩固并不断拓展市场。在衰退期,应把促销规模降到最低限度,尽量节省促销费用,以保证维持一定的利润水平,可采用各种销售促进的方式来优惠销售汽车存货,尽快处理库存。

另外,促销组合的运用还要考虑汽车产品的属性和特征,如商用车辆和家用轿车的促销方式不同，商用车辆适合采用人员促销，而家用轿车则可以依赖广告促销。豪华型轿车和经济型轿车的促销方式，同样存在差异。因此，营销人员在运用促销组合时，要充分考虑不同的汽车产品、环境、消费者，进行灵活调配和合理组合。

10.2 人员促销

10.2.1 人员促销的概念和特点

汽车人员促销是指汽车企业的推销人员利用各种技巧和方法，帮助或劝说消费者购买该品牌汽车产品的促销活动。按照现代促销观念，人员促销和销售促进属于"不推不销"的"推动式"策略，广告宣传以及公共关系属于"不推而销"的"拉动式"策略。

人员促销与其他促销形式相比，具有以下特点。

1. 人员促销具有信息传递的双向性

在各类促销方式中，只有人员促销能够实现双向信息沟通。一方面，通过人员促销可以把企业的有关信息以恰当的方式传递给最终用户和中间商，也就是推销对象；另一方面，推销人员通过和推销对象面对面的接触，可以把有关企业、产品、品牌、竞争产品等信息传递或反馈回来。通过这种双向沟通，企业可以及时、准确地了解市场信息，为企业决策提供依据。

2. 人员促销具有很大的灵活性

在推销过程中，买卖双方当面洽谈，易于形成一种直接而友好的关系。通过交谈和观察，推销员可以掌握消费者的购买时机，有针对性地从某个侧面介绍商品特点和功能，抓住有利时机促成交易；可以根据消费者的态度和特点，有针对性地采取必要的协调行动，以满足消费者需要；还可以及时发现问题，进行解释，消除消费者疑虑，使之产生信任感，进而拉近距离。

3. 人员促销具有选择性和针对性

每次促销之前，可以选择具有较大购买可能性的消费者进行推销，并有针对性地对未来消费者做一番研究，拟订具体的推销方案、策略、技巧等，以提高推销成功率。这是广告促销所无法比拟的，广告促销往往包括非潜在消费者在内，针对性不强。

4. 人员促销具有完整性

推销人员的工作从寻找消费者开始，到接触、洽谈，最后达成交易。除此之外，推销员还承担其他营销任务，如安装、维修等，而广告等促销方式则不具备这种完整性。

5. 人员促销具有维系公共关系的作用

一个有经验的推销员为了达到促进销售的目的,可以使买卖双方从单纯的买卖关系发展到建立深厚的友谊,彼此信任,彼此谅解,这种关系的形成有助于推销工作的开展。

6. 人员促销成本较高

由于每个推销人员直接接触的消费者有限,时间有限,销售面窄,特别是在市场范围较大的情况下,人员促销开销较大,这就增加了汽车销售成本,在一定程度上降低了产品的竞争力。

7. 对推销人员的素质要求较高

人员促销的效果直接取决于推销人员素质的高低,并且随着社会的进步和科学技术的发展,消费者的要求越来越高,新产品层出不穷,新的营销方法不断涌现,对推销人员的素质要求也越来越高。

10.2.2 人员促销的形式和过程

1. 汽车人员促销的形式

汽车产品人员推销主要有三种形式:一是上门推销;二是会议推销;三是门市推销。

上门推销的好处是推销员可以根据各个用户的具体兴趣特点,有针对性地介绍有关情况,并容易立即成交。

会议推销具有群体推销、接触面广、推销集中、成交额大等特点,而且企业可在会内会外"开小会",同与会客户充分接触,只要有客户带头订货,易形成订货气候,就容易实现大批量交易。我国汽车公司经常采用会议促销的方式。

门市推销是指汽车企业在适当地点设置固定门市,由推销员接待进入门市的消费者,介绍产品、打消疑虑、洽谈成交。门市推销是等客上门式的推销方式,汽车销售顾问在销售大厅对消费者的顾问式销售,就属于这种推销方式。

2. 汽车人员促销的过程

"公式化推销"理论将推销过程分成7个不同的阶段,如图10-1所示。

图10-1 推销过程的7个不同阶段

(1) 寻找顾客。这是推销工作的第一步。

(2) 事前准备。推销人员必须掌握三方面的知识:产品知识,即关于本企业及本企业产品的特点、用途和功能等方面的信息和知识;消费者知识,即潜在消费者的个人情况,具体消费者的生产、技术、资金情况,消费者的需要,消费者的性格特点等方面的知识;竞争者的知识,即竞争者的能力、地位和产品特点。同时,还要准备好样品、说明材料,选定接近消费者的方式、访问时间、应变语言等。

(3) 接近。即开始登门访问,与潜在消费者开始面对面的交谈。

(4) 介绍。在介绍产品时,要注意说明该产品可能给消费者带来的好处,要注意倾听对方发言,判断消费者的真实意图。

(5) 克服障碍。推销人员应随时准备应付不同的意见。

(6) 达成交易。接近和成交是推销过程中两个最困难的阶段。

(7) 售后追踪。如果销售人员希望消费者满意并重复购买,则必须坚持售后追踪。推销人员应认真执行订单中所保证的条件,例如交货期、售后服务、安装服务等内容。

10.2.3 汽车人员促销的策略

促销人员应根据不同的推销气氛和推销对象审时度势,巧妙而灵活地采用不同的方法和技巧,吸引用户,促其作出购买决定,以达成交易。

促销人员必须掌握的基本推销方法有如下几种。

1. 试探性方法

如推销员对消费者还不甚了解,可以使用事先设计好的能引起客户兴趣、刺激客户购买欲望的推销语言,投石问路,进行试探并观察其反应,然后根据其反应再采取具体的推销措施。面对较陌生的客户,在推销过程中要重点宣传产品的功能、产品的风格、声望、感情价值和拥有后的惬意等。

2. 针对性方法

如果推销人员对客户需求特点比较了解,也可以事先设计好针对性较强、投其所好的推销语言和措施,有的放矢地宣传、展示和介绍产品,使客户感到推销员的确是自己的好参谋,真心地为自己服务,进而产生强烈的信任感,最终愉快地成交。

3. 诱导性方法

为了唤起客户的潜在需求,推销员应先设计出鼓动性、诱惑性强的购货建议(但不是欺骗),诱发客户产生某方面的需求,并激起客户迫切要求实现这种需求的强烈动机,然后抓住时机向客户介绍产品的效益,说明所推销的产品正好能满足这种需求,从而诱导客户购买。如果不能立即促成交易,而能改变买者的态度并形成购买意向,为今后的推销创造条件,也是一种成功。销售人员要始终注意自己所提建议的成功性,言辞要有条理、有深度,语气要肯定,不能模棱两可,更不能有气无力,避免说服的一般化,要以具体事实做后盾。这就要求推销人员应掌握较高水平的推销艺术,设身处地地为客户着想,恰如其分地介绍产品,真正起到诱导作用。所以,一名合格的推销员应具有丰富的产品知识和管理学、社会学、心理学等知识。

10.2.4 汽车促销人员的管理

销售人员组织与管理的内容包括企业对销售人员队伍总体规模、组织结构、工作制度、奖惩与考核制度等的确立。

1. 推销员规模的确定

确定推销人员规模的方法有如下两种。

1) 销售能力分析法

通过测量每个推销员在不同范围、不同市场潜力区域内的推销能力,计算在各种可能的推销人员规模下,企业的总销售额及投资收益率,以确定推销员的规模。用公式表示为

$$公司总销售额 = 每人销售额 \times 推销人员数目$$

$$投资收益率 = \frac{销售收入 - 销售成本}{投资额}$$

2) 推销人员工作负荷量分析法

根据每个推销人员的平均工作量及企业所需拜访的客户数目来确定推销人员的规模。用公式表示为

$$推销员总数 = 客户总数 / 平均每个推销员应拜访的客户数(在某一时间和某一区域内)$$

2. 推销员的组织结构

推销员的组织结构共有三种可供选择的形式。

1) 区域型结构

将企业的目标市场分成若干个区域,让每个(组)推销人员负责一定区域内的全部推销业务,并制定销售指标。采用这种结构有利于考查推销员的工作绩效,激励其工作积极性,有利于推销人员与客户建立良好的人际关系,有利于节约交通费用。目前,国外多数汽车公司对推销员都是按此种形式组织的。

2) 产品型结构

将企业的产品分成若干类,每一个推销员(推销组)负责推销其中的一类或几类产品。这种结构适用于产品类型较多并且技术性较强、产品间缺少关联的情况。

3) 顾客型结构

按照目标客户的不同类型(如所属行业、规模大小、新老客户等)组织推销人员,即每个推销员(组)负责某一类客户的推销活动。采用这种结构有利于推销人员更加了解同类客户的需求特点。

3. 工作制度

公司从上到下应贯彻严密的工作制度,对推销员更是如此。如推销员分工负责哪一区域,主要职责是什么,表格与建档如何填写和送交、何时汇报与检查,目标是什么,紧急情况如何处理与报告等。明确的工作制度是企业建立声誉的组织保证。目前,国外汽车公

司针对订购新车或维修车辆的用户,规定交付时间,一旦误期,则负责向用户提供使用车辆,或者承担用户的交通费。显然,如果没有严密的工作制度,这些汽车公司将难以履行对用户的承诺。

4. 奖惩与考核

企业应根据推销员的工作情况作出公平合理的考核,并针对其业绩给予奖励或惩罚。惩罚是必要的手段,但一般应以激励为主。一家公司若只有严密的工作制度,而推销员不积极主动地去工作,公司也是缺少活力的。因而实施激励措施,对于开创销售工作的生动局面很有意义。

10.3 汽车广告促销

10.3.1 汽车广告促销概述

1. 汽车广告的概念

广告有广义和狭义之分。广义的广告包括非经济广告和经济广告。非经济广告指不以盈利为目的的广告,包括各类公益性广告等。狭义的广告仅指经济广告,又称为商业广告,是指以盈利为目的的广告,通常是生产者、经营者和消费者之间沟通信息的重要手段,或企业占领市场、推销产品、提供劳务的重要形式。

汽车广告是汽车企业通过付款的方式,有计划地利用各种传播媒介沟通信息,树立企业形象、引导消费者、推销产品或服务的活动。汽车广告要体现汽车企业、品牌和汽车产品的形象,从而吸引、刺激、诱导消费者购买该品牌汽车。

2. 广告目标的选择

首先,应对企业营销目标、企业产品、定价和销售渠道策略加以综合分析,以便明确广告在整体营销组合中应完成的任务,以及达到什么样的目标。

其次,要对目标市场进行分析,使广告目标具体化。

广告目标具体包括以下内容。

(1) 促进沟通,需明确沟通到什么程度;

(2) 提高产品知名度,帮助消费者认识、理解产品;

(3) 建立需求偏好和品牌偏好;

(4) 促进购买,增加销售,达到一定的市场占有率和销售量。

3. 汽车广告的作用

汽车广告主要具有以下几个作用。

(1) 建立知名度。通过各种媒介组合，向消费者传达汽车信息，吸引目标消费者的注意。

(2) 促进了解。

(3) 有效提醒。如果潜在消费者已经了解到这款车型，但还在犹豫中尚未购买，广告能不断提醒消费者。

(4) 树立企业形象。对于汽车这样的高档耐用品，消费者在购买时，十分重视企业形象，广告可以提高汽车生产企业的知名度和声誉。

4. 广告同产品生命周期的关系

产品所处生命周期不同，广告的形式和目标应有所差异。对于处于导入期和成长期的产品，广告的重点应放在介绍产品知识、灌输某种观念、提高知名度和可信度上，以获得目标用户的认同，激发其产生购买欲望；对于处于成熟期的产品，重点则应放在创名牌、提高声誉上，指导目标用户的选择，说服用户，争夺市场；对于处于衰退期的产品，广告要以维持用户的需要为主，企业应适当压缩广告费用。

10.3.2 汽车广告定位

广告定位是指把广告的商品放在最有利的诉求位置上。广告定位，是为了突出广告商品的特殊个性，即在同类商品中所没有的优点，而这些优点正是特定消费者所需求的。广告定位明确了广告商品的市场位置，使广告诉求符合目标市场消费者的心理需求，诱导作用大，广告效果往往较好。

应用广告定位策略时，可以从商品本身进行定位，也可以从消费者方面进行定位。具体可分为以下几种形式。

1. 市场定位

市场定位是市场细分策略在广告中的具体运用，即把广告宣传的对象定位于最有利的目标市场上。广告在进行定位时，要根据市场细分的结果，进行广告产品市场定位，而且要不断地调整自己的定位对象区域。只有向市场细分后的产品所针对的特定目标对象进行广告宣传，才可能取得良好的广告效果。

2. 功能定位

功能定位是指在广告中突出产品的功能特点，使该产品在同类产品中有明显的区别和优势，以增强选择性要求。广告功能定位是以同类产品定位为基准，选择有别于同类产品的优异性能为宣传重点的。

3. 品质定位

品质定位即在广告中突出产品良好的品质。在现实生活中，广大消费者非常关注产品的内在质量，而产品质量的好坏决定了产品能否拥有一个稳定的消费群体。

4. 价格定位

如果商品的品质、性能、造型等方面与市场上同类产品相近似，没有什么特殊地方可以吸引消费者，在进行广告定位时可用此战略。在石油危机时期，美国人对汽车的燃油经济性产生了更高要求，丰田公司就利用其油耗低、价格低廉的汽车产品成功地在美国站稳脚跟。

5. 文化定位

每个品牌代表了一定的品牌文化，而品牌文化则和一定的价值观、生活方式联系起来。一旦消费者认同这种价值观和生活方式，消费者对该品牌产品的好感度也会大幅增加。当前有越来越多的广告以文化为策略，通过获得消费者的文化认同来诱导需求、促进销售。

10.3.3 广告媒体的选择

广告媒体是广告信息的载体和传播技术手段，广告信息是在广告公司的制作加工之后，通过媒介发送给广大消费者的，因而广告媒体在市场上起着重要作用。

1. 广告媒体的类型

(1) 印刷媒体。印刷媒体是指在广告制作、宣传中利用印刷技术的媒体，如报纸、杂志、信函、传单、宣传彩页等各种印刷品。这种类型的汽车广告十分普遍。

(2) 电子媒体广告。电子媒体广告是利用电子技术和信息技术进行宣传的形式，比如广播、电视、电影和互联网等，在汽车广告中占有举足轻重的地位。

(3) 户外广告。户外广告主要包括：路牌广告、霓虹灯广告、灯箱广告、车身广告、张贴广告、旗帜广告、气球广告等。

(4) 邮寄广告。邮寄广告是广告主通过邮寄向消费者和潜在消费者推销所售商品的方式。主要包括：产品目录、宣传手册、明信片、挂历广告等。邮寄广告是广告媒体中最灵活的一种，也是最不稳定的一种。

(5) POP广告。POP是"Point of Purchasing"的首字母缩写，也称为售点广告，即售货点和购物场所的广告。世界各国都把POP广告视为在一切购物场所的场内、场外所做广告的总和。具体来讲，POP广告是在有利和有效的空间位置上，为宣传商品，吸引消费者、引导消费者了解商品内容或商业性事件，从而诱导消费者产生参与动机及购买欲望的商业广告。如4S店内部的广告条幅、展板等，都属于POP广告。

2. 几种主要广告媒体的特点

1) 报纸广告

报纸广告的优势是：覆盖面广、读者稳定、传递信息灵活迅速，新闻性、可读性、知识性、指导性和记录性"五性"显著，便于保存，可以多次传播信息，制作成本低廉等。报纸广告的局限是它以新闻为主,广告版面不可能居于突出位置,广告有效时间短,日报仅有一天甚至半天的生命力;广告的设计、制作较为简单,形式单一,广告用语模式化。

2) 杂志广告

杂志广告是指利用杂志封面、封底、内页、插页为媒体刊登的广告。杂志广告的优势是阅读有效时间长,便于长期保存,内容专业性强,有独特的、固定的读者群,有利于有的放矢地刊登相应的商品广告。杂志广告的局限性突出表现为周期较长、不利于快速传播,由于截稿日期比报纸早,杂志广告的时间性不够明显。

3) 电视广告

电视广告是指利用电视为媒体传播放映的广告。电视广告的优势很明显,收视率高,插播于精彩的节目中间,观众为了收看电视节目愿意接受广告。电视广告形色兼备,视觉刺激强,能给人带来强烈的感官刺激。电视广告的局限性主要体现为电视广告制作成本高,电视播放收费高,而且瞬间消失。

4) 广播广告

广播广告是指利用广播为媒体播送传导的广告。由于广播广告传收同步,听众容易收听到最新、最快的商品信息,而且每天重播频率高、速度快、空间大,广告制作费也较低。随着汽车的普及,不少车主在驾车、乘车过程中都习惯收听广播,故而汽车产品和服务的广告针对性较强,效率较高。广播广告的局限性体现为只有听觉刺激,没有视觉刺激,而且瞬间即逝,不易保存。

企业在选择媒体种类时,除了应了解各种媒体的优缺点外,还应考虑目标消费者的喜好、产品种类及成本费用等。如要推出一款新的汽车产品,并重点介绍其特色和亮点,以报纸、杂志为宜,而广播、电视广告则在有限时间内很难说清。如企业选择在报纸上做广告,就要选择最适合的报纸种类,以使投放广告效果达到最好。

3. 常见汽车广告的宣传形式

1) 给消费者留下深刻印象

不少汽车广告的出发点都是通过广告的内容和形式给消费者留下深刻印象,给消费者带来一定的感官上的触动,进而促进消费者对此品牌和产品的认知度以及好感度的提升。如一些广告通过唯美的或刺激的场景来吸引消费者注意,有些广告以明星来吸引消费者,都属于这种类型。

2) 宣传品牌个性

每个汽车品牌都被企业赋予了一定的个性,以更好地赢得某个心理细分市场。如Jeep品牌代表了不惧艰险、追求自由的精神,如图10-2所示;宝马品牌代表了运动、激情与活力的个性;丰田卡罗拉车型被赋予居家、实用、可靠的个性。很多汽车广告都利用品牌或产品所代表的个性进行宣传,以打动对此种个性有认同感的消费者。

3) 宣传产品特性

不少以产品的功能、实用性、性价比为竞争优势的广告宣传,往往注重宣传产品特性。通过广告,传递给消费者本车的信息和特征亮点,帮助消费者在选择产品时进行横向比较。这种广告形式在商用车、国产轿车领域比较常见。

图10-2 宣传品牌个性的Jeep广告

4) 打情感牌

有些汽车广告，并不直接宣传产品，甚至整个广告看不到太多关于汽车产品的内容，而是用感人的语言、画面或情节来打动消费者，在无形中提高消费者对该品牌和产品的认知度和认同感。消费心理学研究证明，消费者在精神受到感动或打动时，记忆力会上升，对陌生产品的认同感会急速加强，很容易对宣传的内容产生好感。这种形式在汽车产品广告中十分常见。如2011年上海通用推出的"凯越人生"系列广告，用小短片的形式，讲述车主与凯越轿车的故事，以平实的形式和内容，打动消费者，从而提高消费者对凯越产品的好感度。

5) 针对竞争对手

针对竞争对手的品牌、产品以及广告而推出的广告，也是十分常见的一种宣传形式。如有的汽车公司为了迎接竞争对手的挑战，根据竞争对手的竞争行为，有针对性地开展广告宣传活动。

10.3.4 汽车营销广告

1. 汽车营销广告的特点

汽车营销广告是以市场营销观念为基础的广告，它与推销广告的根本区别在于：营销广告不是以企业为中心，而是以消费者为中心，强调从消费者需求及广告受众的接受心理出发，开展广告宣传，注重广告的整体效应和长期效应。

汽车营销广告的基本特点主要是：以消费者的需求为出发点；以树立企业和产品形象为宗旨；以扩大和占领市场为目的；以重视全面策划效应为手段。

2. 汽车营销广告的意识

汽车营销广告观念的形成，使现代广告出现了质的变化。在从消费者需求出发，开拓和巩固企业的目标市场，以实现企业战略营销目标的思想的指导下，现代企业在其广告行为中必须增强调研意识、竞争意识、策划意识和创新意识。

1) 调研意识

企业应增强调研意识，注意对目标市场消费行为的研究，有的放矢地开展广告宣传。

营销广告的核心在于从消费者的需求和接受心理出发，因此，必须在对目标市场消费行为进行充分调研的基础上进行广告宣传。具有营销广告观念的企业，要在对市场进行广泛调研的基础上，准确地寻找自己的目标市场和目标受众，并根据目标受众的需求和接受心理来进行广告定位，确定广告主题、广告内容、广告形式和广告传播方式。

2) 竞争意识

企业应增强竞争意识，注意对市场竞争态势和竞争对象的研究，提高广告竞争力。

营销广告十分注重目标市场的开拓和巩固，重视市场占有率的争夺，所以具有营销广告观念的企业一般都有极强的竞争意识。增强竞争意识的关键在于对因竞争双方差异所造成的机会的把握，并善于利用这些机会。

3) 策划意识

企业应增强策划意识，注意对广告战略和策略的研究，提高广告的整体效应。

由于营销广告不局限于短期的经济效益，而注重整体效应和长期效益，因此，具有营销观念的企业比较注重广告的整体战略策划。

汽车是一种实用性商品，消费者只能通过亲身体验才能感受得到其内在品质，而消费者对一款产品的认识，往往首先来自媒体。

2004年5月22日，南菱汽车集团美人豹4S店开业，该企业没有像常规的开业仪式那样，让记者车马劳顿陆陆续续赶到现场参加仪式，而是用十几辆全新的美人豹跑车集体迎接各大媒体的记者，请记者乘坐美人豹跑车从市区风风光光、浩浩荡荡地巡游到美人豹开业场地。这种做法既体现了经销商对于媒体朋友的尊重，又能让记者对美人豹有了亲身体验之后，去影响普通消费者。而且十几辆美人豹在市区巡游，可以引起市民的强烈关注，甚至形成社会议论的话题。

4) 创新意识

企业应增强创新意识，注重营销广告活动的策略研究，提高营销广告活动的科学性和艺术性。越来越多的汽车营销广告，以各种新鲜的形式和令人耳目一新的内容不断出现在汽车市场上，既不会像传统广告一样受到消费者排斥，又在无形中宣传了品牌和产品，提高了消费者的好感度。

3. 汽车营销广告的决策

汽车企业开展营销广告活动，需要决策的内容很多，除了树立营销广告意识之外，还应注意营销广告的产品定位、营销广告的创意设计、营销广告与汽车产品生命周期策略的制定、营销广告宣传时机的选择等。

1) 营销广告的产品定位

广告的产品定位就是在广告中突出宣传汽车产品的特点，确立市场竞争地位，在目标用户心目中塑造良好形象，从而最大限度地发挥广告效果。

广告中的汽车产品定位可分为如下两类。

(1) 实体定位。实体定位是从汽车本身的特点进行定位，主要包括功能定位、质量定位、价格定位，分别突出宣传汽车的独特功能和特色、过硬的质量、性价比。如对于SUV车型，应该定位于产品通过性强、安全性高、空间大等特色。

(2) 心理定位。心理定位主要包括正向定位、逆向定位和是非定位三种方法。正向定位是正面宣传汽车产品的亮点和特色；逆向定位是从反面进行产品宣传，赢得消费者支持，这种形式比较罕见；是非定位则强调自己与竞争对手的不同之处。

2) 营销广告的创意设计

确立了广告的媒体之后，还必须根据不同媒体的特点，设计并创作广告信息的内容和形式。应注意立意要独特，广告词要容易记忆，宣传重点要突出，从而达到广告内容讨人喜欢、独具特色和令人难忘的效果。

3) 营销广告与汽车产品生命周期策略的制定

汽车产品所处生命周期不同，广告的形式和目标应有所差异。对于处于导入期和成长期的产品，广告应侧重于介绍产品特征、灌输某种消费观念、介绍产品个性，以提高知名度和可信度，引起目标用户的认同；对于处于成熟期的产品，重点应放在创名牌、提高声誉上，指导目标用户的选择，说服消费者；对于处于衰退期的产品，广告要以维护用户需要为主，并尽可能保持用户对本企业和本品牌的忠诚度，将重点放在品牌宣传上，可适当压缩广告费用。

4) 营销广告的宣传时机

广告在不同的时间宣传，促销效果也大有不同。这一决策包括广告宣传期限和做广告的时间。如以电视广告为例，广告宣传期限是指企业根据整体市场营销战略，决定广告的起止时间，是集中时间做广告，还是均衡时间做广告，是季节性广告，还是节假日广告等。而做广告的时间是指企业决定究竟在哪一时刻做广告，是在黄金时间做广告，还是在一般时间做广告，是否与某一电视节目相关联等。

10.4 汽车营业推广策略

10.4.1 汽车营业推广的概念和特点

营业推广源于Sales Promotion，也称为"销售促进"，是指企业运用各种短期诱因，鼓励消费者和中间商购买、经销或代理企业产品或服务的促销活动。营业推广是与人员促销、广告和公共关系并列的4种促销方式之一，是构成促销组合的重要方面。

营业推广的对象主要包括目标用户和汽车经销商两类。针对目标用户进行营业推广，目的是鼓励用户试买、试用，争夺其他企业的客户，形式主要有服务促销、价格折扣、先使用后购买、以旧换新、展销、赠品、抽奖、卖方信贷服务等。针对经销商进行营业推广，目的是鼓励多买和大量购进，并建立持久的合作关系，主要形式有批量和现金折扣、展销、行业会议、销售奖励、广告补贴、商业信用、价格保证、互惠政策等。

营业推广作为重要的促销方式，主要有以下几个特点。

1. 见效迅速

可根据消费者心理和市场营销环境等因素，采取针对性很强的营业推广方法，向消费者提供特殊的购买机会，具有强烈的吸引力和诱惑力，能够唤起消费者的广泛关注，立即促成购买行为，在较大范围内收到立竿见影的功效。

2. 表现形式直观

许多营业推广工具具有吸引注意力的性质，可以消除消费者购买某产品的惰性。通过营业推广，可使消费者认识到这是难得的一次机会，对于那些精打细算的消费者来说具有很强的吸引力，但这类消费者对于任何一种品牌的产品都不会持续购买，是品牌转换者，而不是品牌忠诚者。

3. 与消费者开展互动

营业推广往往需要消费者或中间商积极参与，只有把他们的积极性调动起来，刺激其需求，促进其实现消费，才能达到企业的目的。因此，营业推广方案强调与沟通群体的互动性，以形成良好的商业氛围和商业关系。

4. 目标明确、易于量化

营业推广活动的开展都有一个十分明确的目标。而且由于营业推广见效迅速和具有短期性，活动结束后，促销的效果容易量化和衡量，促销目标的实现程度也易于掌握。

5. 短期性

营业推广的刺激性很强，但促销作用不能持久，持久地开展促销活动，促销的效果便会消失，而且会对企业产生不利影响。因此，营业推广活动的开展适宜在一个特定的时期内进行，活动不可能长期开展。在活动期间采取的优惠促销政策也只能在活动期内有效，活动结束后就要恢复到正常水平。如果营业推广经常化、长期化，就失去了营业推广的意义。

6. 只是辅助性促销方式

人员促销、广告和公共关系，都是连续的、常规的促销方式，而多数的营业推广则是非正规的，是广告和人员促销的一种补充手段，是为了提高广告和人员促销效果而采用的辅助性促销手段。采用营业推广方式开展促销活动，虽能在短期内取得明显的效果，但它一般不能单独使用，常需配合其他促销方式使用。营业推广可被视为一种催化剂和润滑剂，它的出现和使用可促进其他促销方式更好地发挥效果。

7. 使用不慎则可降低品牌、产品价值

采用营业推广的方式促销，可以使消费者感到"机不可失、失不再来"，进而能消除消费者需求动机的衰变和购买行为的惰性。不过，营业推广也可能使消费者认为企业有急

于抛售的意图。若频繁使用或使用不当，往往会引起消费者对产品质量、价格产生怀疑。因此，企业在开展营业推广活动时，必须注意选择恰当的方式和时机，将负面影响降到最低。

10.4.2 汽车营业推广的形式

1. 汽车营业形式

汽车营业形式主要是门店式营业，包括开业策划、门店策划、场景销售和现场促销。

1) 开业策划

开业是营业的起点，也是影响销售的重要因素。一般来说，开业策划应当产生"于无声处听惊雷"的效果，从而借助开业产生的轰动效应，增进消费者对产品的认知。

2) 门店策划

门店作为销售的外在环境，必然会引起消费者的心理和行为反应。

3) 场景销售

场景在此专指购物气氛，可以营造购物气氛的因素，既包括产品陈列、门店布置、服务设施等"硬件"，也包括服务态度、服务流程、促销策略等"软件"。

4) 现场促销

现场促销既是汽车营业的基本形式，也是汽车营业的本质特点。而销售人员的促销艺术对于汽车销售的成功具有十分重要的影响。许多市场营销学者都从不同角度提出了影响现场销售的诸多因素，既包括销售人员的言谈举止、服饰礼仪，也包括他们的观察与思考能力，具体表现为察言观色、把握时机、掌握分寸等。

2. 汽车推广形式

汽车推广形式有许多种类，主要包括展销会、订货会、汽车赛事、知识竞赛、免费用车等。

1) 展销会

展销即通过展览来促销，是促销的一种有效形式。展销会是一种面向社会公众的汽车推广方式，通过展销可起到"以新带旧""以畅带滞"的作用。同时，企业在展销期间，一般会给予购买者额外优惠。

2) 订货会

订货会是一种面向重要客户的汽车推广形式。一般来说，订货会都是由企业自办或行业联办的，通常邀请那些用量较大的直接客户，或者销量、影响力较大的中间商参加会议，向他们发布信息、介绍产品，同他们联络感情、建立关系，并通过洽谈来达到争取订单、推广产品的目的。

3) 汽车赛事

汽车赛事既是竞技体育的形式，也是汽车推广的形式。由于汽车赛事关注者多，并且具有强烈的趣味性和悬念性，企业可以利用这些赛事展示汽车产品的性能、质量以及企业的技术实力，以提高企业及产品的知名度和声誉。

10.4.3 汽车营业推广的常见工具

1. 分期付款

对于不少普通消费者来说，一次性付清车款较难以接受，因此，诸多汽车公司都可提供分期付款业务。

分期付款通过"首期付款"的方式，把价格"降"下来，实现了较低消费层次的现实购买力，并以余款延期缴纳的方式，解决了双方资金和资源的双重闲置。对于汽车企业来说，分期付款占用资金较大，周转回收慢，且要承担一定风险，因此，需要认真制定分期付款的细则，明确双方权责，引入信用评估体系，以推动"分期付款"的健康发展。

2. 汽车租赁销售

汽车租赁销售是指承租方向出租方定期交纳一定的租金，以获得汽车使用权的一种消费方式。租赁销售促进了汽车销售，使汽车工业获得了自我发展的资金来源，为汽车生产企业的技术更新提供了资金保证。

3. 汽车置换业务

汽车置换业务包括汽车以旧换新、二手车交易等项目的一系列业务组合。目前，汽车置换业务已成为全球流行的汽车销售方式之一。

4. 赠品

汽车企业在消费者购买汽车时附赠某些礼品，如纪念品、装饰品、保养用品、保养券等，可刺激消费者的购买欲望，有效提高消费者的满意度。

5. 免费试用

邀请消费者免费试用汽车，或进行试乘试驾，可刺激其购买兴趣。这种形式有利于让消费者身临其境感受汽车产品，进一步刺激消费者的购买欲望，最终达成交易。

6. 价格折扣

以价格折扣、优惠、折价券的形式进行汽车销售促进，是最为常见的一种形式。该种形式对消费者的吸引力大，见效快，效果好，可在短时间内大幅提高销售业绩。从长远来看，低价经营虽是局部微利，但这一促销策略可以强力地吸引消费群，并达到整体丰利的目的。

7. 大拍卖及大甩卖

商品大拍卖是将商品以低拍的方式，以非正常的价格来销售；商品大甩卖也是以低于成本或非正常价格的方式来销售。大拍卖和大甩卖，都是一种价格利益驱动战术。对商家而言，大拍卖和大甩卖又是一种清仓策略。通过大拍卖或大甩卖，能够集中吸引消费群，刺激人们的购买欲望，帮助企业在短期内消化掉积压商品。

8. 奖励

奖励是指在消费者购买某一车型后向其提供获得某种奖励的机会。奖励销售与赠品促销的区别是每一位使用公司服务的消费者都有得到奖励的机会，但最终得奖的只是个别消费者。一般情况下，奖品的金额较大，具有较强的吸引力，可以刺激消费者重复购买。

9. 累计消费奖励

汽车4S专营企业不仅提供整车消费，同时还提供其他的连带售后服务。一种是当消费者达到一定的售后服务次数或金额后，可通过某种证明获得一定的消费奖励。奖励可以是现金也可以是某种优惠服务。这种方法特别适合于相对时间较长的汽车售后服务，目的在于提高消费者的忠诚度。另一种是建立消费者档案，当消费者第二次购车或介绍朋友购车时给予一定额度的优惠。

10. 联合推广

联合推广是指两个或两个以上的企业进行销售促进方面的合作，以扩大各自产品的销售额或提高知名度。如某专卖店和汽车厂家联合开展"回馈顾客优质服务大行动"等。

10.4.4 制订详细的实施方案

一个销售促进的实施方案至少应包括下述基本内容。

1. 确定优惠额度的大小

若要取得促销效果，提供一定水平的额外利益是必不可少的。额外利益太小，不足以刺激消费者购买；额外利益太高，企业难以承受。

2. 促销对象的范围

通常企业需要针对参加促销活动的资格作出某些规定，企业只向符合特定条件的个人和团体提供优惠。

3. 告示消费者

如何使更多的消费者知道及参加促销活动是设计销售促进方案的一个重要环节。它包括两类情况：有些销售促进活动需在特定的销售现场进行，主要的问题是如何吸引消费者到场；另一些销售促进活动则需由主办者把销售促进用品如样品、礼品、优惠券等直接发给消费者，因此主办者需研究并确定分发销售促进用品的方式。

4. 持续时间

如果时间太短，许多消费者可能来不及参加；如果时间太长，销售促进也就失去了魅力，而且企业可能花费过高的成本。

5. 选择汽车促销的时机

应当制定全年的汽车促销活动安排，准确选择有利的促销时机，使各项活动有计划、有准备地进行，以配合汽车产品的生产、销售和各项售后服务的顺利开展，使消费者对公司形象形成整体的认识。在执行过程中，可根据不同消费市场的实际情况进行调整。

6. 制定预算

计算一项销售促进活动所需要的费用，可使用例中所示方法。假设某种品牌车型的正常零售价为68 000元，其中生产厂家毛利为10 000元，该企业准备在某一段时间实行优惠券促销，消费者凭券购买可获单台车1000元的优惠。企业希望在此期间出售10辆汽车。那么，此项销售促进活动所需费用的计算方法是：保本销量=总费用÷单位毛利。

10.4.5 汽车销售促进的实施及评价

1. 汽车销售促进的实施

汽车销售促进方案制订后，必须经过预试，再向市场投放。可以邀请消费者对几种不同的可能优惠办法作出评价和分等，也可以在有限的地区范围内进行试用性测试，以此明确促销工具是否适当、刺激效果是否最佳等。

汽车销售促进方案的实施必须包括销售准备阶段和销售延续阶段。销售准备阶段包括：最初的计划工作、设计工作、配合广告的准备工作和销售点的材料准备工作，以及通知现场促销人员，为个别分销网点建立分配额，购买或印刷特别赠品或包装材料，存放在中间商处，准备在特定日期发放，等等。销售延续阶段是指从开始实施优惠办法起，到大约95%的采取此优惠办法的汽车产品已在消费者手里为止的这一段时间。

2. 汽车销售促进的评价

一般用两种方法对汽车销售促进的效果进行衡量：销售数据和消费者调查。

1) 销售数据

通过销售数据可以对比出消费者在促销前后的购买行为的差异，从而分析出各种类型的消费者对促销的态度，以及购买促销汽车产品的消费者后来对该品牌或其他品牌的行为。

2) 消费者调查

通过这种调查，可以了解有多少人记得这次促销、他们的看法如何，以及这次促销对于他们随后选择品牌行为的影响程度。在评估促销结果时，决策层还要注意一些可能花费的成本和出现的问题。例如，促销活动可能会降低对品牌的长期忠诚度，因为消费者会形成重视优惠的倾向而不是重视广告的倾向；某些促销方式还可能刺激经销商，促使他们提出额外的折让要求；促销费用可能超过预算等。

10.4.6 汽车促销活动策划书模板

一份完善的汽车促销活动方案应包括12部分。

1. 活动目的

在这一部分，主要对市场现状及活动目的进行阐述。具体包括：市场现状如何？开展这次活动的目的是什么？是处理库存、提升销量、打击竞争对手、新品上市，还是提升品牌认知度及美誉度？只有目的明确，才能使活动有的放矢。

2. 活动对象

在这一部分，需解决的问题主要有：活动针对的是目标市场的每一个人还是某一特定群体？活动控制在多大范围之内？哪些人是汽车促销的主要目标？哪些人是汽车促销的次要目标？对上述问题的决策会直接影响汽车促销的最终效果。

3. 活动主题

在这一部分，主要解决以下两个方面的问题。
1) 确定活动工具

主要的汽车促销活动工具有降价、价格折扣、赠品、抽奖、礼券、服务汽车促销、消费信用等。在选择汽车促销工具和汽车促销主题时，要考虑活动的目标、竞争条件和环境以及汽车促销的费用预算和分配。

2) 包装活动主题

在确定了主题之后要尽可能地使活动主题艺术化，以淡化汽车促销的商业目的，使活动更接近和打动消费者。这一部分是汽车促销活动方案的核心部分，应力求创新，使活动具有震撼力和排他性。

4. 活动方式

这一部分主要阐述活动开展的具体方式，有两个问题要重点考虑。
1) 确定伙伴

企业应明确，是拉上政府做后盾，还是挂上媒体？是汽贸公司单独行动，还是和汽车厂家联手？或是与其他汽贸公司联合开展汽车促销？和政府或媒体合作，有助于借势和造势；和汽车厂家或其他汽贸公司联合，可整合资源、降低费用及风险。

2) 确定刺激程度

要使汽车促销取得成功，必须使活动具有刺激力——能刺激目标对象积极参与。刺激程度越高，促进销售的反应越大。但这种刺激也存在边际效应，因此，必须根据汽车促销实践进行分析和总结，并结合客观市场环境确定适当的刺激程度和相应的费用投入。

5. 活动时间和地点

汽车促销活动的时间和地点选择得当可达到事半功倍的效果，否则费力不讨好。在时间上尽量让消费者有空闲参与，在地点上也要让消费者方便，而且要事前与城管、工商等部门沟通好。此外，对于活动持续多长时间效果会最好这一问题也要深入分析。持续时间过短，会导致消费者在这一时间段内无法实现购车，很多应获得的利益不能实现；持续时间过长，又会引起费用过高且市场难以形成热度，并降低企业及产品在消费者心目中的价值。

6. 广告配合方式

一场成功的汽车促销活动，需要全方位的广告配合。选择什么样的广告创意及表现手法？选择什么样的媒介配合？这些都意味着受众抵达率和费用投入的差异。

7. 前期准备

前期准备包括三个方面。

1) 人员安排

在人员安排方面，要做到"人人有事做，事事有人管"，无空白点，也无交叉点。应明确以下问题：谁负责与政府、媒体进行沟通？谁负责文案写作？谁负责现场管理？谁负责礼品发放？谁负责解决消费者投诉？各个环节都要考虑清楚，否则就会临阵出麻烦，顾此失彼。

2) 物资准备

在物资准备方面，要事无巨细，大到车辆、小到螺丝钉，都要罗列出来，然后按单清点，确保万无一失，否则必然导致现场的忙乱。

3) 试验方案

尤为重要的是，由于活动方案是在经验的基础上确定的，因此有必要进行必要的试验来判断汽车促销工具的选择是否正确、刺激程度是否合适、现有的途径是否理想。试验方式可以是询问消费者、填调查表或在特定的区域内试行方案等。

8. 现场管理和控制

1) 活动纪律

纪律是战斗力的保证，是方案得到完美执行的先决条件。因此，在方案中应对参与活动人员应遵守的各方面纪律作出细致的规定。

2) 现场控制

现场控制主要是把各个环节安排清楚，要做到忙而不乱、有条有理。同时，在实施方案的过程中，应及时对汽车促销范围、强度、额度和重点进行调整，以保持对汽车促销方案的有力控制。

9. 后期延续

后期延续主要解决媒体宣传的问题。要考虑这次活动将采取何种方式通过哪些媒体进行后续宣传。一定要使每一次汽车促销活动都能在媒体上引起强烈反响。

10. 费用预算

没有利益就没有存在的意义。因此，企业应对汽车促销活动的费用投入和产出作出预算。

11. 意外防范

每次活动都有可能出现一些意外。比如遭到相关部门的干预、消费者的投诉，甚至天气突变导致户外的汽车促销活动无法继续进行等。为保证促销活动的顺利进行，企业必须对各种可能出现的意外事件做必要的人力、物力、财力方面的准备。

12. 效果预估

企业应预测这次活动会达到什么样的效果，以利于活动结束后与实际情况进行比较，并从刺激程度、汽车促销时机、汽车促销媒介等方面总结成功点。

以上12个部分构建了汽车促销活动方案的框架，在实际操作中，汽车企业应进行分析比较和优化组合，以实现最佳效益。

10.5 汽车产品营销公关

10.5.1 公共关系的特征

与广告和销售促进一样，公共关系是另一个重要的汽车营销工具。公共关系是指在个人、公司、政府机构或其他组织间传递信息，以改善公众对他们的态度，为企业的生存发展创造良好条件。公共关系包括以下特征。

(1) 公共关系不仅体现为汽车产品的公共宣传，而且体现为树立汽车企业的整体形象、汽车产品的品牌形象，是企业长远发展战略的一部分。

(2) 公共关系有助于妥善处理顾客、经销商、新闻媒介、政府机构、内部员工等各方面的社会公众关系，为汽车企业的发展创造一个良好的外部环境。

(3) 公共关系传播手段很多，可以通过媒体或直接传播的方式传播信息。

10.5.2 公共关系的作用

1. 建立知晓度

公共关系利用媒体来讲述一些情节，可吸引公众对汽车产品的兴趣。如在帕萨特的诞生过程中，便充分利用了媒体宣传和各种公关活动，来吸引目标消费者对该款车的注意力；又如某汽车品牌热衷于赞助大型体育赛事，以吸引消费者关注。

2. 树立可信性

如有必要，公共关系可通过社论性的报道来传播信息以增加可信度。例如，"一汽汽车质量万里行"的报道，获得了公众的认可和信任，提高了企业形象。

3. 刺激促销人员和经销商

公共关系有助于提高促销人员和经销商的积极性。在新车投放市场之前先以公共宣传的方式披露，便于经销商将新车推荐给目标消费者。

4. 降低促销成本

公共关系的成本比广告的成本要低得多，促销预算少的企业，适宜较多地运用公共关系，以便获得更好的宣传效果。

10.5.3 汽车营销公共关系策略

企业的公共关系策略分三个层次：一是公共关系宣传，即通过各种传播手段向社会进行宣传，以扩大影响，提高企业的知名度；二是公共关系活动，即通过举办各种类型的公关专题活动来赢得公众的好感，提高企业的美誉度；三是公共关系意识，即企业员工在日常的生产经营活动中所具有的树立和维护企业整体形象的思想意识。在企业市场营销活动中，公共关系策略经常与其他营销策略配合使用，以便充分发挥各项策略的整体效应，使公共关系策略的实施效果更好。例如，公共关系策略可融于产品设计、商标设计以及价格制定的工作之中，通过产品形象塑造达到树立企业形象的目的；再如，将公共关系策略与推销、广告、销售促进等手段结合起来，从而增强促销的综合效果。

一般情况下，企业制定公共关系策略可以采用以下几种方式。

1. 新闻宣传

企业可通过新闻报道、人物专访、报告文学、记事、特写等形式，利用各种新闻媒介对企业进行宣传。新闻宣传无需付费，而且具有客观性，能取得比广告更好的宣传效果。然而，新闻宣传的机会往往来之不易，机会的获得需要企业有关人员具备信息灵通、反应灵敏、思维活跃等素质和条件，以便发现事件的报道价值，及时抓住每一个可能的新闻宣传机会。企业也可以通过召开新闻发布会、记者招待会等途径，随时将企业新产品、新动向通过新闻界及时传达给社会大众。此外，还可以"制造新闻"，吸引新媒介关注，以求社会轰动效应。制造新闻并不是捏造事实、欺骗公众，而是对事件的发生事先进行计划，如利用一些新闻人物的参与、创造一些引人注目的活动形式、针对社会焦点问题表态亮相等，都可能增强事件的新闻色彩，引起新闻界的注意，进而给予报道。

小资料

福特公司的一次公关活动

福特汽车公司在甲板上发布新产品就是一次成功的公关策略。福特汽车公司的金全垒打在上市之前,针对新闻媒介的发布会极具创新性和新闻性,因而引起广泛关注,不但做了图文并茂的介绍,而且提升了话题性,使该车未上市先轰动。

这个被传播媒介称为"海陆大餐"的发布会,是由福特汽车公司在从高雄港租用的华轮的甲板上举行的。总费用包括记者的食宿、交通费用等,大约在100万元以上。

但这项花费是值得的,因为第二天的报纸都刊登了这则新闻,甚至被电视台当作新闻处理,而且还有录像将甲板上的热闹气氛播映出来,为福特公司做了一次很好的宣传。

资料来源:上海大学自编.汽车营销案例集

2. 公共关系广告

企业的公关活动也包括利用广告进行宣传,即公共关系广告。公共关系广告与商业性广告的区别在于:它以宣传介绍企业的整体形象为内容,而不仅仅宣传介绍企业的产品或劳务;它以提高企业的知名度和美誉度为目的,而不仅仅为了扩大销售;它追求一种久远的、战略性的宣传效应,而不像一般商业广告那样要求取得直接的、可度量的传播效果。企业利用公共关系广告可以向社会公众介绍自己的业务范围和经营方针,宣传本企业的价值观念,展示企业在生产、技术和人才等方面的规模和实力;率先发起某种社会活动,提倡某种新观念,表明企业的社会责任感。此外,企业在开展征集名称、徽标、广告语、答案、意见等活动时,也能够达到吸引公众对企业的注意力、提高企业知名度的目的。

1) 公开出版物

公开出版物包括汽车年度报告、小册子、文章、视听材料以及公司的商业信件和汽车杂志等。美国克莱斯勒公司的年度报告几乎就是一份促销小册子,通过它可向其股东促销每一种新车。小册子可在向目标消费者介绍汽车产品的性能、使用、配备等方面起到很重要的作用。汽车企业领导人撰写的文章能引起社会公众对汽车公司及其产品的注意。公司的商业信件和汽车杂志可以树立汽车公司形象,向目标市场传递重要新闻。如《中国汽车报》《中国交通报》等,都是较权威的汽车行业杂志,易获得消费者的信赖。视听材料的成本高于印刷材料,但是电影、幻灯、录像等具有形象、生动的特点,能使消费者留下很深的印象。

2) 事件

公司通过安排一些特殊的事件来吸引公众对其汽车新产品和该汽车公司其他事件的注意,以接近目标公众。这些事件包括记者招待会、讨论会、展览会、竞赛、周年庆祝会、运动会和各类赞助活动。1998年,上海大众为了配合新型桑塔纳"时代超人"的推出,与上海大众合作在新疆举行桑塔纳轿车拉力赛活动,这一事件在不同程度上为新产品上市做了宣传,并使其在目标消费者中产生了良好的影响。

3) 企业自我宣传

这是企业运用所有自己能够控制的传播媒介进行宣传的形式。例如,企业通过各种印刷品对企业概况、产品目录进行宣传、介绍;企业创办内部刊物,以增进员工和外部公众对企业的了解;企业举办展览会,用实物、图片、录像等向公众介绍企业的发展历史、展示企业的经营成果,以此扩大企业的影响;企业精心设计或选择一些有象征意义、收藏价值的公关纪念品,借会议、展览等各种活动之机散发给公众,从而加深公众对企业的记忆,巩固公众对企业的感情。

4) 人际交往

人际交往是指不借助传播媒介,而是在人与人之间直接进行交流和沟通的公共关系传播形式。在公共关系活动中,它是一种应用最广泛、最常见的传播手段。通过人际交往,企业可以同社会各界广泛接触、加强合作,以改善企业的营销环境。常见的人际交往方式有定期走访、经营情况通报、演讲、咨询、调查、游说、举行联谊会,甚至可以组建或参与一些社团组织。

5) 公益服务活动

企业可以通过向某些公益事业捐赠一定的款项和实物,以提高公众信誉。例如,1998年,上海汽车工业销售总公司在辽宁和湖南捐资援建希望小学,同年向遭受洪灾的地区捐款人民币105万元。此举更进一步扩大了该企业在这些地区的影响,提高了企业美誉度。

又如,日本丰田公司为了维系汽车销售市场,采用了一些"以迂为直"的公关策略,具体包括以下做法。

(1) 从解决城市的汽车与道路问题入手,成立"丰田交通环境保护委员会"。通过投资修路和建设"人行道天桥"及对交通问题的调查研究,缓解了交通拥挤的现象;

(2) 为儿童修建汽车游戏场,从小培养他们对汽车的兴趣;

(3) 开办汽车学校;

(4) 赞助汽车赛事与汽车俱乐部。

这些活动,在一般人看来,都是平常小事,但作为一种"以迂为直"的公关策略,帮助丰田公司达到了开拓市场、增加销售、提高效率的目的。

10.5.4 公关活动的内容

公共关系的主要任务是沟通和协调汽车企业与社会公众的关系,以争取公众的理解、支持、信任和合作,从而扩大汽车销售。根据企业公共关系的对象和企业的发展过程,公共关系的内容主要包括如下几个。

1. 汽车企业与消费者的关系

在市场经济体制下,"顾客就是上帝"。汽车企业要加强与消费者的沟通,促使其对企业及其品牌汽车产生良好的印象,以提高企业与产品在社会公众中的知名度与美誉度。

2. 汽车企业与相关企业的关系

相关企业包括竞争企业和合作企业两类，企业无时无刻不与它们发生关系。对于竞争企业，企业要注意树立公平竞争的思想；对于合作企业，企业要注意互惠互利、密切合作。

3. 汽车企业与新闻界的关系

新闻媒介制造和影响着社会舆论，从而强有力地影响着社会公众的态度。在现代社会中，新闻媒体和新闻工作者的作用日益突出。它不仅可以创造出社会舆论，而且能引导消费，从而间接调整企业行为。汽车作为一种耐用消费品，公众在购买时是很谨慎的，汽车企业要想争取社会公众，建立并维持好的形象和声誉，就需将新闻媒介作为一个重要的公关对象，同它们保持经常的和广泛的良好关系。

4. 汽车企业与政府的关系

政府是国家权力的执行机关，同时也是引导企业适应宏观经济发展要求的调控者，企业的活动应服从政府的监督，遵守政府制定的各项法律法令。

5. 汽车企业与社区的关系

社区是企业外部环境的重要组成部分，企业要扎根于社区中。社区公众如公民、非营利组织以及邻近的企业，都会从各个方面影响着企业的经营活动。

6. 汽车企业与内部公众的关系

企业的内部关系是指企业员工、部门之间的关系及股东关系的总称。企业应加强内部各方面的信息交流，增进相互了解，千方百计地使内部公众树立与企业同呼吸、共命运的思想意识。

10.5.5 汽车营销公关计划的执行、评价

1. 公关计划的执行

执行公共关系计划要求具备认真谨慎的态度，当公共宣传包括各种层次的特别事件时，例如纪念性宴会、记者招待会、全国性竞赛等，企业应格外认真。公共宣传人员需要具备细致认真的态度、灵活处理各种情况的能力。

2. 公关计划的评价

由于公共关系常与其他促销工具一起使用，故其使用效果很难衡量。汽车营销公关的效果常通过展露度、公众理解和态度情况、销售额和利润贡献三个方面来衡量。

1) 展露度

企业可通过计算出现在媒体上的展露次数来衡量公关效果，这种方法简单易行，但无法真正衡量到底有多少人接收了这一信息及对他们的购买行为是否产生影响。

2) 公众理解和态度情况

通过这一指标,可衡量公共宣传活动引起的公众对汽车产品的品牌理解、态度等的前后变化水平。

3) 销售额和利润贡献

公共关系通过刺激市场、同消费者建立联系,可以把满意的消费者转变成品牌忠诚者,从而提高销售额和利润。计算销售额和利润贡献率,是衡量公共关系效果最科学的方法。

10.5.6 汽车营销公关策划书范本

1. 汽车营销公关的目标

汽车营销公关策划首先要确定实际工作的目标,目标的确定应以汽车营销公关调查的结果为依据。调查内容通常包括公司组织形式、发展方向、人员素质、公司大众形象、目前重大工作事项、竞争对手的汽车营销公关情况等方面。

2. 汽车营销公关的目标群

确定汽车营销公关的目标后,应根据目标选定目标群。汽车营销公关目标群包括:消费大众、公司员工、经销商、供应商、传播媒体等。并依据选定目标群的重要程度对目标群进行排序,如主要影响者、次要影响者、再次要影响者。确立目标群后,即可针对目标群选择沟通媒介与活动方式。

3. 汽车营销公关的沟通媒介

(1) 大众传播媒介。主要包括报纸、电视、杂志、广播等。

(2) 公司传播媒介。主要包括企业内部刊物、公司简介、书籍、录像带、幻灯片等。

(3) 其他传播媒介。主要包括口头式传播,如演讲、面谈、电话等;书面式传播,如信函、海报、传单等。

4. 汽车营销公关的活动方式

针对消费大众的公关活动主要有如下几种方式。

(1) 组织各种消费团体到公司参观,让他们了解企业。

(2) 通过大众传播媒介把公司的经营理念、奋斗经历、管理风格介绍给大众。

(3) 出版公司和创办人、经营者的传记,介绍企业的经营管理与奋斗理想。

(4) 不断改善服务品质,设专职机构解答与销售相关的各种疑问。

(5) 配合公司销售出版公益手册,并大量赠送给消费大众。如购车常识,车辆的维修与保养等。

(6) 重视投诉,设专门机构处理各种投诉函件。

(7) 成立基金会,赞助或举办体育、文化、教育、慈善活动以及其他公益活动。

针对某一地区(城市)大众的公关活动主要有如下几种方式。

(1) 通过当地的大众传播媒介，让当地大众了解企业的运作情况。

(2) 赞助当地各种体育活动以及其他公益事业。

针对公司员工的公关活动主要有如下几种方式。

(1) 利用公司的内部刊物，让员工了解公司的经营情况、未来的发展目标、各项规章制度、人事变动、员工的工作业绩等。

(2) 建立员工提案制度，广纳员工的意见和建议等。

(3) 利用各种方式加强与员工的联系。

(4) 定期走访员工家庭，了解员工的生活情况与工作上的困难，并借机征求员工对公司的意见。

5. 汽车营销公关的预算

企业应针对汽车营销公关的活动方式编出预算表，并根据汽车营销公关的目的适时控制预算与进度，确保取得最优效果。

6. 汽车营销公关的成效评估

最后，企业应核对汽车营销公关的目标与成果，写出评估报告，说明本公关策划案的成功与失败之处，并分析成功与失败的原因，以供日后拟订策划案时参考。

思考题

1. 汽车产品促销的方式有哪几种？
2. 简述"推动式"销售和"拉动式"销售的内容与特点。
3. 人员促销有哪些特点？
4. 汽车营销广告有什么特点？与推销广告的区别是什么？
5. 什么是营业推广？营业推广这种促销方式具有哪些特点？
6. 为了响应厂商进一步扩大宣传、拓展潜在市场的要求，某地的斯柯达经销商准备举行一次以"斯柯达品牌进大学校园"为主题的展销活动，请你为该次活动设计一份营销策划方案。

第三篇
汽车营销实务

第11章

汽车营销人员及销售准备

11.1 汽车营销人员的职责

汽车营销人员的职责是指作为汽车营销人员必须做的工作和承担的相应责任。汽车营销人员是汽车销售过程的主体,是联系企业与顾客的桥梁和纽带。因此,汽车营销人员在汽车销售中既要对企业负责,又要对顾客负责。

在优胜劣汰的市场竞争中,汽车营销人员的职责并非仅限于把产品销售出去,而是承担着多方面的任务。对汽车营销人员来讲,每一次销售活动的具体任务可能是不同的,不同类型的销售工作也有着不同的工作内容,但企业的汽车营销人员,都承担着一些相同的基本职责。明确汽车营销人员的职责范围,不仅是对汽车营销人员的具体要求,也是挑选、培养汽车营销人员的条件、目标和方向。

一般来说,汽车营销人员的职责包括收集信息、沟通关系、销售商品、提供服务、树立形象等几方面。

11.1.1 收集信息

收集信息是汽车营销人员的一项重要职责,特别是在信息化的今天,企业能否在竞争中取得有利地位,在很大程度上取决于信息获取程度的高低。销售人员是企业和市场之间、企业和顾客之间的桥梁与纽带,对于获取信息具有十分有利的条件,易于获得如需求动态、竞争状况、顾客意见等重要信息。及时、持续不断地收集这些信息,并把这些信息加以整理和分析,反馈给企业,是汽车营销人员的一项重要职责。这不仅可以为企业制定正确的营销策略提供可靠的依据,而且有助于营销人员提高自己的业务能力。因此,企业要加强对营销人员的培养,使其自觉当好企业的"耳目",在走访顾客、销售商品、提供售后服务的同时有意识地收集市场信息。同时要建立相应的规章制度,使信息反馈工作制度化、经常化。

通常情况下,企业要求汽车营销人员收集的信息包括:①市场供求关系状况及变化趋势;②顾客特征、消费结构等;③顾客需求的状况及变化趋势;④顾客对产品的意见和要求;⑤顾客对企业销售政策、售后服务的意见;⑥竞争对手的状况。

11.1.2 沟通关系

汽车营销人员运用各种管理手段和人际交往手段,建立、维持和发展与主要潜在顾客、老顾客之间的业务关系和人际关系,以便获取更多的销售机会,扩大企业产品的市场份额。这也是汽车营销人员的重要职责。

正如乔·吉拉德所说的"售后是销售的开始",汽车营销人员将产品销售出去,不是工作的结束,还必须继续保持与顾客的联系。汽车营销人员必须改变"买卖完成即分手"的观念,应与顾客建立长期的联系。成交后,营销人员不仅要与顾客继续保持长期联系,使老顾客在更新产品时继续使用本公司的产品，还要千方百计发展新关系，吸收、说服潜在顾客购买本企业的产品，不断开拓新市场、扩大市场范围。

目前，这项工作在我国汽车营销市场中，并没有得到应有的重视。而在西方成熟的市场中，企业和营销人员往往都会建立顾客数据库，定期与老顾客进行联系、回访等活动，这也是西方消费者品牌忠诚度较高的原因之一。

11.1.3 销售商品

汽车营销人员将汽车企业生产的商品从生产者手中转移到消费者手中，满足消费者的需要，为企业再生产创造条件。这是汽车营销人员最基本的职责，也是销售工作的核心环节。

销售商品是通过销售过程中的一系列活动来完成的。这些活动包括寻找潜在顾客、准备进行访问、介绍商品、处理异议、价格谈判及确定交货细节等。此外，还包括销售商品所必需的一些辅助活动，如商务旅行、调查、制作文案、参加展会、交际应酬等。美国一份调查显示：汽车营销人员花在旅行及拜访顾客方面的时间占全部工作时间的26%，花在调研及文案工作方面的时间占全部工作时间的23%，而真正花在与顾客接触、说服顾客购买及与顾客谈判方面的时间仅占41%。汽车营销人员的其他职责的完成与否，都对是否成功地销售商品具有一定的影响。因此，成功地销售商品，是汽车营销人员履行职责的基础。

11.1.4 提供服务

"一切以服务为宗旨"是现代销售活动的出发点和立足点，"产品是服务的一部分"。汽车营销人员不仅要为顾客提供符合其需求的商品，更重要的是要为顾客提供各种周到和完善的服务。服务是产品功能的延伸，有服务的销售才能充分满足顾客的需要，而缺乏服务的产品仅是半成品。当今企业的竞争日趋集中在非价格竞争上，非价格竞争的主要内容就是服务。

汽车营销人员所提供的服务包括售前、售中和售后服务。售前服务通常包括：帮助顾客确认需求和要解决的问题，为顾客提供尽可能多的选择，为顾客的购买决策提供必要的咨询等。售中服务包括：为顾客提供买车咨询、融资贷款、保险、上牌、办理各类税费和手续等方面的帮助，以及帮助顾客顺利地初次使用产品。这些服务往往是销售成功的关键，这些能为顾客带来额外利益的服务项目往往成为决定成交与否的主要因素，尤其是在商品特征本身区别不大的情况下，顾客总是选择那些服务比较好的厂家。售后服务主要包括维修、保养、技术咨询、零配件供应及各种承诺的兑现等。这些服务不仅能够增强顾客的满足感，巩固与顾客的关系，而且有利于树立良好的企业形象，增强企业的竞争能力。

11.1.5 树立形象

汽车营销人员通过销售过程中的个人行为，可使顾客对企业产生信赖或好感，并促成这种信赖和好感扩散，进而为企业赢得声誉，树立良好形象。例如，很多品牌4S店员工统一着装，这就是一种树立企业形象的简单方式。汽车营销人员是连接企业与顾客的纽带，他要将企业的商品、服务及有关信息传递给顾客。汽车营销人员在进行销售时，其一言一行完全代表了企业。在顾客面前，销售员就是企业，顾客是通过销售员来了解、认识企业的。因此，能否为企业树立良好的形象，也是衡量汽车营销人员能力高低的重要标准之一。树立良好的企业形象，营销人员需要做一系列扎实的努力。首先，要推销自己，以真诚的态度与顾客接触，使顾客对汽车营销人员产生信赖和好感；其次，使顾客对交易过程满意；最后，使顾客对企业提供的售后服务满意。此外，汽车营销人员还应尽量帮助顾客解决有关企业生产经营方面的问题，向顾客宣传企业。

树立了良好的企业形象，也就树立了良好的商品形象，而良好的商品形象是销售活动顺利进行的物质基础。因此，企业形象直接影响顾客的购买行为，良好的企业形象不仅是顾客完成本次购买的条件，也是其今后购买乃至长期购买的前提。

11.2 汽车营销人员的基本素质和能力

11.2.1 汽车营销人员的素质

汽车营销人员的素质包括业务素质和个人素质两项内容。

1. 业务素质

业务素质主要包括具备现代营销观念、具有丰富的专业知识、具有扎实的销售基本功、具有熟练的销售技巧。

1) 具有现代营销观念

营销观念是指营销人员对营销活动的基本看法和在销售实践中遵循的指导思想。营销观念决定着营销人员的销售目的、销售态度，影响着销售过程中各种销售方法和技巧的运用，也最终影响着企业和顾客的利益。在销售活动中，营销人员必须牢固树立"以消费者需求为中心"的现代营销观念。

现代营销观念是一种"以消费者需求为中心，以市场为出发点"的经营指导思想，该观念认为：销售是用适当的方法和技巧，阐明商品或服务能给消费者带来的满足，并在满足其需要中获得企业利益。

2) 具有丰富的专业知识

汽车营销人员需要掌握的专业知识是非常广泛的，这也是汽车营销与其他产品"销售"的不同之处。汽车营销人员需要具备的专业知识包括企业知识、产品知识、市场知识和用户知识等。

(1) 企业知识。掌握企业知识，一方面是为了满足顾客在这方面的需求；另一方面是为了使得整个营销活动体现企业的方针、政策，达到企业的整体目标。企业知识既包括本企业的知识，也包括所代理或经销品牌企业的知识。本企业的知识主要是企业的历史沿革、在同行中的地位、企业的经营方针、规章制度、本地区竞争状况、销售政策、结算方式等。所代理品牌或经销企业的知识主要包括品牌历史、品牌文化、企业规模、生产能力、发货方式、定价政策、结算方式、售后服务政策等。

(2) 产品知识。汽车营销人员虽不是汽车技术专家，不可能详细了解关于车辆的全部知识，但对"顾客想了解和关心"的知识则是应必须了解的。对于汽车顾客来说，作出的购买决策往往是经过慎重思考和比较的，所以顾客在购买之前，总会设法了解产品的性价比，以减少购买的风险。顾客喜欢那些能为其提供大量知识的营销人员，包括车辆的技术知识、使用知识及售后知识等，对其能格外产生信任感。汽车营销人员不仅仅销售商品，更重要的是销售知识、传播观念。一般来说，汽车营销人员应对以下方面有较深的了解：车辆的生产厂家、性能、使用、维修与保养、装潢美容等。同时，汽车营销人员还必须了解竞争商品的性能、价格等有关知识。

(3) 市场知识。市场是企业和汽车营销人员活动的舞台，了解市场运行的基本原理和开展市场营销活动的方法，是企业和汽车营销人员获得成功的重要条件。汽车营销人员应努力掌握市场运行的基本原理、市场营销及产品销售的策略和方法、市场调研与预测的方法等。除此之外，还应掌握现实顾客的情况、寻找潜在顾客的途径、本地区竞争状况等知识。

(4) 用户知识。用户知识主要包括产品的趋向分布，用户的心理、性格、消费性和爱好，何人掌握购买决策权，用户的购买动机、购买习惯、购买条件、购买方式、购买时间等内容。此外，还包括法律知识、财务知识、人际关系知识、经济地理知识等。因此，汽车营销人员必须具备丰富的专业知识和求知欲，善于学习和积累要完成销售工作所必备的知识。

3) 具有扎实的销售基本功

汽车销售基本功是汽车营销人员胜任汽车营销工作的基本前提，是可以通过学习和练习培养的，一般包括以下几个方面。

(1) 用职业的方法开拓客户。这是汽车营销人员的首要基本功。汽车营销人员应该具有开放的心态，随时随地有意识地寻求各种与销售相关的信息，把人们认为毫不相关的问题联系起来，从而构成自己的市场；应该具有吃苦耐劳的精神，善于独辟蹊径，有耐心去等待客户，有勇气去开拓客户，用巧妙的方法诱导客户，用机智的慧眼去洞察客户。

(2) 用公关的方式去接触客户。汽车营销人员必须具备公关的能力，需接受一定的公关培训，使客户愿意同其见面，在客户心中建立良好的第一印象。

(3) 能准确地判断客户。汽车营销人员应学会察言观色，明了客户所思所想，挖掘客户内心的真正需求。汽车营销人员应能判断谁是真正的购买者，应能判断客户的性格、爱好及购买力。

(4) 有效处理来自客户的障碍。汽车营销人员要有较强的承受力，有化解客户制造的障碍的能力。因此，需要汽车营销人员明白客户制造障碍的原因，并能用恰当的方法进行处理。

4) 具有熟练的销售技巧

销售技巧贯穿于整个销售活动的始终。汽车营销人员应熟练地掌握发掘顾客的各种方法，创造吸引顾客应具备的条件，取得顾客的信任；展现良好的个人风貌，赢得顾客的好感；能有效地克服顾客购买时的心理障碍；善于交谈，善于把握顾客心理，能正常处理顾客提出的各种异议；善于把握成交的最佳时机；热心为顾客服务，为顾客排忧解难，并能适时、恰当地处理顾客提出的各种抱怨，增进顾客的满意度，最终成交。

2. 个人素质

个人素质是指汽车营销人员自身应具有的条件和特点。汽车营销人员在销售商品的同时，也是在销售自己，获得顾客对个人的认可、好感，也会大大增加成交的几率。个人素质主要包括强烈的公关意识、良好的心理素质、高尚的职业道德、合理的知识结构、全面的工作能力。

1) 强烈的公关意识

公关意识是一种综合性的职业意识，良好的公关意识能促使汽车营销人员的行为处在主动和自觉的状态，使其对环境变化、人员变化有一种能动、开放、创造性的适应机制，从而能创造性地完成汽车营销任务。没有公关意识的人，即使他具有很好的专业知识，有很好的心理调节，也不可能成为一个优秀的营销人员，往往只能机械地模仿，不知不觉步入"汽车销售的误区"。对于汽车营销人员的公关意识，具体有以下几点要求。

(1) 对汽车市场新事物、新情况具有敏感性。汽车营销人员要对汽车市场新事物、新情况具有敏感性，对汽车市场的微妙变化能及时察觉，能从销售资料或数据中看出趋势，从平静的市场表象中看出潜伏的危机或有待挖掘的潜力，并善于把握信号中传递的信息。

(2) 善于捕捉灵感，抓住时机。一个成功的汽车营销人员往往会把营销工作组织得新颖生动、别具一格，使顾客印象深刻。很多创新的销售手段、宣传手段往往在脑海中稍纵即逝，因此，营销人员应善于把握灵感，抓住时机，使工作更富有创造性。

2) 良好的心理素质

伴随着激烈的竞争，汽车营销人员面临着希望与痛苦并存、绝望与机遇并存、成功与失败并存的局面，这就对汽车营销人员的心理素质提出了更高的要求。一名优秀的汽车营销人员应该具备下列心理素质。

(1) 自信心理。自信是汽车营销人员职业心理的最基本要求，自信心是发展自己、成就事业的原动力之一。汽车营销人员具备了自信心，才能正视自己，才会产生自信力，从而激发出极大的勇气和毅力，创造良好的销售业绩。自信既要表露在外，让人感觉到自信和热情；又要内化于心，让自己时刻散发出自信的魅力。

(2) 热情。汽车营销人员必须对工作始终充满热情,用热情来与各类顾客打交道,用热情来感染别人。缺乏热情的人,既不可能接受别人,也不可能被别人接受。

(3) 开放。在信息交流、人际互动日益加强的现代社会,汽车营销人员要想得心应手地开展工作,没有开放的心理是不行的。要善于接受新事物,善于学习别人的长处,善于学习新知识,不墨守成规,这是汽车营销人员不可缺少的心理特征。具有开放心理的人,能宽容地接受各种各样的与自己性格、气质、脾气不同的人,并能"求同存异",与各类顾客、同事建立良好的人际关系,能冷静对待和处理工作中的困难和挫折。

3) 高尚的职业道德

顾客购买汽车这种大件商品,往往抱有很高的期望并融合了感情,购买到放心的商品、获得良好的购车体验,这是让顾客满意的重要方面,这也对汽车营销人员提出了较高的职业道德要求。汽车营销人员要通过优质服务和真诚待人,塑造良好的形象。因此,汽车营销人员需要具备高尚的道德品行,其道德品行的好坏不仅影响个人,更会影响企业和品牌。

4) 合理的知识结构

汽车营销人员经常要和形形色色的顾客打交道,因此必须具有合理的知识结构,具体包括如下几个方面。

(1) 文明经商知识。汽车营销人员必须遵守职业道德,合法竞争,维护消费者的合法权益,虚心听取消费者的意见,严肃认真地对待消费者的投诉。在营销活动中,信誉是一种财富,是"金字招牌",汽车营销人员必须重视这种无形的"财富"。

(2) 熟悉业务知识。对业务知识了如指掌也是汽车营销人员的一项基本素质,包括汽车技术知识、市场行情、销售流程、财务手续等。

(3) 熟悉商业技能。具体包括如下两个方面。

① 熟悉顾客心理。顾客的职业不同、社会地位不同、年龄不同、习惯不同、籍贯不同等,都会对汽车提出不同的要求。汽车营销人员要具备一定的消费心理知识,能从顾客的外表仪态、言谈举止、行为等来判断对方的心理活动,进而准确地采取营销措施,根据不同情况接待顾客、推介产品,以促成交易。

② 讲究谈判和语言艺术。在营销过程中,营销人员要热情、和气、诚恳、耐心、礼貌、准确,能在不同场合准确地运用语言艺术。语言艺术不仅关系一笔交易的成败,更会影响营销人员与顾客的关系,进而关系企业的信誉。

5) 全面的工作能力

汽车营销人员与企业其他工作人员的工作性质不同,往往要独立面对各种各样的突发状况,这就要求营销人员把自己的知识、经验、素养灵活地运用到具体的工作中去。因此,汽车营销人员还要具备全面的工作能力,具体包括以下几个方面。

(1) 宣传表达能力;

(2) 社会交往能力;

(3) 自控应变能力;

(4) 创新开拓能力。

11.2.2 汽车营销人员的能力

汽车营销人员除了应具备上述素质外，从与顾客沟通交流的角度而言，还必须具备很好的观察能力、记忆能力、思维能力、劝说能力、演示能力和核算能力等。

1. 观察能力

汽车营销人员必须具备敏锐的观察能力，这是其深入了解顾客心理活动和准确判断顾客特征的必要前提。没有敏锐的观察力，就不可能判断和使用有效的推销技巧。顾客的行动、言辞、表情背后，往往有其特定的动机和目的；顾客在购买过程中，往往也会使用各种购买技巧。具备了敏锐的观察能力，营销人员才能透过现象看到本质，才能更好地了解销售环境，掌握消费者的行为特征，进而有效地开展销售活动。

2. 记忆能力

汽车营销人员工作繁杂、琐碎，需要记住的东西很多，如顾客的姓名、职务、单位、爱好；上次看过什么车型；商品的特征、价格、使用方法；对顾客的承诺、交易条件；洽谈时间、地点等。如果营销人员在顾客面前表现出记忆不佳或混淆的状态，顾客往往会对其产生不信任感，这势必会增加销售的障碍。记忆能力和天赋有很大关系，但后天训练也是很重要的，只要持之以恒地训练，努力发掘记忆规律，可在很大程度上提高记忆力。

3. 思维能力

思维是人的理性认识活动，是在表象、概念的基础上进行综合分析、判断、推理等认识活动的过程。营销人员应该具有的思维能力包括：思维的全面性，即能从不同角度看问题；思维的深刻性，即能看到事物的本质；思维的批判性，即不盲从，有自己的见解；思维的敏捷性，即遇事当机立断；思维的逻辑性，即考虑问题条理清楚，层次分明。

4. 劝说能力

劝说是汽车营销工作的核心，劝说能力的强弱是衡量汽车营销人员水平高低的重要标准。要说服顾客，不仅需要较好的语言能力，更重要的是要抓住顾客的切身利益和真正需求。在销售商品的过程中，不要把重点放在产品上，而要放在对方的需求上。

5. 演示能力

在营销过程中，汽车营销人员要使顾客对车辆感兴趣，就必须使其认识到购买这款车辆后，能获得什么好处。因此，汽车营销人员不仅要在洽谈中向顾客充分介绍产品的优点，还要对其进行实车演示。熟练地演示车辆的使用方法，可以吸引顾客的注意力，进而使其产生兴趣。越来越多的产品信息，无法通过语言准确传递，而必须借助实物演示。车辆的演示不仅包括静态演示，也包括动态的试乘试驾演示，这是一门专业的推销技术，要求汽车营销人员必须掌握要点，形成自己独特的技巧。

6. 核算能力

利用科学的方法和手段对销售工作绩效及销售计划执行情况进行必要的核算评估,是汽车营销技术的重要组成部分。汽车营销人员必须具备良好的核算能力,这是其提高工作效率的重要手段。通过核算,可分析销售工作及业务的效果,并从中发现规律和问题,总结经验教训,从而为进一步制订新的计划和策略作出科学决策。核算的内容很多,包括营销核算、费用核算、利润核算等,还包括每日拜访次数、订单量、成交量等其他指标。

11.3 销售准备工作

在开展汽车营销活动之前做好准备工作是至关重要的,一般来说,汽车营销准备包括三个方面:第一是汽车营销人员的自我准备;第二是汽车营销人员应了解所销售的产品;第三是对顾客做好应有的准备。

11.3.1 自我准备

1. 自我心理准备

从某种意义上说,每个人都是天生的推销员。每个人从小就在不断地把自己推销给周围的人,让别人接纳自己、喜欢自己,或者说服别人去做某件事等。我们需要推销自己的才能,而推销自己是每个人都具有的才能。但当真正需要我们有意识地去运用这种推销才能时,许多人就会感到无所适从了。在开展营销活动之前,我们应该保持怎样的心态呢?

1) 相信自己

相信自己会成功,这点至关重要。人最大的敌人就是自己,而超越自我则是成功的必要前提。只有营销人员充满自信,顾客才能对产品有信心。如果在销售过程中优柔寡断、畏首畏尾,必然与成功无缘。

2) 树立目标

树立一个适当的目标,是营销人员在准备期中必要的心理准备之一。没有目标、漫无目的,是永远不能到达成功彼岸的。目标的制定既要志存高远,又要立足实际,应根据实际情况,树立长期、中期、短期目标。一位成功的推销员在介绍经验时曾说:我的秘诀是把每日的目标数贴在床头,每天起床、就寝时都能把今天的完成量和明天的目标记下来。

3) 把握原则

现代推销术与传统推销术已有很大区别,推销员的工作已不再是简单地兜售商品,一名优秀的销售顾问还必须牢记以下准则。

(1) 满足顾客需要;

(2) 诱导消费;

(3) 站在顾客的角度分析产品能带给顾客的利益。

4) 承受压力、持之以恒

销售不同于其他工作，其成功率并不高。很多情况下销售顾问的努力看起来是没有回报的。如果一再遭遇挫折，是否还有足够的信心和热情继续工作，对销售顾问来说是个挑战。卡耐基曾说过，一次失败并不可怕，可怕的是有放弃的念头。从某种意义上来说，没有离开的顾客，只有离开的销售顾问；没有失败的销售，只有失败的销售顾问。承受压力、持之以恒，并主动地去分析思考、改变自己、适应环境，对销售顾问来说是必须具有的品质。

2. 自我形象准备

汽车营销人员是公司、品牌和产品的代言人，为了给顾客留下良好的印象，汽车营销人员的仪容仪表非常重要。

1) 着装原则

切记要以身体为主，服装为辅。如果让服装反客为主，汽车营销人员本身就会变得无足轻重，在顾客印象中也可能只有服装而没有营销人员。因此，要按T(时间)、P(场合)、O(事件)的不同，来分别穿戴不同的服装和配饰。无论如何着装，着装的目的要清楚，就是让顾客喜欢而不是反感。当今多数品牌都为其营销人员设计了专门的着装，并提出了不同场合的着装标准和规范，作为一名职业营销人员，务必按照品牌要求正确着装。

2) 男性汽车营销人员的衣着规范及仪表

西装：深色，如有经济能力最好选购高档一些的西装，或穿着厂家统一定制的西装；要区分正装西装与休闲西装；慎穿毛衫。

衬衫：以单色为主，白色或浅色，注意领口、袖口的清洁，熨烫整齐，注意须每日更换。

领带：以中色或条纹为主，注意与衬衫及西装的搭配，或佩戴厂商统一定制的领带。

长裤：选用套装西裤，或与上衣材质相衬的面料，裤长以盖住鞋面为宜。

皮鞋：黑色或深色，注意与服装的搭配，而且要把鞋面擦亮，注意底边的清洁。

短袜：黑色或深色，切不可穿白色或亮色的袜子，穿时不要露出里裤。

身体：无异味，可适当选取优质的男士香水，但切忌过于浓烈。

头发：注意清洁，要梳理整齐，不要挡住额头，不要有头皮屑。

眼睛：不要有眼屎、眼袋、黑眼圈和红血丝，眼睛要有神。

嘴：不要有烟气、异味，出门前可多吃口香糖。

胡子：胡须必须刮干净，最好不要蓄须。

手：保持手面手心清洁，不留长指甲，指甲无污泥。

3) 女性汽车营销人员的衣着规范及仪表

服装：西装套裙或套装，色泽以冷色调为宜；或穿着厂商统一定制的套装；不可穿着过于男性化或过于性感的服装，款式以简洁大方为好。

鞋子：黑色中跟鞋，保持鞋面的光洁和鞋边的干净。

袜子：连裤丝袜，色泽以肉色为宜；不要穿短袜或彩色丝袜。

首饰：不可太过醒目或珠光宝气，最好不要佩戴三件以上的首饰。
身体：不可有异味，选用淡雅、高档一些的香水。
头发：干净整洁，不留怪异发型，无头皮屑。
眼睛：不要有渗出的眼线、睫毛液，无眼袋、黑眼圈。
嘴唇：可以涂口红，并保持口气清新。
化妆：一定要化妆，否则是对客户的不尊敬，以淡妆为宜，不可浓妆艳抹。

11.3.2 了解所销售的汽车产品

汽车营销人员在做好了充分的自我准备后，应该对自己所销售的汽车产品进行认真的分析和研究，熟练掌握各项指标和特征。顾客不是专家，但营销人员一定要努力成为商品的专家，应做到如下几点。

1. 了解所营销汽车产品的特点和功能

对销售的产品的特点和功能做到了然于胸，这是作为一名营销人员的基本要求，只有这样，营销人员才能知道产品可以满足哪些顾客的需要，能满足顾客的什么需要，能给顾客带来什么利益。例如，车辆的性能、参数、配置，以及车内设施的使用。对相关的数据不仅要心中有数，而且要能对答如流。不仅要掌握各种专业数据，而且对于产品的一些并不具体、并非显而易见的特点的了解也是至关重要的。一些感觉上的模糊可能导致顾客认识上的错误，进而导致对产品的误解。作为一名营销人员，一定要有能力解决顾客的任何疑虑。

2. 了解产品的周边知识

对产品的了解，不应该仅仅局限在产品本身，对产品的周边知识也要做到心中有数。包括产品的维修保养知识、信贷、保险知识等，这些往往是消费者更为关心的内容。

3. 了解产品构成的形象

产品的层次理论告诉我们，产品整体概念包括核心产品、有形产品和延伸产品三个层次。核心产品提供给顾客基本的效用或利益，即产品的使用价值；有形产品又称为形式产品，是核心产品得以到达消费者手中的载体，如外包装等；延伸产品是产品提供的附加服务、附加利益和形象。以一辆车为例，基本的行驶、乘坐功能属于核心产品；车辆的外观设计、内饰风格属于有形产品；而附加的服务、品牌带来的心理感受则属于延伸产品。在实际的汽车消费市场中，决定消费者选购的因素往往不是核心产品，更重要的因素往往是产品带来的形象。例如，不少消费者购买豪华品牌车辆，一个重要的原因就是品牌带来的身份、地位认同感和优越的心理体验；又如年轻消费者喜欢一些时尚、设计动感的车型，往往不是因为这些车型有着某些出色的特征和配置，而是这种设计带来的形象获得了消费者的认同，是符合其自身特质和审美要求的。

汽车营销人员应善于综合把握一个多层次的产品，深入体会、理解产品所构成的形象。消费心理学研究证明，当消费者能够认识并体会到车辆的某些特质、特征与自己的身份、地位、价值观相匹配的时候，消费者会获得认同感，仿佛在这款产品上看到了自己的影子或自己欣赏的某些品质，购买的可能性往往非常高。可见，如果营销人员能正确把握产品，超越产品的功能和特征来深入理解产品，升华产品的形象，引导顾客去体会产品带来的核心利益，那么销售成功就近在咫尺了。

11.3.3 对顾客做好应有的准备

除了做好自我准备和认识自己销售的产品之外，还要针对顾客做好以下几项准备工作。

1. 了解顾客的购买动机

通常情况下，顾客的购买动机主要体现在以下几个方面。

1) 质量

对于大多数顾客来说，购买一辆新车的投资是很高的，所以多数顾客都倾向于选择那些他们认为质量可靠、使用寿命长、不易出故障的车。

2) 性能

越来越多的顾客，对车辆的性能具有较高的关注度，主要集中在动力性、操控性以及科技配置方面，以中青年消费者居多。

3) 价格

顾客对价格的期望与质量、性能具有相关性，人们一般认为，产品质量好、性能优异，就值得多花一些钱。此外，也有不少顾客愿意为品牌多付钱。另外，保养周期、保养成本，以及二手车残值也是顾客考虑的因素。

4) 舒适性和设计

空间、坐椅、空调、音响等配置都属于车辆的舒适性范畴，有部分顾客，特别是家用和商务类顾客，对舒适性的要求较高。此外，车辆的外观、内饰、设计感，以及这些因素与顾客自身气质的匹配性，也是不少顾客关注的因素。

5) 安全

车辆的安全性，始终是顾客购车时重点考虑的因素，有不少品牌和车型在进行市场宣传时也选择以安全性作为宣传重点。安全性主要体现在车身结构、车身强度以及ESP、安全气囊等配置上，顾客也往往会参考车辆的碰撞测试成绩来衡量安全性，如NCAP等。特别是对于家庭类顾客，强调车辆的安全性显得格外重要。

6) 服务

服务包括售前、售中、售后服务，享受良好的服务，也是顾客的重要购买动机。事实上，很多顾客愿意为优异的服务付出额外的溢价。在汽车市场中也不乏类似的例子，有的4S店即使产品和价格都很有竞争力，但如不能提供良好的服务的确也会导致顾客另投他处。

顾客的购买动机是多种多样的，同一顾客也往往有多重购买动机，除了上述购买动机外,不少顾客还有心理、精神和社交方面的购买动机。因此,作为一名汽车营销人员,一定要多观察、思考,努力在有限的条件下发掘顾客的购买动机,不但要发掘顾客的显性购买动机,还要发掘顾客内心深处的真正动机(不少顾客,表露的购买动机和内心真实的购买动机并不一致)。一旦能够把握顾客内心真实的购买动机,并能采取有针对性的措施,成交的可能性便会得到提高。

2. 把握顾客类型

除了发掘顾客的购买动机之外,熟悉每一类顾客的性格与心理特征,也可以使汽车营销人员在销售过程中更有针对性。

1) 内向型

这类顾客生活比较封闭,对外界事物表现冷淡,喜欢和陌生人保持相当距离,对自己的小天地之中的变化异常敏感,对于推销,他们的反应并不强烈。说服此类顾客对推销人员来说难度是相当大的。这类顾客对产品较为挑剔,对推销人员的态度、言行、举止异常敏感,他们大多讨厌推销人员过分热情,因为这与他们的性格格格不入。对于这一类顾客,推销人员给予他们的第一印象将直接影响他们的购买决策。另外,对这一类顾客要注意投其所好,则容易谈得投机,否则会难以接近。

2) 随和型

这类顾客总体来看性格开朗,容易相处,内心防线较弱,对陌生人的戒备心理不如第一类顾客强。他们在面对推销人员时容易被说服,不会令推销人员难堪。这类顾客表面上是不喜欢当面拒绝别人的,所以要耐心地和他们周旋,而这也并不会引起他们太多的反感。对于性格随和的顾客,推销人员的幽默、风趣自会起到意想不到的作用。如果他们赏识推销人员,他们会主动帮助推销人员推销。但这类顾客却有容易忘记自己诺言的缺点。

3) 刚强型

这类顾客性格坚毅,个性严肃、正直,尤其对待工作认真、严肃,决策谨慎,思维缜密。这类顾客也是推销人员的难点所在,但一旦征服了他们,他们会对推销人员的销售额大有益处。总体说来,刚强型的顾客不喜欢推销人员随意行动,因此在他们面前要显示严谨的工作作风、较强的时间观念。如果这种顾客周围有他的朋友,如朋友陪他一起来看车,多和他朋友进行交流,会对销售工作有很大的帮助。

4) 神经质型

这类顾客对外界事物、人物反应异常敏感,且喜欢耿耿于怀;他们对自己所做的决策容易反悔;情绪不稳定,易激动。对待这类顾客一定要有耐心,不能急躁,同时要记住言语谨慎,一定要避免推销人员之间或推销人员与其他顾客进行私下议论,这样极易引起神经质型顾客的反感。如果推销人员能在推销过程中把握对方的情绪变动,顺其自然,并且能在合适的时间提出自己的观点,那么就会获得成功。

5) 虚荣型

这类顾客在与人交往时喜欢表现自己,突出自己,不喜欢听别人劝说,任性且嫉妒心较重。对待这类顾客要利用其熟悉并且感兴趣的话题,为其提供发表高见的机会,不要轻易反驳或打断其谈话。在整个推销过程中，推销人员不能表现得太突出，不要给对方造成对他极力劝说的印象。如果在推销过程中，推销人员能使第三者开口附和这类顾客，那么很容易促使其在心情愉快的情况下作出令人满意的决策。推销人员切记，不要轻易托出自己的底牌。

6) 好斗型

这类顾客好胜、顽固，同时对事物的判断比较专横，又喜欢将自己的想法强加于人，征服欲强。他们有事必躬亲的习惯，尤其喜欢在细节上与人争个明白。对待这种顾客一定要做好心理准备，必要时丢点面子也许会使事情好办得多。但切记：争论的胜利者往往是谈判的失败者，万不可意气用事，贪图一时痛快。即使获得了争论的胜利，但最终购车并没有成交，一切仍是徒劳。

7) 顽固型

这类顾客多为老年顾客，是在消费方面具有特别偏好的顾客。他们对新产品往往不乐意接受，不愿意轻易改变原有的消费模式与结构。对推销人员的态度多半不友好。推销人员不要试图在短时间内改变这类顾客，否则容易引起对方强烈的抵触情绪和逆反心理，通过手中的资料、数据来说服对方比较有把握一些。对这类顾客应该先发制人，不要给他表示拒绝的机会，因为对方一旦明确表态再让他改变就有些难度了。

8) 怀疑型

这类顾客对产品和推销人员的言语、人格都会提出质疑。面对怀疑型的顾客，推销人员的自信心显得更为重要，一定不要受顾客的影响，一定要对产品充满信心。但不要企图以口才取胜，因为顾客对推销人员所言同样持怀疑态度，这时也许某些专业数据、专家评论会有所帮助。切记不要轻易在价格上让步，因为让步也许会使对方对产品产生疑虑，从而使交易失败。建立起顾客对产品及推销人员的信任至关重要，端庄严肃的外表与谨慎的态度会有助于推销人员获得成功。

9) 沉默型

这类顾客在整个推销过程中表现消极，对推销冷淡。通常，顾客陷入沉默的原因是多方面的。推销人员不擅辞令会使整个局面僵持，这时推销人员可以提出一些简单的问题刺激顾客的谈话欲。如顾客对面前的产品缺乏专业知识并且兴趣不高，推销人员此时一定要避免提出技术性问题，而应该就其功能进行解说，以打破沉默；顾客由于考虑问题过多而陷入沉默，这时不妨给对方一定的时间去思考，然后提一些诱导性的问题试着让对方将疑虑讲出来大家协商；顾客由于讨厌推销人员而沉默，推销人员这时最好反省一下自己，找出问题的根源，如能当时解决则迅速调整，如果问题不易解决则先退后，以备再试成功。

以上是消费心理学中对顾客的典型分类，以及对待每一类顾客需遵循的一些基本原则和需秉持的态度。在推销过程中，还需要灵活对待，切记不可教条化，一位顾客也许是几类顾客的综合，也许介于两类之间，这对汽车营销人员的判断力与机智度提出了更高的要求。

案例

乔·吉拉德：创世界纪录的汽车推销员

乔·吉拉德，因售出13 000多辆汽车创造了商品销售最高纪录而被载入吉尼斯大全。他曾经连续15年成为世界上售出新汽车最多的人，其中6年平均售出汽车1300辆。

销售是需要智慧和策略的事业。在每位推销员的背后，都有自己独特的成功诀窍，那么，乔的推销业绩如此辉煌，他的秘诀是什么呢？

1. 250定律：不得罪一个顾客

在每位顾客的背后，都大约站着250个人，这是与他关系比较亲近的人：同事、邻居、亲戚、朋友。如果一个推销员在年初的一个星期里见到50个人，其中只要有两个顾客对他的态度感到不愉快，到了年底，由于连锁影响就可能有5000个人不愿意和这个推销员打交道，他们都知道一件事：不要跟这位推销员做生意。这就是乔·吉拉德的"250定律"。由此，乔得出结论：在任何情况下，都不要得罪哪怕是一个顾客。

在乔的推销生涯中，他每天都将"250定律"牢记在心，抱定生意至上的态度，时刻控制着自己的情绪，不因顾客的刁难，或是不喜欢对方，或是自己心绪不佳等原因而怠慢顾客。乔说："你只要赶走一个顾客，就等于赶走了潜在的250个顾客。"

2. 名片满天飞：向每一个人推销

每一个人都使用名片，但乔的做法与众不同：他到处递送名片，在餐馆就餐付账时，他要把名片夹在账单中；在运动场上，他把名片大把大把地抛向空中。名片漫天飞舞，就像雪花一样，飘散在运动场的每一个角落。你可能对这种做法感到奇怪。但乔认为，这种做法帮他做成了一笔笔生意。

乔认为，每一位推销员都应设法让更多的人知道他是干什么的，销售的是什么商品。这样，当他们需要他的商品时，就会想到他。乔抛撒名片是一件非同寻常的事，人们不会忘记这件事。当人们买汽车时，自然会想起那个抛撒名片的推销员，想起名片上的名字：乔·吉拉德。同时，要点还在于，有人就有顾客，如果你让他们知道你在哪里，你卖的是什么商品，你就有可能得到更多做生意的机会。

3. 建立顾客档案：更多地了解顾客

乔说："不论你推销的是什么东西，最有效的办法就是让顾客相信并真心相信你喜欢他、关心他。"如果顾客对你抱有好感，你成交的希望就增加了。要使顾客相信你喜欢他、关心他，那你就必须了解顾客，搜集顾客的各种有关资料。

乔中肯地指出："如果你想要把东西卖给某人，你就应该尽自己的力量去收集他与你生意有关的情报……不论你推销的是什么东西。如果你每天肯花一点时间来了解自己的顾客，做好准备，铺平道路，那么，你就不愁没有自己的顾客。"

刚开始工作时，乔把搜集到的顾客资料写在纸上，塞进抽屉里。后来，有几次因为缺乏整理而忘记追踪某一位准顾客，他开始意识到自己动手建立顾客档案的重要性。他去文具店买了日记本和一个小小的卡片档案夹，把原来写在纸片上的资料全部做成记录，建立起他的顾客档案。

乔认为，推销员应该像一台机器，具有录音机和电脑的功能，在和顾客交往的过程中，将顾客所说的有用情况都记录下来，从中把握一些有用的材料。乔说："在建立自己的卡片档案时，你要记下有关顾客和潜在顾客的所有资料，他们的孩子、嗜好、学历、职务、成就、旅行过的地方、年龄、文化背景及其他任何与他们有关的事情，这些都是有用的推销情报。所有这些资料都可以帮助你接近顾客，使你能够有效地跟顾客讨论问题，谈论他们自己感兴趣的话题，有了这些材料，你就会知道他们喜欢什么、不喜欢什么，你可以让他们高谈阔论，兴高采烈，手舞足蹈……只要你有办法使顾客心情舒畅，他们不会让你大失所望。"

4. 猎犬计划：让顾客帮助你寻找顾客

乔认为，干推销这一行，就算你干得再好，别人的帮助总是有用的。乔的很多生意都是"猎犬"(那些会让别人到他那里买东西的顾客)帮助的结果。乔的一句名言就是"买过我汽车的顾客都会帮我推销"。

在生意成交之后，乔总是把一叠名片和猎犬计划的说明书交给顾客。说明书告诉顾客，如果他介绍别人来买车，成交之后，每辆车他会得到25美元的酬劳。几天之后，乔会寄给顾客感谢卡和一叠名片，以后至少每年这些顾客都会收到乔的一封附有猎犬计划的信件，提醒他们乔的承诺仍然有效。如果乔发现顾客是一位领导人物，其他人会听他的话，那么，乔会更加努力促成交易并设法让其成为"猎犬"。

实施猎犬计划的关键是守信用——一定要付给顾客25美元。乔的原则是：宁可错付50个人，也不要漏掉一个该付的人。

猎犬计划使乔的收益很大。1976年，猎犬计划为乔带来了150笔生意，约占总交易额的三分之一。乔付出了1400美元的猎犬费用，收获了75 000美元的佣金。

5. 推销产品的味道：让产品吸引顾客

每一种产品都有自己的味道，乔·吉拉德特别善于推销产品的味道。

与"请勿触摸"的做法不同，乔在和顾客接触时总是想方设法让顾客先"闻一闻"新车的味道。他让顾客坐进驾驶室，握住方向盘，自己触摸操作一番。如果顾客住在附近，乔还会建议他把车开回家，让他在自己的太太、孩子和领导面前炫耀一番，这样顾客会很快地陶醉于新车的"味道"。根据乔本人的经验，凡是坐进驾驶室把车开上一段距离的顾客，没有不买他的车的。即使当时不买，不久后也会来买。新车的"味道"已深深地烙印在他们的脑海中，使他们难以忘怀。

乔认为，人们都喜欢自己来尝试、接触、操作，人们都有好奇心。不论你推销的是什么，都要想方设法展示你的商品，而且要记住，一定要让顾客亲身参与，如果你能吸引他们的感官，那么你就能掌握他们的心理动态了。

6. 诚实：推销的最佳策略

诚实，是推销的最佳策略，而且是唯一的策略，但绝对的诚实却是愚蠢的。推销容许谎言的存在，这就是推销中的"善意谎言"原则，乔对此认识深刻。

诚为上策，这是你所能遵循的最佳策略。可是策略并非法律或规定，它只是你在工作中用来追求最大利益的工具。因此，诚实就有一个程度的问题。

在推销过程中有时需要说实话，一是一，二是二。说实话往往对推销员有好处，尤其是那些推销员所说的、顾客事后可以查证的事。乔说："任何一个头脑清醒的人都不会卖给顾客一辆有六个汽缸的车，而告诉对方他买的车有八个汽缸。顾客只要一掀开车盖，数数配电线，你就死定了。"

如果顾客和他的太太、儿子一起来看车，乔会对顾客说："你这个小孩真可爱。"这个小孩也可能是有史以来最难看的小孩，但是如果要想赚到钱，就绝对不能这么说。乔善于把握诚实与奉承的关系。尽管顾客知道乔所说的不尽是真话，但他们还是喜欢听到赞美。少许几句赞美，可以使气氛变得更愉快，消除敌意，推销也就更容易成交。

有时，乔甚至还撒一点小谎。乔看到过推销员因为告诉顾客实话，不肯撒个小谎，而平白失去生意的情况。顾客问推销员他的旧车可以折合多少钱，有的推销员会粗鲁地说："这种破车。"

乔绝不会这样，他会撒个小谎，告诉顾客，一辆车能开上12万公里，说明他的驾驶技术的确高人一等。这些话使顾客开心，从而赢得了顾客的好感。

7. 每月一卡：真正的销售始于售后

乔有一句名言："我相信真正的推销活动开始在成交之后，而不是之前。"

推销是一个连续的过程，成交既是本次推销活动的结束，又是下次推销活动的开始。推销员在成交之后继续关心顾客，既能赢得老顾客，又能吸引新顾客，使生意越做越大，客户越来越多。

"成交之后仍要继续推销"，这种观念使得乔把成交看做推销的开始。乔在和自己的顾客成交之后，并不是把他们置于脑后，而是继续关心他们，并恰当地表示出来。

乔每月要给他的一万多名顾客分别寄去一张贺卡。一月份祝贺新年，二月份纪念华盛顿诞辰日，三月份祝贺圣帕特里克日……凡是在乔那里买过汽车的人，都收到了乔的贺卡，也就记住了乔。

正因为乔没有忘记自己的顾客，顾客才不会忘记乔·吉拉德。

资料来源：裘瑜，吴霖生.汽车营销实务[M]. 2版.上海：上海交通大学出版社，2009.

思考题

1. 汽车营销人员的职责有哪些？
2. 一名合格的汽车营销人员需要具备哪些素质？
3. 汽车营销人员需要具备哪些能力？
4. 做一名汽车营销人员，在心理上要做好哪些准备？

第12章

汽车营销技巧

12.1 汽车展厅销售流程

汽车产品作为一对一销售的特殊产品,其销售流程会对最终成交产生重要影响,因此被越来越多的企业所重视。汽车企业在下属品牌的销售网络中,强化了对销售流程的管理和指导,而且进行了一定程度的标准化。尽管各个品牌的销售流程不尽一致,但一般意义上,汽车销售可以分为8大流程。

1. 接待

接待环节最重要的是主动与礼貌。销售人员在看到有客户来访时,应立刻面带微笑主动上前问好。如果还有其他客户随行,应用目光与随行客户交流。目光交流的同时,销售人员应进行简单的自我介绍和门店介绍,并礼节性地与客户分别握手,之后再询问客户需要提供什么帮助,语气尽量热情诚恳。视具体情况,可让顾客先落座休息或直接看展车。

2. 需求咨询

咨询的目的是收集客户需求的信息。销售人员需要尽可能多地收集来自客户的所有信息,以便充分挖掘和理解客户购车的准确需求。销售人员的询问必须耐心并友好,在这一阶段很重要的一点是适度与信任。销售人员在回答客户的咨询时,对服务的适度性要有很好的把握,既不要服务不足,更不要服务过度。在这一阶段,应让客户随意发表意见,并认真倾听,以了解客户的需求和愿望,从而在后续阶段做到更有效的销售。同时,销售人员应在接待之初便拿出相应的宣传资料,供客户查阅。

3. 车辆介绍

在车辆介绍阶段,最重要的是有针对性和专业性。销售人员应具备所销售产品的专业知识,亦需要充分了解竞争车型的情况,以便在对自己产品进行介绍的过程中,不断进行比较,以突出自己产品的卖点和优势,从而提高客户对自己产品的认同度。此外,对顾客心理、需求的把握也至关重要,应在较短时间内准确把握客户的真正需求,有针对性地进行产品推荐,让产品的优势与顾客的需求相匹配,从而打动顾客,提高成交概率。

4. 试乘试驾

在试车过程中,应让客户集中精神对车辆进行体验,避免多说话,让客户集中精神获得对车辆的第一体验和感受。

5. 报价协商

在这一阶段,通常的工作内容是价格协商,销售人员应注意在价格协商开始之前保证客户对于价格、产品、优惠、服务等各方面的信息已有充分了解。

6. 签约成交

在成交阶段,销售人员不应表现出任何催促的倾向,应让客户有更充分的时间考虑和作出决定，但销售人员应巧妙地加强客户对于所购产品的信心。在办理相关文件时，销售人员应努力营造轻松的签约气氛。

7. 交车

要确保车辆毫发无损，在交车前销售员要对车辆进行清洗，车身要保持干净。交车时要帮助顾客办理好各类手续、文件，并告知顾客车辆使用的一些注意事项。

8. 售后跟踪

汽车出售以后，要经常回访顾客，及时了解顾客对汽车的评价及其使用状况，要提醒顾客做好车辆保养。

12.2 接待顾客的礼仪规范

汽车营销人员在与顾客交往时，第一印象非常重要，第一印象一旦形成，便很难改变。对销售人员来说，让顾客留下良好的第一印象往往是销售成败的关键。如何把握与顾客初次见面的机会，创造良好的第一印象呢？汽车营销人员的仪表、举止、谈吐等方面的表现就显得格外重要。

12.2.1 仪表礼仪

汽车营销人员在与顾客见面之初，对方首先看到的是其仪表，如容貌和穿着。营销人员能否获得顾客的尊重、赢得好感，仪表起着重要的作用。让人留下一个良好的第一印象，就必须靠最基本的打扮来实现。仪表形象不仅仅是个人的事，同时也代表了企业的形象，因此，更应该作为一种礼节来注意。

仪表不仅仅是汽车营销人员的外表形象问题，也是内在涵养的表现和反映，良好的形象是外表得体与内涵丰富的统一。当然，对汽车营销人员来说，注意仪表并非要穿什么名贵衣物，一般做到朴素、整洁、自然、大方即可。汽车营销人员的穿着打扮，首先要注意具有时代特点，体现活力；其次要与自己的体型和气质相匹配。现在多数汽车品牌，都为自己的营销人员设计了符合自身品牌文化和形象的着装，这些着装现代感十足，且具有亲和力，还能代表一定的企业文化，是汽车营销人员开展工作的必备硬件要素。

12.2.2 举止礼仪

汽车营销人员要塑造良好的交际形象，必须讲究礼貌礼节。举止礼仪是自我心态的表现，一个人的外在举止行为可直接表明他的态度。汽车营销人员的行为举止，要做到彬彬有礼、落落大方，遵守一般的进退礼节，尽量避免各种不礼貌和不文明的习惯。

汽车营销人员到顾客办公室或家中访问时，进门前应先按门铃或轻轻敲门，然后站在门口静候，不要擅自进入室内。进入顾客的办公室或家中后，要主动向在场的人表示问候或点头示意。在顾客尚未坐定之前，汽车营销人员不应先坐下。坐姿要端正，身体微微向前倾，要用积极的态度和温和的语气与顾客谈话。当顾客起身或离席时，应该同时起立示意。当与顾客初次见面或告辞时，营销人员应向对方表示打扰的歉意，感谢对方与自己交谈和给予的指导。无论在任何场合，汽车营销人员都应做到不卑不亢、不忙不慌、举止得体、有礼有节。另外，务必养成良好的卫生习惯，不要在客户面前作出各种不雅举止。

12.2.3 谈吐礼仪

作为汽车营销人员，说话清楚流利是最基本的要求，而要成为一名合格而优秀的营销人员，必须遵循及掌握一些基本的交谈原则和技巧，遵守谈吐的基本礼仪。在拜见顾客或其他社交场合中，交谈时态度要诚恳热情，措辞准确得体，语言温雅恭谦，不含糊其辞、吞吞吐吐，不信口开河、出言不逊，要注意倾听，多给顾客说话的机会，做到"听七分，说三分"。这些都是基本的交谈原则，具体应注意以下几个方面。

1. 说话声音要适当

交谈时，音调要明朗，咬字要清楚，语言要有力，频率不要太快，应使用普通话与对方交谈。

2. 要注意交谈时的眼神与动作

与顾客交谈时，应注视对方，不要东张西望、左顾右盼。谈话时可适当用些手势，但幅度不能太大，不要手舞足蹈，不要用手指人，更不能拉拉扯扯、拍拍打打。还应与顾客保持适当距离，说话时不要唾沫四溅。

3. 多给对方说话机会

在对方说话时，不要轻易打断或插话，应让对方把话说完。如果要打断对方说话，应先用商量的口气问一下，如"不好意思，请允许我插句话"。这样可避免对方认为你轻视他。如果谈到一些不便谈论的问题，可以转移话题，不要轻易表态。

4. 注意对方禁忌

与顾客交谈时，一般不要涉及疾病、死亡等不愉快的事情。交谈中要避开粗俗的词语，如上厕所，可以说"方便一下"。顾客若犯过错误或有某种生理缺陷，在言谈中要特别注意，以免伤害其自尊心。对于对方不愿多谈的问题，不要刨根究底。

另外，当谈话对象超过两人时，不要只把注意力集中到一个人身上，使他人感到被冷落。谈话中避免使用口头禅，以免使顾客反感。交谈要口语化，使顾客感到轻松自然。

12.2.4 介绍礼仪

介绍是销售交际中常见的重要一环,介绍的礼节是通过交际大门的钥匙,是社交场合中相互了解的基本方式,包括为他人作介绍和自我介绍。

在为他人作介绍时,应遵循一个基本原则,即应该受到特别尊重的一方有优先了解权。因此,为他人介绍的先后顺序应当是:先向身份高者介绍身份低者,先向长者介绍年幼者,先向女士介绍男士。如果双方年龄、地位相当,可以先向在场者介绍后来者。介绍时,除女士和长者外,一般应起立。为他人作介绍时,可以说明被介绍者与自己的关系,以便新结识的人相互了解与信任。

在自我介绍时,一般应介绍自己的姓名、职业、单位、籍贯、特长、兴趣等,不宜过长。

12.2.5 握手礼仪

握手是社交场合中运用最多的礼节。但握手是有讲究的,不加注意就会给对方留下不礼貌的印象。

在与顾客握手时,要主动热情、自然大方、面带微笑,双目要注视顾客,可根据场合,一边握手一边寒暄致意,如"您好""谢谢"等。对于年长者和有身份的顾客,应双手握住对方的手,稍稍欠身,以表敬意。

握手要有一定的顺序,一般情况下握手要用右手,应由主人、年长者、身份地位高者、女性先伸手。握手不要用力过度,意思到即可,尤其对女性。另外,不要长时间与对方握手,握手前应脱下手套。当手不洁时,应事先向对方声明并致歉。

12.2.6 电话礼仪

汽车营销人员在访问顾客前用电话预约,是有礼貌的表现。打电话看似简单,但对于如何说、怎么说、说什么也有一定的要求。打电话要牢记"5W1H",即When(什么时候)、Who(对象是谁)、Where(什么地点)、What(说什么事情)、Why(为什么)、How(如何说)。电话拨通后,要尽可能地以简短的语言把话说完,尽可能省时、省事,否则容易让顾客产生厌恶感。

电话预约的要领是:力求谈话简洁,抓住要点;考虑对方的立场;使对方有被尊重的感觉;不要表现出强迫对方的倾向。

12.2.7 名片礼仪

名片是汽车营销人员必备的常用交际工具。汽车营销人员在和顾客面谈时,递上名片,不仅能够很好地进行自我介绍,而且与顾客建立了联系。这种方式既体面又方便,但不能滥用，要讲究一定的礼仪，否则适得其反。

一般来说，汽车营销人员初次见到顾客，首先要以亲切的态度打招呼，并报上公司名称，然后将名片递给对方。名片应放在名片夹中，而不应直接放在口袋里。名片夹一般放在西装上衣口袋里或公文包内，不应放在裤子的口袋里。递、接名片时，最好用双手，或右手递、左手接。递名片时，应使名片正面对着对方、名字向着对方。

收到对方的名片后，不要立即收起，而应认真阅读，并说诸如"幸会""很高兴认识您"之类的寒暄语，如有生僻字应及时询问。切忌来回摆弄，应恭敬地放置于名片夹内。在会谈时，可将名片放于桌上，以示尊重。

12.3 提供咨询

人们购买汽车是因为有需求，提供咨询的目的就是了解客户需求。因此，销售员如何把握这种需求，使需求明确化，也是能否成交的关键。

12.3.1 询问

挖掘顾客需求最有效的办法就是询问。汽车营销人员通过询问可以获取一些信息，包括顾客是否了解你的谈话内容，顾客对公司和产品的意见和要求，以及顾客是否真正具有购买意向。通常有以下两种询问方法。

1. 开放式问法

开放式问法是指发问者提出一个问题后，回答者围绕这个问题告诉发问者尽可能多的信息，而不是简单地以"是"或者"不是"来回答。

汽车营销人员要想从顾客那里获得较多的信息，就需要采用开放式问法，使顾客对问题有所思考。以开放式问法询问顾客时，应耐心等待，用热情、亲和的语气与对方交谈，在顾客说话之前不要插嘴，或者说出鼓励性的语言，收效会很好。

顾客对开放式问法往往也是乐于接受的。他们能认真思考问题，并提供一些有价值的信息，甚至还能针对销售工作提出一些建议。

2. 封闭式问法

封闭式问法是指回答者回答"是"或者"不是"，或者类似的有限答案的问题。

汽车营销人员采用封闭式问法可以控制谈话的主动权。如果提出的问题都让顾客以"是"或"不是"来回答，就可以控制谈话的主题，将主题转移到与销售产品有关的范围内，而不至于把话题扯远。同时，该种问法直截了当，有助于节约时间。

一般来说，营销人员不宜采用封闭式问法。采用封闭式问法虽然可以使营销人员掌握谈话主动权，但并不能了解顾客是否对谈话主题感兴趣，还会错失很多有价值的信息。

12.3.2 聆听

通常，人们误以为只有在讲话的时候才会有积极的沟通，而聆听则是消极、被动的。然而，沟通是一个双向的过程，聆听是其中一个积极的组成部分。

积极地聆听就是聆听者有责任获得对说话者想要传达的信息的完备和正确的理解。如果接受者希望获得有效的沟通，积极聆听应该是其目标。因为这是唯一能够促进良好沟通的方式，在此过程中，对方会试图理解全面的信息，而不仅仅局限于谈话的内容。

为什么人们不能更好地进行聆听？首先，聆听是一项很难的工作。研究表明，当一个人积极聆听时，它的新陈代谢速度会加快，体温会轻微上升，这说明真正的聆听不是消极的。一个真正懂得聆听的人对正在传递的信息会给予密切关注，并且会向说话者表达他或她正在关注当前的谈话。

通常人们会利用不说话的时间"休息"或只是假装他们在听。他们会注视别人、点头，甚至会发出一些他们听懂了的暗示语，但实际上他们的思维却在考虑别的事，如回想早上与配偶的争论或者正在走神。积极地聆听意味着集中注意力，而这是一项很难的工作。

销售人员未能很好地聆听的第二个原因是，当他们不说话时会感到不舒服。对销售人员来说，该点尤为明显，他们通常借口说他们不想"失去对谈话的控制"。他们害怕如果失控，他们传达的信息就不能获得很好的聆听。然而，他们经常感到如果不讲话就不是在销售，并且他们需要向买主提供尽可能多的信息。提供恰当信息的需求肯定是正确的，但销售人员，特别是新的销售人员不能由此而放弃积极的聆听。

有些销售人员未能好好聆听的第三个原因是他们对自己的信息比对目标客户要说的话更感兴趣。这一现象称为"说话紧张状态"，人们都有一种表达自己的愿望，这一愿望干扰了人们聆听的能力。

积极地聆听有利于销售工作的推进，销售人员的工作的很大一部分是改变顾客对产品的观念或发现更好地为顾客提供服务的方法，改变公司的产品或服务以适应顾客需求的变化，这些决策的制定都应基于积极地聆听。

1. 积极聆听的三个原则

在积极聆听的过程中，应遵循以下三个原则。

1）站在对方的立场，仔细地聆听

每个人都有自己的立场及价值观，因此，销售人员必须站在对方的立场仔细地聆听他所说的每一句话，不要用自己的价值观去指责或评判对方的想法，要与对方保持共同理解的态度。

2）要确认自己所理解的是否就是对方所说的

销售人员必须复述对方讲过的重点内容，以确认自己所理解的意思和对方一致，如

"您刚才所讲的意思是不是指……""我不知道我听得对不对,您的意思是……"等。

3) 要以诚恳、专注的态度聆听对方的话语

销售人员聆听客户谈话时,最常出现的弱点是只摆出聆听客户谈话的样子,内心却迫不及待地等待机会,想要讲自己想说的话,完全将"聆听"这个重要的武器舍弃不用。销售人员若听不出客户的意图及期望,则很容易偏离目标及方向。

2. 聆听的技巧

聆听对于销售工作的顺利开展至关重要,那么应如何训练聆听的技巧呢?销售人员应注意以下5点。

1) 培养聆听技巧

销售人员应站在客户的立场专注聆听客户的需求、目标,适时地向客户确认所了解的是不是就是他想表达的,这种诚挚专注的态度能激发客户讲出他内心更多的想法。

2) 让客户把话说完,并记下重点

销售人员应明确:自己的职责是满足客户需求,客户能为自己带来利益,只有让客户充分表达自己的真实想法,销售人员才能正确地满足他的需求,正如医生要听病人述说自己的病情后,才能开始诊断。

3) 秉持客观的态度,拥有开阔的胸怀

不要心存偏见,只听自己想听的或是以自己的价值观判断客户的想法。

4) 对客户所说的话,不要表现防卫的态度

当客户所说的事情对推销工作的开展可能造成不利时,不要立刻驳斥,可先请客户针对事情进行更详细的解释。例如,当客户说"你公司的上牌服务太慢"时,则可请客户更详细地说明是什么事情让他有这种想法,客户若只是听说,无法解释得很清楚时,也许在说明的过程中,自己也会感觉出自己的看法也许不是很正确;若客户说得证据确凿,可先向客户致歉,并答应他了解此事的原委。应牢记一点,在还没有听完客户的想法之前,不要和客户讨论或争辩一些细节的问题。

5) 掌握客户真正的想法

客户有客户的立场,他也许不会把真正的想法告诉销售人员,他也许会用借口或不实的话语搪塞,或为了达到其他目的而声东击西,或另有隐情,不便言明。因此,销售人员必须尽可能地听出客户真正的想法。

掌握客户内心真正的想法,不是一件容易的事情,销售人员最好在听客户讲话时自问下列几个问题。

(1) 客户说的是什么? 代表什么意思?
(2) 他说的是一个事实还是一个观点?
(3) 他为什么要这样说?
(4) 他说的我能相信吗?
(5) 他这样说的目的是什么?
(6) 从他的谈话中,我能知道他的需求是什么吗?

销售人员若能随时注意上述5点，相信必定能成为一位善于聆听的汽车营销人员。

12.4 车辆展示

车辆展示的目的是让顾客更详细地了解产品，相信产品的性能及其所带来的利益能满足其需求。汽车不同于日用快速消费品，消费者在决定选购哪个品牌或哪款车型时，不可能只凭借别人的介绍或广告就作出购买决策，而必须经过实车考察、比较之后再下结论，因此，车辆展示环节对于成交来说至关重要。

车辆展示环节，不仅是让顾客认识产品、加深对产品切身体验的过程，更是将产品特征与自身需求、气质相匹配的过程。当今的汽车市场有这样一种趋势，顾客在购车时，不仅会去认识产品，了解产品的优势、劣势、特征，还会去体会汽车设计师的意图，从品牌、外观、内饰和风格中发掘与自身气质相符的部分，当两者相契合时，顾客作出购买决策的可能性就非常高。

车辆展示的时间往往并不长，在短短的几分钟内营销人员要抓住机会，唤起顾客对车辆的兴趣，对品牌的好感，对质量的信任，对具有竞争力的特征的兴趣，对新车的期待和对销售人员及专卖店的好感，同时发现车辆和自身需求、特征、品味的契合之处。因此，在此过程中，最重要的是按照销售标准有技巧地开展工作。

12.4.1 车辆六方位介绍法

六方位介绍法，又称为"六方位绕车法""六点介绍法"等，是在最短的时间里向顾客全面介绍一款汽车的方法，在汽车销售领域得到了广泛的应用。这种方法最早是由奔驰汽车公司提出的，后来由日本丰田公司旗下的雷克萨斯公司将其发扬光大。我国绝大多数汽车销售也采用这种方法，并举办了一些六方位介绍法的竞赛。

用环绕的方法对汽车的6个部位进行介绍，有助于销售人员更容易、更有条理地记住汽车介绍的具体内容，并更容易向潜在顾客介绍车辆的主要特征和优势。在进行介绍时，销售人员应该努力确定顾客的基本类型和需求，根据顾客的需求，结合车辆的相关特征进行有选择的介绍。销售人员必须通过传达直接针对顾客需求和购买动机的相关产品特征，帮助顾客了解这辆车是如何符合其需求的，如何与自身的职业、气质相符的，这时顾客才能真正体会到产品的价值。

车辆介绍的6个方位如图12-1所示，这6个方位分别是：①前部；②车侧面；③后部；④后排；⑤驾驶座；⑥发动机室。

一般来说，六方位介绍并没有严格的次序，多数情况下可按图示顺序"①→②→③→④→⑤→⑥"绕车一周进行介绍，也可以按照"①→⑤→④→③→②→⑥"的反方向进行介绍，还可根据实际情况，打乱其中某几个方位的顺序。

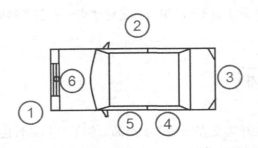

图12-1 车辆介绍的6个方位

采用六方位绕车介绍法，有助于销售人员有条理地记住并介绍车辆的主要特征，有助于让顾客对产品的特征和亮点留下深刻印象。在进行绕车介绍时，销售人员应确定客户的主要需求，并针对需求进行重点介绍。

1. 前部

前部通常作为第一个方位出现，这个位置也是最能看清一辆车的全貌、领会设计师意图的位置，如图12-2所示。销售人员一定要设法让客户通过这个位置喜欢上这款车。

对于这个方位可以介绍以下内容。

(1) 车辆基本信息。

(2) 车辆外观与造型。

(3) 前挡风玻璃、大灯。

(4) 进气格栅、徽标(可延伸到品牌文化)。

(5) 离地间隙、越野车的接近角。

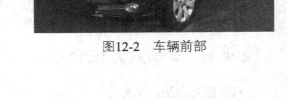

图12-2 车辆前部

注意，在进行前部介绍时，一般所站位置并非车辆正前方，而是前方45°(左前方或右前方)，因为这个位置更容易看清车辆全貌。

示例话术

——您好！面前这辆车就是我刚才向您提到的上海通用别克新君威1.6T精英运动版。这款车是上海通用的全新中级车型，基于欧宝的平台开发，是上海通用的主力中级车型，在市场上有着良好的口碑。

——它外观稳重大气，又不失动感时尚，兼具商用和家用的风格。外观采用流线型设计，风阻系数仅有0.27，在同级别中处于领先水平。

——本车的蝶翼式大灯与车身完美融为一体，整体显得非常时尚活泼。大灯采用远近光分体式设计，晶莹透亮，特别是它亮度高、穿透力强，在雨雾天行车时能大大提高您的安全性。

——两个大灯中间是别克家族式的三维直瀑式进气格栅，并采用了镀铬装饰，显得非常上档次、有力量感。在进气格栅中央是别克的徽标,它由三面盾牌高低错落构成,代表了不断进取、不断攀登的精神。

2. 车侧面

车辆侧面如图12-3所示,很多销售人员觉得车辆侧面难以介绍,其实这个位置是很重要的,因为客户多数都比较关注安全性,而侧面正是介绍安全性的最佳位置。

图12-3 车辆侧面

对于这个位置可以重点介绍以下内容。
(1) 车身结构、材质、工艺。
(2) 车身侧面线条、设计风格。
(3) 轮毂、轮胎。
(4) 悬挂系统。
(5) 安全性(包括各类主、被动安全装置)。

▎示例话术

——现在我们来到车辆的侧面,首先看到整车线条十分流畅,采用了圆弧式车顶设计,不仅动感时尚,而且大大降低了风阻。

——本车采用了前麦弗逊、后多连杆的四轮独立悬挂设计,大大提升了操控性和乘坐舒适性,在同级别车辆中处于领先水平。本车采用的是17寸铝合金轮毂,显得高档、动感,并配合高扁平比的运动型轮胎,在提升驾驶体验的同时,还能提高安全性。

——整车采用高强度车身,在NCAP碰撞测试中达到了5星级水平,并配有ESP+6安全气囊等多项安全措施,本车在细节方面也做足了工夫,一定会令您和家人的安全得到充分保障。

3. 后部

对于此方位,销售人员应重点介绍车辆尾部的特点,包括尾部设计风格、尾灯、后备箱、排放等,如图12-4所示。注意后备箱是此部分介绍的重点,要打开后备箱,同时一定要结合顾客需求进行介绍。

图12-4 车辆后部

:::示例话术

——来到车辆的尾部,您可以看到车辆尾部设计饱满大气,尾灯与前大灯遥相呼应,与车身完美融合。尾部还有镀铬装饰条,提升了整车的层次感和档次。

——本车有宽大的后备箱,一定是您需要的吧?(打开后备箱)本车后备箱达到了500L,在同级别车辆中处于领先水平,不仅开口大,而且内部平整,能充分满足您对储物空间的需要,不管是居家购物还是外出旅行,它都不会让您失望。

——本车还配有智能倒车雷达,让您停车入库更加轻松,而且还可以加装倒车影像系统。本车采用的是双排气管,运动气息十足,排放达到了欧4水平,可让您行走在环保的前列。

4. 后排

对于此方位,主要介绍后排座的空间和舒适性,如图12-5所示。中国消费者对车辆后排的关注度极高,宽大舒适的后排往往是影响消费者购买的关键因素。对于此部分的介绍主要包括以下内容。

(1) 后排乘坐空间,包括头部、腿部、横向空间。
(2) 乘坐舒适性,包括坐椅材质、设计等。
(3) 后排坐椅的折叠方式。
(4) 儿童安全坐椅。
(5) 辅助舒适性设施(空调出风口、电源接口、杯架、扶手等)。

图12-5 车辆后排

:::示例话术

——车辆的后排一定是您的家人/朋友/客户最看重的地方。本车后排空间非常大,不管是腿部、头部还是横向空间,都不会让人感觉压抑。本车坐椅采用高级织物面料,符合人体工程学设计要求,长时间乘坐也不会感觉疲劳,这些都会让您的家人或朋友在乘坐时备感舒适。

——后排坐椅靠背可以4∶6的比例分隔放倒,这样可以大大增加后备箱空间,方便您灵活布置物品,这种人性化设计可增加您用车的便捷性。后排还配有中央扶手和杯架,方便后排乘客使用。

——本车后排还配有ISOFIX儿童安全坐椅接口,方便您安装儿童安全坐椅,为您的宝宝创造安全的乘车环境。

5. 驾驶座

车辆驾驶座如图12-6所示,对于此方位,主要介绍乘坐的舒适性、驾驶的操控性和车内中控设施。一般情况下,顾客对驾驶座的兴趣较高,可邀请顾客到车内体验。

图12-6　车辆驾驶座

对于此部分,主要介绍以下内容。
(1) 驾驶座(舒适性、空间、材质)。
(2) 方向盘。
(3) 仪表盘。
(4) 中控区域。
(5) 高科技配置。
(6) 视野。

示例话术

——想必您一定迫不及待地想体验一下本车的驾驶座了吧?请进。您感觉坐椅怎么样?坐椅可以进行多向电动调节,便于您随时将其调到一个最舒服的位置。驾驶座采用真皮包裹,符合人体工程学设计要求,舒适度高,即便长时间驾驶也不易感觉疲劳。

——您手握的方向盘是真皮多功能方向盘,它采用真皮材质,手感舒适不易打滑,而且方向盘上集成了很多多功能按键,包括多媒体控制、定速巡航等,便于您驾车时操作,同时,还能提高安全性。

——前方的仪表盘采用炮筒式设计，运动感强，而且读数清晰。在中控区域，您可以看到多媒体系统、双区独立自动空调等配置，这些都可以提升整车的科技感。

——在中控区和门板上都留有一定的储物空间，方便您放置水杯、雨伞等各种物品，非常人性化。

6. 发动机室

在介绍此部分时，可站在车头前缘略偏左或略偏右的位置，打开发动机室盖，固定机盖支撑，如图12-7所示，可重点向客户介绍以下内容。

图12-7　发动机室

(1) 发动机舱布局。
(2) 发动机特性(排量、最大功率、最大扭矩、发动机技术特点、油耗等)。
(3) 变速器。
(4) 降噪性等。

示例话术

——强劲的心脏是本车澎湃动力的源泉，请随我看一下本车的发动机舱。

——发动机舱布局整齐，位于中央位置的就是这款车的心脏——1.6L Ecotec涡轮增压发动机，这款发动机采用通用Ecotec技术，处于国际领先水平。虽然排量只有1.6L，但最大功率可达到170马力，最大扭矩可达到235N·m，超过了很多排量2.0L以上的车型，而它的百公里综合油耗仅有7.8L，真正实现了小排量、大功率、低油耗，在高油价的今天一定能为您省下不少的燃油开支。

——本车采用的是六速手自一体变速器，这款变速器的智能化程度高，传递效率高，换挡平顺，而且配有运动、雪地等多种模式，可充分满足您的驾车需求。

现在有越来越多的顾客对汽车颇有研究，如果顾客对汽车比较在行，往往会自认为懂得比销售人员多，此时销售人员不宜说得过多；对于不懂的顾客，太多的技术问题会让顾客感到压力，同样言多无益。而对于发动机是否是进口、发动机保修时间等问题，多数顾客都会比较关注，可以进行详细介绍。

12.4.2 特征利益法

1. 特征利益法介绍

在车辆的展示中，另一种常用的方法是特征利益法。特征利益法又称为FAB法，是一种简单、实用、高效的产品介绍方法，FAB是三个英文单词首字母的组合。F是指特性(Feature)，即产品的固有属性、特征；A是指优点(Advantage)，即由产品特性所带来的产品优势；B是指好处(Benefit)，即顾客通过使用产品所得到的好处，这些好处源自产品的特性和优点。

应用FAB法，可在车辆展示和推介的过程中，将产品的特点、优势和产品能给顾客带来的最直接的利益有机结合起来，形成完整而又完善的推销劝说。

FAB法层层递进，把产品的特点引出后，加以展开，最后落到顾客需求上，落到能带给顾客的利益上，将产品与顾客需求紧密结合，最终促成交易。但需要注意的是，一定要清楚顾客本身的利益关切点有哪些，然后投其所好、灵活使用，切忌生搬硬套以及毫无重点的长篇大论。

2. 特征利益法的使用原则

在使用FAB法时，应注意以下几个原则。

1) 实事求是

在进行产品介绍时，切记要以事实为依据。夸大其词、攻击其他竞争品牌来突出自己的产品都是不可取的。因为顾客一旦感觉到销售人员在夸大其词，出于对自身利益的保护，就会对销售人员的介绍产生戒心，反而会促成其他销售商的生意。每位顾客的需求都是不同的，任何一件产品都不可能满足所有人的需要。如果企图以夸张、虚构的方式来推荐产品，反而会失去那些真正需要购买产品的顾客。

2) 清晰简洁

一种产品本身包含多种元素，比如特性、成分、用法等。在介绍时可能会涉及许多专业术语，但顾客的知识水平和对汽车的理解是参差不齐的。所以在进行介绍时要尽量使用简单易懂的词语，在解说时应逻辑清晰、深入浅出，让人一听就明白。

3) 主次分明

运用FAB法，必须注意主次分明。不要把和产品相关的所有信息都灌输给顾客，这样顾客根本无法清晰地对产品的优点产生认识，更不会对产品产生兴趣。在介绍产品时，要有重点、分主次。运用FAB法，最重要的是B，也就是产品能带给顾客的利益。无论采用什么方法介绍产品，一定要落到产品能带给顾客的好处和利益上来。

下面是几个FAB法应用实例，可供参考。

(1) 以特征利益法介绍"多向调节电动坐椅"。

F：多向调节电动坐椅；

A：可以进行前后、高低、靠背、腰托的电动调节；

B：更容易调整到舒适的位置，提升驾驶舒适度，且操作更加方便。

(2) 以特征利益法介绍"双区独立自动空调"，如图12-8所示。

F：双区独立自动空调；

A：可以将驾驶舱分为左右两个区域分别控制温度，两侧互不干扰；

B：更加舒适的温度和驾乘体验。

图12-8　双区独立自动空调

(3) 以特征利益法介绍"大灯清洗装置"。①

F：大灯清洗装置；

A：利用高压喷嘴对大灯进行清洁，可以有效清除大灯上的小虫子等污物；

B：使汽车的大灯时刻保持同样的照明亮度，可提高行车的安全性，避免危险事故的发生。

12.5　试乘试驾

12.5.1　试乘试驾前的准备

1. 规划好行车路线

在与客户约定好试乘试驾之前，营销人员要规划一条比较熟悉的行车路线，目的是在保证安全的同时，尽可能让客户充分体验车辆的性能。

在进行路线的规划时，一定要根据顾客的需求和类型进行，以便因人而异，达到最好的体验效果。一般情况下，应选择长度在1～3公里、路宽超4米、路面状况较好、车流量较少的路段，也可以根据具体情况选择坡道或轻微颠簸路面，以便让顾客充分体验车辆的性能。

---

① 来自一汽奥迪"神秘客"考核FAB标准话术。

2. 保证车况良好

在客户到达展厅前要确保试乘试驾车辆的车况良好，应提前检查车辆，保证车辆的各项性能都处于最佳状态，确保车辆油料充足；应全面检查车辆的安全性，并保持车辆内外的清洁，保证客户上车后有愉悦的心情；应检查车辆的空调、音响等辅助设施，确保其能正常工作，并适当准备几张CD，可在试乘试驾途中酌情使用。

3. 确定试乘试驾的具体内容

试乘试驾虽有一定的流程，但不同客户的需求重点不一样，销售顾问应根据客户的具体需求来确定本次试乘试驾所要解决的重点问题，以便在试乘试驾的过程中对客户的体验进行有针对性的引导。

12.5.2 试驾前的手续办理

在试驾前，主要应办理以下手续。
(1) 顾客信息登记；
(2) 试乘试驾协议书签署；
(3) 试乘试驾注意事项告知；
(4) 顾客证件复印、保管。
多数4S店对试驾的顾客都有一定的条件要求，主要包括以下方面。
(1) 驾龄须一年以上；
(2) 身体健康、四肢健全；
(3) 需提供驾驶证和身份证；
(4) 需签署试乘试驾协议，遵守相应规范。

12.5.3 试乘试驾流程

销售顾问在引领顾客试驾前，要先对顾客进行概况说明，并结合展厅内收集的客户最感兴趣的车辆配置，有重点地介绍车辆，灵活运用推销技巧。试乘试驾流程包括以下几个步骤。

1. 试乘试驾准备

销售顾问与客户约定试驾后，应提前将试驾用车提出并置于一定位置，并对车况做全面检查，确保其处于最佳状态，以便给客户留下良好印象。

2. 试乘试驾前的介绍

在客户试乘试驾前，销售顾问应对汽车进行简要的静态介绍，特别是要做一个简单的操作说明。尤其对比较重要的设备，如变速器、制动、灯光等的使用方法要讲解清楚。

3. 试乘体验

为了保证驾驶安全和客户对汽车有全面的了解，一般由销售顾问先行驾驶汽车，客户体验乘坐感受，客户多数情况下会选择坐在副驾驶的位置。此过程的目的主要是让客户体验车辆的乘坐舒适性、稳定性及附属设施的使用等。这个过程一般控制在整个路程的三分之一左右，随后和客户交换位置。

4. 试驾体验

让客户亲自驾驶汽车感受车辆的各项性能指标，销售顾问坐在副驾驶座进行引导，并要根据路况和顾客感受适时进行车辆的介绍和推荐。在试驾过程中，要引导性地进行介绍，切忌灌输式介绍，务必多让顾客体验、发问。

5. 确认总结

试乘试驾结束后，销售顾问要询问、收集客户关于试乘试驾的感受，并与顾客做进一步的沟通。通常情况下，客户试驾结束后如果对销售人员的服务感到满意，多数会同意销售人员提出的建议和要求，此时可提出让其填写《试乘试驾反馈表》或做深入交谈。

12.5.4 试乘试驾阶段及要点

在试乘试驾途中，根据时机、路况有选择地进行车辆推介，也需要应用一定的技巧，可参照表12-1所列要点灵活介绍。

表12-1 试乘试驾阶段及要点

阶　　段	介　绍　要　点
上车前	介绍外观、钥匙、开门方式、车门开启角度
上车后	介绍空间、内饰氛围、材质、坐椅调节、方向盘调节、仪表等
启动与怠速	介绍启动方式、怠速安静性，介绍空调等需要发动机启动方可使用的功能
起步	让客户体验发动机的加速性、噪音、换挡平顺性
直线巡航	体验噪音、音响效果、平稳性、转速、瞬间油耗等
减速	体验制动性能及稳定性
加速	体验加速的动力性、换挡的平顺性、噪音等
转弯	体验底盘性能、操控性、稳定性、指向准确性、前挡风玻璃的可视角度、坐椅包裹性
上坡时	体验发动机扭矩输出
高速	体验风噪、胎噪、起伏路面的舒适性、车身的稳定性
颠簸	体验底盘的舒适性及悬挂系统对路面坑洼的过滤能力
空旷路段	示范各种音响、多媒体等辅助设施的使用

12.6 顾客异议处理

在销售人员介绍产品的过程中，或者提出购买建议时，顾客几乎都会表现出抵触情绪。这些抵触有些是心理上的，有些是逻辑上的。心里抵触包括：对外来干预的抵制；喜欢自己已经养成的习惯；不愿意放弃某些东西；对他人不愉快的联想；反对让他人摆布的倾向；不愿意偏离预定的构想等。出于逻辑原因的抵触包括对价格、交车时间或是某个具体问题的抵制。要应对并化解这些抵触情绪，销售人员应采取积极的方法，设法找出客户抵触的真正原因，使客户的拒绝成为提供信息、深入沟通的机会，将对方的异议转化为购买的理由。因此，正确对待和妥善处理顾客异议，是销售人员的基本功。

12.6.1 顾客异议

所谓顾客异议，又称为"推销障碍"，是顾客对汽车营销人员或其营销活动所作出的形式上表现为怀疑、否定或提出反对意见的一种反应。简单地说，被顾客用来作为拒绝购买的理由的相关意见、问题、看法就是顾客异议。

对顾客异议怎么看？是欢迎还是反感，是积极对待还是消极回避？这是每个销售人员都必须面对的问题。

12.6.2 产生异议的原因

顾客提出异议，主要有以下原因。

1. 习惯性防御

多数人在面对销售人员时，都会存在抗拒和提防心理，他们把销售人员当成对手，而不是朋友或帮手，久而久之便形成一种习惯。当每一个新的汽车营销人员出现在他面前的时候，他习惯性地把自己武装起来，在这种情况下，很容易产生异议。对销售员来说，只要运用一定的沟通技巧，客户的这种习惯并不能构成威胁。

2. 排斥汽车销售人员

在很多情况下，客户如果不愿意接纳某位汽车销售人员或是他所代表的企业，就会用表现异议的方式来促使对方打退堂鼓。有时候他们排斥汽车销售人员是因为他没有时间、没有兴趣或情绪不佳，甚至是单纯不喜欢眼前这位销售人员。

3. 需要更多信息

有时候顾客提出异议，是为了获得更多保证或是因为对现在的情况并不十分了解。而实际上他往往已经作出了购买决策，他提出异议，只是希望销售人员能给予更多的资料和保证，降低客户内心认为的决策错误的风险，给他更多信心，证明他的选择是正确的。

客户心中常会有两种以上不同的意见在冲突，对于该买还是不买、买哪一种等问题，客户常常不知如何抉择。此时，销售人员应积极提供帮助，提供更多参考信息，以引导他作出购买决策。

4. 没有充分了解产品所能带来的利益

这是客户产生异议的主要原因。一旦客户真正认识到产品能给他带来的利益和价值，他的异议自然会消失。销售人员必须认识到，多数情况下所销售的产品并不在客户的需求清单上，客户购买这一产品，往往意味着他不能购买清单上的其他产品。也就是说，客户为了购买销售人员所推销的产品，必须牺牲购买其他产品的机会，因此他一定要确定这一产品所能带来的利益可以补偿他的牺牲，他才会进行购买。

5. 经济因素

购买能力是交易行为中的重要因素，如果客户没有经济能力进行购买，他就会提出许多异议。销售人员在销售前，最好先摸清客户的经济情况，判断他的能力是否足以购买所推销的产品，以免浪费时间和资源。

12.6.3 异议的种类

1. 对价格的异议

例如，"这车价格太贵了""这个价格，我得再考虑考虑"等。

对价格的异议是所有异议中最常见的一种，这种异议也有多种表现形式。如果汽车销售人员如果无法处理这种异议，他的推销工作很可能遭遇失败。

2. 对产品的异议

例如，"听说这车油耗很高""这车没有倒车影像，很不方便""发动机不是原装进口的"等。

这也是常见的一种异议。汽车销售人员必须对产品和竞品有充分认识，才能用如"性价比"等适当的、有力的理由消除顾客异议。

3. 对服务的异议

例如，顾客经常抱怨提车方式和时间不理想，也经常表示对保养工作、服务态度不满意，这些都是常见的对公司提供的服务的异议。

4. 对公司的异议

客户的异议有时不只针对产品，他们对公司的财务情况和经营方式，有时也会提出异议。因此，销售人员要推销的不只是产品，还包括汽车生产商和销售商良好的口碑。

5. 对订购时间的异议

例如,"我还得考虑考虑""我和家人商量一下吧""下个星期再作决定吧"等。

客户不肯立刻采取行动或采用拖延的方式,无非是要拒绝购买。而导致他们拒绝购买的真正原因可能是价格、产品或其他问题。遇到这样的客户,销售人员要找出阻碍其购买的真正原因,只要还未到不可挽回的程度,就不要放松和放弃。如果客户想改时间再谈,销售人员就要当场约定下次见面的时间,千万不要等到他再作决定时再谈。

6. 对销售人员个人的异议

有些客户不肯达成交易,只是对销售人员个人有异议,他可能不喜欢这个销售人员的推销方式、穿着风格等,不愿让销售人员接近,同时也排斥销售人员提出的建议。为了避免此种情况,销售人员一定要穿着整洁,善于察言观色,还要设法让客户感觉到提供服务的诚意。

7. 因为竞品产生的异议

例如,一些客户常常会说"某品牌的产品更好"。对有经验的销售人员来说,有竞争对手并不是个严重的问题,只要客户来到店里,就说明客户对产品和品牌是有一定兴趣的,是有购买的可能性的。只要销售人员能向客户证明自己的产品比别人好,且提供优于他人的服务,击败竞争者也是很有可能的。

12.6.4 正确认识顾客异议

要处理好顾客异议,汽车销售人员应对异议有正确的看法和态度,继而才能找到并灵活运用处理异议的各种技巧。

1. 异议是顾客的必然反应

汽车销售人员与顾客各是一个利益主体,当顾客用自己的利益选择标准去衡量销售人员的推销意向时,必然会产生赞同或否定的反应。一些成功的汽车销售人员甚至认为,顾客异议,正是推销洽谈的目的与追求的效果。当顾客开口说话,提出意见与反对购买的理由时,汽车销售人员才能了解异议。因此,汽车销售人员不能认为顾客一提反对意见,就是对自己所营销的产品或服务不感兴趣,甚至害怕顾客提出反对意见。相反,应对顾客的反对意见表示欢迎,并把顾客所提的反对意见作为检验自己、企业和产品的一种参考依据。

2. 顾客异议既是营销的障碍,也是成交的前奏和信号

顾客对汽车销售人员与产品提出异议,当然为成交设置了一定的障碍,但如果没有这些障碍的出现,销售人员只能唱独角戏。顾客一旦发表了异议,销售便进入了双向沟通的阶段。因为顾客的异议很可能在告诉营销人员,他对所推销的产品或服务已经产生了一定的兴趣,但还需要进一步了解信息,还需进一步消除顾虑,才能作出购买决定。销售人员

可以抓住这个机会,进行更详细的说明,把产品的功能、特征及商品的使用价值解释得更清楚。所以,顾客异议表明销售已经向成交近了一步,使销售有了进一步发展的基础。因此,销售人员既要看到异议是成交的障碍,更要看到妥善解决异议即可成交的前景。

3. 顾客异议需要认真对待

顾客异议是多种多样的,不同顾客所提出的异议也不同,对同一内容的异议又会有不同的异议来源。因此,销售人员必须仔细、深入地观察、判断顾客的言行举止,洞察顾客的动作表情,把握顾客的心理活动状态,正确理解顾客异议的内容,区别判断不同的异议根源,从而有的放矢地处理好顾客异议。

总之,顾客异议是在汽车销售过程中非常普遍的现象,只有正确认识、妥善处理,才能有效地化解异议、促成交易。顾客异议是一种必然现象,汽车销售人员的工作就是充分利用顾客异议这一契机,及时给顾客满意的答复,消除顾客心中的疑虑,改变顾客对产品的看法。

12.6.5 处理异议的态度

异议不能被限制或阻止,只能设法加以引导和控制。在处理异议时,应注意以下几点。

1. 情绪轻松,不可紧张

汽车营销人员要认识到异议是必然存在的,在心理上不能有异常的反应,听到顾客提出异议,应保持冷静,不可皱眉或形于色,而必须继续以笑脸相迎,并了解反对意见的内容及要点。一般可先用"很高兴您能提出此意见""您的意见非常有道理""您的观察很细致"等语句来应对。要轻松应对各种异议,必须对产品、政策、市场及竞争者有深刻的认识,这些是控制异议的必备条件。

2. 认真倾听,真诚欢迎

汽车营销人员在听到顾客提出的异议后,应表示出对顾客意见的真诚欢迎,并聚精会神地倾听,千万不可加以阻挠。另外,汽车营销人员必须承认对方的意见,以示尊重,千万不能直接加以否定。

3. 重述问题,确定了解

汽车营销人员要向顾客重述其反对或质疑意见,表示已经了解。必要时可询问顾客,其重述是否完整,并选择意见中的部分合理内容加以诚恳的赞同。也可以另外一种方式、语气重述顾客的问题,往往能达到意想不到的效果。

4. 审慎回答,保持友善

汽车营销人员对顾客提出的异议,必须审慎回答。一般情况下,应以沉着、坦白及真诚的态度将事实、数据、资料准确告知顾客。注意措辞恰当、语调温和,并在友好的氛围中商谈。

5. 尊重顾客，灵活应对

汽车营销人员切不可忽略或轻视顾客的异议，以避免顾客的不满或疑惑，使交易无法进行下去。汽车营销人员更不能直接反驳顾客，如果粗鲁地反对顾客的意见，那么营销人员与该顾客的关系将永远无法弥补。

6. 进退皆可，保留后路

顾客异议是不能轻而易举地解决的。不过汽车营销人员与顾客面谈时所采取的方法，对将来促成交易会产生很大的影响。如果洽谈之后不能马上成交，那就要设法使日后重新洽谈的大门敞开，以期有机会再去讨论这些分歧。

12.6.6 处理异议的策略

1. 转折处理法

转折处理法是汽车营销工作的常用方法，即汽车营销人员根据有关事实和理由来间接否定顾客的异议。应用这种方法首先要承认顾客的看法有一定道理，也就是向顾客作出一定程度的让步，再提出自己的看法。一旦使用不当会令顾客的购买欲望降低，在使用过程中，要尽量少用"但是"之类的词语，而实际谈话中却包含着"但是"的意思。只要营销人员灵活掌握了这种方法，就会保持良好的洽谈气氛，为自己的谈话留有余地。

2. 转化处理法

转化处理法是利用顾客的反对意见本身来处理异议的。顾客的反对意见具有双重属性，既是交易的障碍，又是很好的交易机会。汽车营销人员如能利用其积极因素去抵消消极因素，未尝不是一件好事。这种方法是直接将顾客的反对意见转化为肯定意见，但应用这种技巧时一定要讲究礼仪，不能伤害顾客的感情。此法一般不适用于与成交有关的或敏感性较强的反对意见。

3. 以优补劣法

以优补劣法，又叫补偿法。如果顾客的反对意见的确切中了产品或公司所提供的服务中的缺陷，千万不可以回避或直接否定。明智的做法是肯定有关缺点，然后淡化处理，利用产品的优点来补偿甚至抵消这些缺点。这样做有利于使顾客的心理达到一定程度的平衡，有利于使顾客作出购买决策。

当推销的产品质量确实有问题，而顾客恰恰提出"这东西质量不好"时，营销人员可以从容地告诉他："这种产品的质量的确有问题，所以我们才削价处理。不但价格优惠很多，而且公司还确保这种产品的质量不会影响您的使用效果。"这样一来，既打消了顾客的疑虑，又可以价格优势激励顾客购买。这种方法侧重于在心理上对顾客进行补偿，以便使顾客获得心理平衡感。

4. 委婉处理法

营销人员在没有考虑好如何答复顾客的反对意见时，不妨先用委婉的语气把对方的反对意见重复一遍，或用自己的话复述一遍，这样可以削弱对方的气势。有时转换一种说法会使问题容易回答得多。但只能减弱而不能改变顾客的看法，否则顾客会认为营销人员歪曲他的意见继而产生不满。营销人员可以在复述之后问一下："你认为这种说法确切吗？"然后再继续下文，以求得顾客的认可。比如当顾客抱怨"价格比去年高多了，怎么涨幅这么高"时，营销人员可以说"是啊，价格比起前一年确实高了一些，不过……(告知顾客原因，或产品的改进之处)"，然后再等顾客的下文。

5. 合并意见法

合并意见法，是将顾客的几种意见汇总成一个意见，或者把顾客的反对意见集中在一个时间讨论。总之，要起到削弱反对意见对顾客所产生的影响。但要注意，不要在一个反对意见上纠缠不清，因为人们的思维有连带性，往往会由一个反对意见派生许多反对意见。摆脱的办法，是在回答顾客的反对意见后马上把话题转移开。

6. 反驳法

反驳法，是指营销人员根据事实直接否定顾客异议的处理方法。从理论上讲，这种方法应该尽量避免。直接反驳对方容易使气氛僵化，破坏友好的氛围，使顾客产生敌对心理，不利于顾客接纳营销人员的意见。但如果顾客的反对意见是源于对产品的误解，而营销人员手头上的资料可以作为说明问题的依据时，不妨直言不讳。但要注意态度一定要友好而温和，最好是引经据典，这样才有说服力，同时又可以让顾客感到营销人员的信心，从而增强对产品的信心。反驳法也有不足之处，这种方法容易增加顾客的心理压力，弄不好会伤害顾客的自尊心和自信心，不利于推销成交。

7. 冷处理法

对于顾客提出的一些不影响成交的反对意见，营销人员最好不要反驳，采用不理睬的方法是最佳的选择。千万不能顾客一提反对意见，就反驳或以其他方法处理，那样就会让顾客留下营销人员总在挑他毛病的印象。当顾客抱怨公司或同行时，对于这类无关成交的问题，都可不予理睬，并将话题转移到产品销售上来。

例如，顾客说："啊，你原来是××公司的推销员，你们公司周围的环境可真差，交通也不方便！"尽管事实未必如此，也不要争辩。营销人员可以说："先生，请您看看产品……"

国外的推销专家认为，在实际推销过程中，80%的反对意见都应该冷处理。但这种方法也存在不足，不理睬顾客的反对意见，会引起某些顾客的注意，使顾客产生反感。且有些反对意见与顾客购买关系重大，推销员把握不准，若不予理睬，有碍成交，甚至会失去推销机会。因此，采用这种方法时必须谨慎。

案例

没那么多钱，不想买

顾客：这款车真不错，不过我现在还不打算买。
销售：王经理，既然这款车合您的口味，为什么不现在买呢？
顾客：车是不错，但是价位高呀，我承受不了。
销售：那请问王经理您能承受多少价位的车？
顾客：反正太贵了，我买不起。
销售：看您说的，您都买不起，那谁还买得起？
顾客：谢谢你啊，我再转转看看。

思考：此次推销为何没有成功？如何化解顾客异议？

案例

顾客：我买车的时候态度很热情，买完就没人管了。
销售：真是不好意思，这是有原因的，我怕经常给您打电话打扰您的工作，请您不要介意。
顾客：刚买了一个月，空调就坏了。
销售：实在抱歉，这种事我们也不想看到。您放心吧，既然出现这个问题，我们肯定会负责的，您什么时候方便过来保养一下车子，彻底检查一下吧。您什么时候有空？
顾客：保养个车还要这么久？
销售：实在抱歉，给您添麻烦了。最近来保养的车主比较多，所以可能需要您提前预约一下，我们一定会为您提供满意的服务。
顾客：(挂电话)

思考：如何化解此种顾客异议？

案例

某天，一对夫妇来到某品牌汽车的4S店，在与销售人员寒暄后，双方进入销售环节。
销售：这是售价为59 800的标准型，这是售价为69 800的舒适型。
客户：五万多的车和六万多的车有什么不同？
销售：售价为59 800这款没有助力转向、ABS和电动后视镜等。
客户：装一个助力转向要多少钱？
销售：××××元。
客户：如果我决定购买，款怎么付？
销售：可以分期付款也可银行按揭。

客户：按揭一个月要付多少？

销售：按揭的话，先付40%，余款三年内付清，每个月付××××元。如果您一次付清的话，买售价为69 800的那款比较合算。如果采用贷款的方式，就没有必要买售价为69 800的那款，买售价为59 800的那款比较合算。

客户：我们再考虑考虑吧。

思考：此次推销为何没有成功？如何化解顾客异议？

12.7 建议购买时机及缔约成交

12.7.1 建议购买

提出购买建议是整个汽车销售过程中的关键环节，掌握提出购买建议的时机可以说是一种艺术。

多数客户在成交时会表现得犹豫不决，而且即使顾客有了购车意向，也往往不会主动提出购买，所以销售人员应主动提出成交，这样既可以确认客户的需求，又可以促使客户作出决定。

销售人员销售汽车是有成本的，这不仅包括产品的成本，更包括销售的时间成本，因此，不可能无休止地等待客户考虑，尤其对那些没有主见、意见摇摆不定的客户，就应该主动提出"我们签约吧""今天就定下来吧""没什么问题的话咱们把合同签了吧"。

12.7.2 推销成交失败的原因

所谓推销成交是指顾客接受销售人员的购买建议及推销演示，并购买产品的行动过程。成交是整个销售环节中的重要一环，气氛比较紧张，容易使销售人员产生心理上的障碍，直接影响成交。

1. 销售人员对成交不自信

无论多么优秀的销售人员都不能保证每次销售都会成交，成交是一种概率事件，但随着销售经验的积累和销售技巧的成熟，成交的概率会越来越高，只有面对挑战不断总结的销售人员才能创造更高的业绩。恐惧失败、害怕被拒绝的销售人员将一事无成。成交是对努力的回报，未能成交也很正常，只有保持这样的心态，才能成为优秀的销售人员。

2. 销售人员具有职业自卑感

产生这种心理障碍的主要原因是社会成见，销售人员的思想认识水平也会导致不同程度的自卑感。一个人只有真正认识到自己的工作的实际意义，才能为自己的工作感到自豪和骄傲，才能激发出巨大的勇气和力量。销售人员必须认识到，销售是公司的核心业务部门，决定着公司经营的成败，销售人员更是每位顾客的好帮手，所做的努力将帮助无数家庭购买到心仪的汽车，为无数家庭带来快乐和幸福，实现汽车梦。

3. 销售人员认为顾客会主动提出成交

顾客主动提出成交的情况也存在，但毕竟少见。多数情况下顾客是被动的，因为购车是一项巨大的开支，多数顾客此时会犹豫不决，害怕决策失败带来的风险。即使顾客已经决定购买某款车辆，顾客往往也不会主动提出购买建议，担心在接下来的议价过程中处于被动局面，而希望由他人提出购买建议。因此，销售人员应该积极主动，适时向顾客发出购买建议。

4. 销售人员对成交期望过高

这是极其不利于成交的心理障碍。如果销售人员对成交的期望过高，就会在无形中产生巨大的成交压力，就会破坏良好的成交氛围，引起顾客反感。销售人员应保持这样的心态：即使不能说服某个顾客购买，一定还有其他顾客会买；只要全力以赴，即使没有成交，也没有遗憾。如果销售人员抱有这样的心态，就会在成交时坦然从容，这种状态也会令气氛更加轻松和谐，让顾客对销售人员更有信心和好感，成交签单也就成了很自然的事情。

5. 对顾客催促太紧

有些销售人员在推销的一开始就营造紧张的气氛，给顾客带来压力感，这样并不能促成交易，反而容易吓走顾客。特别是在向顾客推销多个产品的时候，更应该让顾客有时间进行选择。

12.7.3 成交的信号和时机

成交信号是顾客通过语言、行为和感情表露出来的意图信息。成交意图有些是有意表示的，更多的是无意中流露的。如上文所述，顾客即使已经下决心购买，往往也不会主动提出购买，而对方的这种心理必然会通过诸多特征表现出来。对销售人员来说，一定要善于观察顾客，善于把握对方的心理过程，准确识别成交信号。一般成交信号可以分为以下三类。

1. 语言信号

例如，如果顾客说"价格能不能再便宜点"，这实际上就是一种非常明显的表示对产品感兴趣的信号，这表明顾客已经产生了购买意图，内心已经衡量过产品的价格，成交近在咫尺。

常见的一些语言信号包括以下几种。

(1) 表示赞同，如"你说得不错，是这么一回事"。

(2) 请教产品的使用方法，如"用起来方便吗""这个功能怎么用"等。
(3) 询问购买之后的事，如"以后保养方便吗"。
(4) 提出购买过程的问题，如"提车时间太长了""最快几天提车"。
(5) 提出异议，如"价格能不能再便宜点""某店比你们这里便宜五千"。
(6) 与同伴议论产品，如"你觉得怎么样"。
(7) 重复提问已经问过的问题。
(8) 问"假如……"之类的问题。

当出现上述语言信号时，顾客成交的可能性就很大了。多数时候语言信号并不这么明显，常常存在于顾客的异议之中，甚至存在于语气语调之中，这就要求销售人员要善于察言观色，掌握倾听和辨别的艺术。

2. 行为信号

行为信号是指顾客在举止行为方面表露的购买意图。顾客的肢体语言往往能反映非常丰富的信息，销售人员一定要注意观察，善于总结。

常见的行为信号有以下几种。
(1) 用手不断触摸产品，显示出饶有兴趣的样子。
(2) 仔细阅读产品宣传册、说明书等。
(3) 不断摆弄某一个功能。
(4) 认真检查汽车的瑕疵。
(5) 频繁使用计算器，或在记录本上作记录。
(6) 拍拍销售人员的手臂或肩膀，展现出放松的姿态。
(7) 在关键时刻去卫生间或角落，很可能是去打电话。
(8) 离开店门又返回。

务必要注意顾客所说和所做的一切，也许获得订单最大的绊脚石是销售人员太过健谈，而忽略了顾客的购买信号。

3. 表情信号

表情信号是顾客心理活动在面部表情上的反映。人的心理活动通常会通过目光、表情等表现出来，这些都是判断成交时机的重要依据。常见的表情信号有如下几种。
(1) 面部表情变得轻松、愉悦。
(2) 露出惊喜的神色。
(3) 露出微笑或欣赏的表情。
(4) 向同伴表现出轻松、愉快的心情。
(5) 眼睛闪闪发光。
(6) 态度更加友好。

当观察到上述表情时，你就可以征求订单了。细致观察客户表情，并根据变化趋势，采取相应的策略、技巧加以诱导，在成交阶段十分重要。

对销售人员来说，顾客在成交前最后一分钟的犹豫是致命的，如果不能战胜客户这最后一分钟的犹豫，就会给顾客创造反悔的机会，让他们收回原本已经打算掏出的购车款，销售人员也会因此失去一个宝贵的客户。

每一个成功的销售人员，都是能把握交易坚持到最后一分钟的聪明人。他们总是能巧妙地把客户最后一分钟的犹豫转化为肯定，甚至让他们迫不及待地掏钱买车。他们有什么诀窍呢？

绝招一：强调顾客买车后可获得的利益。

绝招二：赞美顾客的眼光，给他们以信心。

绝招三：让顾客感到这是一笔双赢的交易。

绝招四：巧妙地给顾客制造一定的紧迫感，暗示其不能犹豫不决。

12.8 售后服务

部分汽车销售人员经常认为把汽车卖出，销售工作便可宣告结束，至于售出以后的事，便不再是他关心的内容了。事实上这样的销售人员犯了严重的错误，那就是忽略了售后服务。没有售后服务的销售，在客户眼中是没有信用的销售；没有售后服务的商品，是没有保障的商品；而不能提供售后服务的销售人员，则是最不可能得到客户信任的。

12.8.1 商品的售后服务

商品的售后服务的含义很广，凡与所售出商品有连带关系且有益于购买者的服务，都属于商品的售后服务，这包括商品信誉的维护和商品资料的提供两方面。

1. 商品信誉的维护

售后服务最主要的目的是维护商品的信誉，一款优良的商品，在销售时总是强调售后服务，在类似或相同的商品推销的竞争条件中，售后服务也常是影响客户取舍的重要因素。因此，商品的售后服务也就代表了商品的信誉。一般商品信誉的维护工作有下列几种。

1) 商品品质的保证

销售人员在出售商品之后，为了使客户充分获得"购买的利益"，他必须及时提供售后服务，这不仅是对客户道义上的责任，也是维护本身商誉的必要行动。如专卖店出售了一辆汽车后，为了使这辆汽车能发挥正常的功能，就应该定期进行检查和保养的工作。

2) 服务承诺的履行

任何销售人员在说服客户购买的时候，必先强调与商品有关或者没有直接关联的服务，这些服务的承诺，是影响交易成功的重要因素，而如何切实地履行销售人员所做的承诺则更加重要。有些销售人员在说服成交时，往往会漫不经心地向客户提出将提供某种售后服务，结果后来却忽略掉了，因此很容易与客户发生误会或不愉快，如此客户岂会"再度光临"？

例如，有的汽车销售人员在说服客户时，会提出不少优惠条件，如买了某款汽车以后，就可以成为客户联谊会的永久会员，可以享受一些永久性的特别服务等，结果却不是那回事，如此，生意只做一次，而且还会留下招摇撞骗的恶名，这种做法，太过于急功近利，不能提高客户满意度。

2. 商品资料的提供

使客户了解商品的变动情况，是销售人员的一种义务。在说服客户以前，销售人员通常需将有关商品的简介、使用说明及各项文件资料递交客户以供参考。而在客户购买之后，却常疏于提供最新资料，这样做是不妥的。

销售人员要有个基本的认识，那就是开拓一位客户远不如维系一位客户来得重要，开拓客户在功能上是属于"治标"，而真正能维系客户才算"治本"。维系客户的方法，除了使其产生对商品的信心之外，销售人员能持续向客户提供有关商品的最新资料，亦是一项有力的售后服务。

有许多商品，其销售资料常以报道性的文件记载，销售人员把它作为赠送客户、联络感情的工具是最好不过的。每上市一款新车，及时寄给客户资料，一方面可以给客户参考，另一方面可以借以报道商情。既可以让客户对商品产生持续的好感，又可以通过间接宣传，导引出更多的客户。

12.8.2 客户的维系

为客户提供售后服务就是想要做好维系客户的工作。就实质上的功能来看，优良的售后服务，无论是对销售人员个人或是其销售商都是极为有益的。所谓客户的维系，是指汽车制造商、销售商及销售人员共同来维护客户。

1. 感情联络

售后服务的绝大部分内容实际上就是做与客户联络感情的工作，由交易而发生的人际关系是一种很自然且融洽的关系，人常常因为买东西而与卖方交上朋友，销售人员及其销售商同样因为与客户的交易促成了深厚的友谊，于是客户不但成为商品的受用者，而且也变成销售商的拥护者与销售人员的好朋友。一般与客户联络感情的方法有以下几种。

1）拜访

经常去拜访客户是很重要的事，拜访不一定非要推销，主要是让客户感觉到销售人员关心他，也愿意对所销售的商品负责。销售人员的拜访不一定有任何目的，也许只是问好，也许是顺道拜访，在行动上有一个原则，那就是尽可能把拜访做得自然些，不要使客户觉得销售人员的出现只是有意讨好，更不要因拜访对客户的生活造成干扰。

2) 邮件、电话联络

邮件、电话都是传递信息、联络感情的工具，人们在日常生活中广泛使用。销售人员利用邮件的机会亦不少，譬如有些新的资料要送给客户时，可以附上便笺；客户个人、家庭及工作上有喜事出现时，致函示意、贺年、贺节、贺生日等，通常客户对销售人员的函件会感到意外和喜悦。通过电话与客户联络所发挥的效果是不可忽视的，偶尔通过电话传达几句简短的问候，会使客户感到很高兴。然而交谊性的电话，用词要适当，问话要得体，不能显得太陌生，也不能表现得过于亲密。

3) 赠送纪念品

赠送纪念品是一种常见的招徕手法，有些销售商一直为客户提供很周到的服务，一有什么纪念品立刻致赠老客户，即便纪念品的价值不一定很珍贵，但这种做法有助于拉近与客户的关系。赠送纪念品这种方式基本上具有两种功能：一是满足人们的心理需求；二是可以把它作为再次访问及探知情报的手段或借口，这是成功推销的捷径。

2. 情报搜集

情报搜集，可以说是提供售后服务的另一个不明显的目的，许多精明的销售人员利用各种售后服务创造与客户联系接触的机会，以达到其搜集情报的目的。因此也可以说，销售人员应该把握任何一次提供售后服务的时机，尽量去发掘有价值的客户，或有益于销售的任何情报。做好情报搜集的工作要点有以下几个。

1) 了解客户背景

与客户进行感情联系，无论在何种场合，或是拜访当时，或通过电话洽谈，或于办公室，或在任何其他场所碰面时，销售人员都应有技巧地询问或观察以获知客户的背景，包括客户的家庭背景、职业背景以及社会关系。关于客户的背景资料，销售人员应该花工夫略加整理，当接触对象增多，很可能找到有益于推销的线索，因此，对客户的背景了解得越多，就越能把握客户，甚至可经由客户获得意想不到的收获。

2) 连锁销售

老客户可以成为销售人员的义务"宣传员"，一位以真诚热情打动客户的销售人员，碰见一些热心而乐于助人的客户，往往一切问题的沟通都会进行得很顺利，销售人员做好一位客户的售后服务工作，往往能产生连锁效应——让老客户介绍新客户。

案例

为什么没有成交？

某日，一位老板走进一间专门销售进口品牌汽车的4S店咨询销售人员。

——顾客：宝马730Li是不是全铝车身？

——销售员：(客户提出的这个问题有点突然，而且他是第一次听到全铝车身的概念)哦，不太清楚，我要查一下资料。(查完资料后告诉客户)不是全铝车身。

——顾客：刚才我到了某车行看了奥迪A8，他们的销售人员告诉我奥迪A8采用的是全铝车身,是最新的技术,能够提升动力而且省油,我以前开的是宝马530,对宝马车自认为还比较了解,现在想换一部车,准备在奥迪和宝马之间作出选择。如果宝马也是全铝车身的话,我就买宝马。

——销售员:(经过确认后再次告诉顾客)实在对不起,宝马730Li不是全铝车身。

结果,顾客离开了展厅再也没有回来,据了解后来该客户买了奥迪A8。应该说,这位销售人员虽然有多年的销售经历,但面对客户提出的"全铝车身"的概念还比较陌生,加上沟通能力有所欠缺,所以就把这位顾客放走了。如果换另一种场景,即便此时销售人员对全铝车身并不了解,他也可以换一种销售方式有效化解顾客的异议。

如果这位销售人员清楚奥迪A8全铝车身是一个什么样的概念,那么就可以作出如下处理。

——销售员:先生,全铝车身是比较先进,不过您看中了全铝车身的哪方面用途?

——顾客:我也不大清楚,只是他们告诉我全铝车身比钢结构的车身好,而且更高档,也是最新技术。

——销售员:您说得很对!正如您所说,铝合金由于其金属特性不如钢铁那样容易冲压,因此要做成车体钣金件就有很多技术难关要克服,以往用钢铁可以一次冲压完成的钣金件,改用铝合金之后却可能要分成数个部件,再用其他技术结合起来,这必然增加了制造成本。另外,一旦发生意外事故而有所损毁时,那维修可就不像新车制造那么简单了,这时候不但需要特殊的技术,更需要特殊的配备,有些车体部位只能更换,而不能用传统的钣金方法维修,这就造成了很多的不便,维修成本也大幅上升。

——顾客:原来是这样的。

——销售员:既然您对宝马情有独钟,为什么会因为一个全铝车身的问题而去选一个您从来没有开过的汽车呢?全铝车身是一项新技术,刚才谈到了新技术意味着要多花一些不应该花的钱,也许还会承担更大的后期使用成本。

如果这位销售员能够这样去做,对全铝车身了解得再多一些、再专业一点的话,同时以奥迪A6、A8外形的差异性不大来强化宝马汽车外形的可识别性,即对顾客身份的印证的话,也许这位顾客还会选择宝马730Li这款车。遗憾的是,当绝大多数销售人员感觉到对顾客的销售明显已经不可能再进行下去的时候,特别是当顾客要走出展厅的时候,就不知如何扭转乾坤。

思考题

1. 在收、发名片时,有哪些注意事项?
2. 如何做到主动、积极地聆听?
3. 什么是六方位介绍法?在分别介绍6个方位时,要注意哪些重点特征?
4. 什么是特征利益法?
5. 试用特征利益法介绍ESP系统及多功能方向盘。
6. 正确处理顾客异议有哪些方法?
7. 消费者的购买意图可以通过哪些信号展现出来?

第13章

汽车产品质量法规与商标法

13.1 汽车产品质量法规

1. ISO9000系列标准

1) ISO9000系列标准简介

科学技术的进步和社会的发展，使顾客需要把自己的安全、健康、日常生活置于"质量大堤的保护之下"；企业为了避免因产品质量问题而遭遇巨额赔款，要建立质量保证体系来提高信誉和市场竞争力；世界贸易发展迅速，不同国家、企业之间在技术合作、经验交流和贸易往来上要求有共同的语言、统一的认识和共同遵守的规范；现代企业内部协作的规模日益庞大，使程序化管理成为生产力发展本身的要求。这些原因共同使ISO9000标准的产生成为必然。

1979年，ISO成立质量管理和质量保证技术委员会TC176，专门负责制定质量管理和质量保证标准。

1979年，英国标准协会BSI向ISO提交了一份建议，倡议研究质量保证技术和管理经验的国际标准化问题。同年，ISO批准成立质量管理和质量保证技术委员会TC176，专门负责制定质量管理和质量保证标准。TC176主要参照了英国BS5750标准和加拿大CASZ299标准，从一开始就注意使其制定的标准与许多国家的标准相衔接。

人们并未等太长时间，在各国专家共同努力的基础上，国际标准化组织在1987年正式颁布了ISO9000系列标准(9000~9004)的第一版。ISO9000标准很快在工业界得到广泛的承认，被各国标准化机构所采用并成为ISO标准中在国际上销路最好的一个。截至1994年底已被70多个国家一字不漏地采用，其中包括所有的欧洲联盟和欧洲自由贸易联盟国家、日本和美国。有50多个国家建立了国家质量体系认证/注册机构，开展了第三方认证和注册工作。在有些国家，等待注册的公司队伍非常之长，甚至要等上几个月甚至一年才能得到认证。ISO9000标准被欧洲测试与认证组织EOTC作为开展本组织工作的基本模式。欧洲联盟在某些领域如医疗器械的立法中引用ISO9000标准，供应商在某些领域必须取得ISO9000注册。许多公司得出的结论是，要想与统一起来的欧洲市场做生意，取得ISO9000注册是绝对有好处的。许多国家级和国际级的产品认证体系如英国BSI的风筝标志、日本JIS标志都把ISO9000作为取得产品认证的首要要求，并把ISO9000结合到产品认证计划中去。

自1987年以来，经过不断的完善和修订，ISO组织先后发布了1994版、2000版、2008版ISO9000系列标准。

2) TS16949简介

根据ISO9001标准制定的TS16969技术规范指导书，是专门面向汽车产业特别制定并发行的，它的全名是"质量管理体系——汽车行业生产件与相关服务件的组织实施ISO9001：2000的特殊要求"，英文为ISO/TS16949。汽车企业可以按照此规范接受ISO9000系列标准的评审并获得认证。

作为汽车生产的两大基地之一，美国三大汽车公司(通用汽车、福特和克莱斯勒)于1994年开始采用QS－9000作为其供应商统一的质量管理体系标准；同时另一生产基地——欧洲特别是德国均各自发布了相应的质量管理体系标准，如VDA6.1、AVSQ94、EAQF等。因美国或欧洲的汽车零部件供应商同时向各大整车厂提供产品，这就要求其必须既要满足QS－9000，又要满足如VDA6.1等标准，造成各供应商针对不同标准的重复认证，这就急需要求出台一套国际通用的汽车行业质量体系标准，以同时满足各大整车厂的要求，ISO/TS16949：2002就此应运而生。

为了协调国际汽车质量系统规范，由世界上主要的汽车制造商及协会成立了一个专门机构，称为国际汽车工作组(International Automotive Task Force，IATF)。IATF的成员包括如下9家整车厂：宝马(BMW Group)，克莱斯勒(Chrysler LLC)，戴姆勒(Daimler AG)，菲亚特(Fiat Group Automobiles)，福特(Ford Motor Company)，通用(General Motors Corporation)，标致(PSA Peugeot Citroen)，雷诺(Renault)和大众(Volkswagen AG)。还包括5个国家的监督机构：美国国际汽车监督局(IAOB)，意大利汽车制造商协会(ANFIA)，法国车辆设备工业联盟(FIEV)，英国汽车制造与贸易商协会(SMMT)和德国汽车工业协会-质量管理中心(VDA-QMC)。

ISO/TS16949：2009是国际汽车行业的技术规范，是基于ISO9001，加进了汽车行业的技术规范。此规范完全和ISO9001：2008保持一致，但更着重于防范缺陷、减少在汽车零部件供应链中容易产生的质量波动和浪费。ISO/TS16949标准的针对性和适用性非常明确，只适用于汽车整车厂和其直接的零部件制造商，也就是说，这些厂家必须是直接与生产汽车有关的，能开展加工制造活动，并能通过这种活动使产品实现增值。同时，对所认证的公司及厂家的资格也有着严格的限定，那些只具备支持功能的单位，如设计中心、公司总部和配送中心等，或者那些为整车厂家或汽车零部件厂家制造设备和工具的厂家，都不能获得认证。对ISO/TS16949：2009认证的管理是由5大监督机构代表IATF来完成的，它们采用相同的程序方法来监督ISO/TS16949规范的操作和实施，以在全世界范围内形成一个标准和操作完全统一的系统。

ISO/TS16949：2002是由IATF在ISO/TC176的质量管理和质量保证技术委员会的支持下制定的。第三版ISO/TS16949取消并替代了第二版，是基于ISO9001：2008进行技术修订的。由于ISO/TS16949：2009已包含ISO9001：2008的所有内容，所以获得ISO/TS16949：2009的认证，也意味着符合ISO9001：2008标准。

对受审核方要求的ISO/TS16949：2009认证注册，只适用于汽车整车厂和其直接的零部件制造商。这些厂家必须是直接与生产汽车有关的，具有加工制造能力，并可通过这种能力实现产品增值。要求获得ISO/TS16949：2009认证注册的公司，必须具备至少连续12个月的生产和质量管理记录，包括内部评审和管理评审的完整记录。对于一个新设立的加工场所，如没有12个月的记录，也可经评审确认符合质量系统规范要求后，由认证公司签发由NQA颁发的"符合性证明"。当具备了12个月的记录后，再进行认证审核注册。

进行TS16969认证，可带给汽车企业一定的益处，主要有以下几个方面。

(1) 开拓市场。ISO/TS16949：2002作为质量保证的标志，有助于企业获得顾客的信任，以获得更为广阔的市场空间。

(2) 提高顾客满意度。通过实施ISO/TS16949：2002认证注册，关注并满足顾客要求，可提高顾客满意度。

(3) 降本增效。通过认证，持续关注企业运营业绩，可改进过程绩效指标，以实现降本增效的目标。

(4) 提高产品和交付质量。运用系统的开发和改进方法，可保证产品质量和交付业绩。

(5) 促进产品和过程质量的改进。

(6) 可综合并借鉴全球的汽车生产经验。

(7) 增强全球供应商信心，确保供应链中的供方/分供方服务的质量体系的全球一致性。

(8) 减少变动和浪费，并能全面提高生产效率。

(9) 为全世界的质量体系需求提供一个通用平台。

2. 强制性产品认证制度

1) 强制性产品认证制度概述

强制性产品认证制度，是各国政府为保护广大消费者人身和动植物生命安全，保护环境，保护国家安全，依照法律法规实施的一种产品合格评定制度，它要求产品必须符合国家标准和技术法规。强制性产品认证，是指通过制定强制性产品认证的产品目录和实施强制性产品认证程序，对列入《目录》或《公告》中的产品实施强制性的检测和审核。凡列入强制性产品认证目录的产品，没有获得指定认证机构的认证证书，没有按规定加施认证标志，一律不得进口、不得出厂销售和在经营服务场所内使用。强制性产品认证制度在推动国家各种技术法规和标准的贯彻、规范市场经济秩序、打击假冒伪劣行为、促进产品的质量管理水平提升和保护消费者权益等方面，具有其他制度不可替代的作用和优势。认证制度由于其科学性和公正性，已被世界大多数国家广泛采用。在实行市场经济制度的国家，政府利用强制性产品认证制度作为市场准入的手段，已成为国际通行的做法。

如欧盟的CE认证、美国的UL认证、芬兰和瑞典的安全认证、法国的NF认证等，均属于强制性产品认证制度。

2) 我国政府对汽车产品认证的法规

2001年，原国家机械局的部分职能转移到中华人民共和国国家经济贸易委员会(以下简称国家经贸委)后，国家经贸委在汽车行业管理方面推出的重要举措之一就是废止从1985年开始实施的汽车产品《目录》管理制度，改用国际通行的形式认证制度管理，产品能否上市将由检测认证机构的检测结果决定。

当前，汽车产品认证管理分为强制性认证和自愿性认证两种方式。强制性认证有4种：国家公告、环保目录、3C认证、地方环保目录。分别属于中华人民共和国发展和改革委员会、中华人民共和国环境保护部、中华人民共和国国家认证认可监督管理委员会和地方环保总局。自愿性认证有两种：节能环保认证和中国环境标志认证，分别属于国家认证认可监督管理委员会和国家环境保护部。从理论上来说，企业可自主选择这两种认证，但事实并非如此。因为这两种认证是国家认证认可监督管理委员会和国家环境保护部与财政部联合下发的，是政府采购和政府工程推荐产品的技术指导，企业不进行这样的认证就不能被列入政府的采购清单，所以企业不得不进行认证。

"强制性产品认证"就是俗称的"3C认证"制度。"中国强制认证"的英文全称为China Compulsory Certification，简称3C，其标志如图13-1所示。这项强制性产品认证制度是我国遵循世贸组织"统一认证标志"的原则，为保护广大消费者人身安全、保护环境、保护公共安全，依法实施的一种产品合格评定制度。目前，汽车整车产品和安全带、轮胎、玻璃等均被列在3C认证的范围之内。一般在新车前挡风玻璃的左上角，可见3C认证标志。

图13-1　3C认证标志

对汽车生产企业实施认证管理，是国家利用认证形式不断促进和提高我国产品质量，增强和提高产品市场竞争力的一个重要手段，也是我国与国际接轨、产品走向国际市场的前提，对于企业来说有着极为重要的意义。但我国当前的认证管理形式存在一些较突出的问题，在一定程度上影响了企业正常的经营发展。如多头管理、项目雷同、认证周期较长、手续繁琐、认证费用较高等。一个新产品经过国家公告、环保目录、3C认证、地方环保目录认证的理论周期为三个月，如果再进行节能环保认证和中国环境标志认证还需要三个月。但实际运作的周期更长，对于企业来说，不仅要投入大量的财力和人力，而且很容易失去抢占市场的宝贵时机。

小资料

3C认证在中国

我国政府为兑现入世承诺，于2001年12月3日对外发布了强制性产品认证制度，从2002年5月1日起，国家认监委开始受理第一批列入强制性产品目录的19大类132种产品的认证申请。

3C认证是我国政府按照世贸组织有关协议和国际通行规则，为保护广大消费者人身和动植物生命安全，保护环境、保护国家安全，依照法律法规实施的一种产品合格评定制度。主要特点是：国家公布统一目录，确定统一适用的国家标准、技术规则和实施程序，制定统一的标志标识，规定统一的收费标准。凡列入强制性产品认证目录的产品，必须经国家指定的认证机构认证合格，取得相关证书并加施认证标志后，方能出厂、进口、销售和在经营服务场所内使用。

我国国家监督检验检疫总局和国家认证认可监督管理委员会于2001年12月3日一起对外发布了《强制性产品认证管理规定》，对列入目录的19类132种产品实行"统一目录、统一标准与评定程序、统一标志和统一收费"的强制性认证管理。将原来的"CCIB"认证和"长城CCEE认证"统一为"中国强制认证"（China Compulsory Certification，CCC），简称3C认证。

3C认证从2003年5月1日(后来推迟至8月1日)起全面实施，原有的产品安全认证和进口安全质量许可制度同期废止。目前已公布的强制性产品认证制度有《强制性产品认证管理规定》《强制性产品认证标志管理办法》《第一批实施强制性产品认证的产品目录》和《实施强制性产品认证有关问题的通知》。第一批列入强制性认证目录的产品包括电线电缆、开关、低压电器、电动工具、家用电器、音视频设备、信息设备、电信终端、机动车辆、医疗器械、安全防范设备等。

3C认证主要试图通过"统一目录，统一标准、技术法规、评定程序，统一认证标志、统一收费标准"等一揽子解决方案，彻底解决长期以来我国产品认证制度中出现的政出多门、重复评审、重复收费以及认证行为与执法行为不分的问题，并建立与国际规则相一致的技术法规、标准和合格评定程序，可促进贸易便利化和自由化。

需要注意的是，3C标志并不是质量标志，而只是一种最基础的安全认证。

3C标志一般贴在产品表面，或通过模压压在产品上，仔细看会发现多个小菱形的"CCC"暗记。每个3C标志后面都有一个随机码，每个随机码都有对应的厂家及产品。认证标志发放管理中心在发放强制性产品认证标志时，已将该编码对应的产品输入计算机数据库中，消费者可通过国家质量认证中心进行编码查询。

3) 国际上主要的汽车产品认证管理

由于各国具体政体、国情不同，经济发展水平不同，汽车工业规模不同，目前，汽车产品认证大体形成了美国、欧洲、日本三种类型。这三种认证，经过几十年的运转和不断改革，体系已相当完善，成为其他国家建立汽车认证制度的样板。它们遵循的各项原则也成为国际惯例，为世界各国所接受。

(1) 美国——自我认证，强制召回。美国实行的是"自我认证"，主要分为安全认证和环境保护认证，即汽车制造商按照美国联邦汽车法规的要求自己进行检查和验证。美国政府主管部门的任务就是对产品进行抽查，以保证车辆性能符合法规要求。如果抽查发现车辆不符合安全法规要求，主管机关将要求制造商强制召回。美国对汽车安全技术法规的实施主要采用自我认证制度，即由汽车制造商对是否满足美国汽车安全法规进行自我检验申报，由政府实施事后监督的认证制度。首先，汽车制造商自行进行认证试验，以验证其产品是否满足美国汽车安全法规的要求,该试验的频率取决于制造商本身的质量控制水准和产品性能与法规要求之间的差距等。制造商通过自我认证证明其产品满足美国汽车安全法规要求后,即在每一辆汽车或装备上贴上证明该车辆或装备符合法规要求的标签或标志,该车辆或装备就可以不经其他检验而进入市场。美国主管汽车产品安全的运输部——国家公路交通安全管理局可以随时对汽车产品的自我认证进行监督抽查,可能在市场上随意购买一辆新车,并送交一个独立的试验室按美国汽车安全法规进行试验,如发现车辆不符合法规要求,将通知制造商并要求其提供自我认证的资料进行审查,如果确定该车辆型式不符合法规要求,将责令制造商立即停止该型式车辆的销售,并对该车辆型式强制实施召回制度,即将所有已销售的该型式车辆由制造商予以召回,对不符合法规的缺陷进行纠正,全部费用由制造商承担,甚至还要负责事故赔偿、缴纳罚款。可见美国政府对自我认证的监督措施相当严厉。

(2) 欧洲——形式认证,自愿召回。欧洲实行的是"形式认证",属交通部主管,是通过检查企业的生产一致性来确保产品质量的。欧洲各国的汽车认证都是由本国的独立认证机构进行的,但标准是全欧洲统一的。欧洲实行自愿召回制度,企业若发现车辆有问题,就可自行召回,但要向国家主管机关上报备案。但如果企业隐瞒重大质量隐患或藏匿用户投诉,一经核实将面临重罚。欧洲各国实行的是形式认证加自愿召回制度。虽然也是认证制度,但是由独立的第三方认证机构进行认证的,首先产品要依据法规通过测试,生产企业的质量保证体系至少要达到ISO 9000标准的要求。通过审核后即可获得认证标志,可生产和销售。企业如发现车辆有问题,就可自行召回,实行的是自愿召回制度。欧洲对流通过程中车辆质量的管理没有美国那样严格,他们是通过检查企业的生产一致性来确保产品质量的。因此可以说,美国对汽车的管理是推动式的,政府推着企业走;而欧洲对汽车的管理则是拉动式的,政府拉着企业走。

(3) 日本——独具特色的形式认证。日本实行的是"独具特色的形式认证",属国土交通省主管,认证体系由《汽车型式指定制度》《新型汽车申报制度》《进口汽车特别管理制度》三个认证制度组成。根据这些制度,汽车制造商在新型车的生产和销售之前要预先向运输省提出申请以接受检查,检验合格后,制造商才能拿到该车型的出厂检验合格证。但获得形式认证后,还要由运输省进行"初始检查",目的是保证每一辆在道路上行驶的汽车都达标。日本实行的召回制度是由厂家将顾客投诉上报运输省,如果厂家隐瞒真相,将顾客的投诉束之高阁,造成安全问题后,政府主管部门会实行高额惩罚。

3. 汽车碰撞(被动)安全性检验制度

1) 主动安全与被动安全

20世纪70年代以前,汽车技术的发展主要集中在提高动力性、操控性、舒适性、制动性以及提高汽车的灯光性能和拓宽视野等方面,这些主动预防事故发生的措施,可称为提高汽车的主动安全性。当汽车发生碰撞之后,如何减少人员伤亡,被称为汽车碰撞

(被动)安全性。

汽车的安全性包括主动安全性和被动安全性，主动安全性是指车辆能够提供的主动的避免危险的能力，而被动安全性是指在事故中能提供给驾驶人员和乘客的安全性。汽车的主动安全系统主要包括ABS系统、ESP系统等；汽车的被动安全系统主要包括安全带、安全气囊、智能安全带及安全气囊系统、吸能式车体结构等。

汽车安全是任何一位驾驶员和乘客都极为关心的问题，也是未来汽车发展的主题之一。未来汽车设计考虑更多的是以人为出发点，真正实现以人为本，而不单纯局限于汽车本身。

2) NCAP测试

汽车实车碰撞试验是综合评价汽车碰撞安全性能最基本、最有效的方法，也是各国政府对汽车产品的安全性能实施管理的重要内容之一。

创始于1997年的Euro NCAP，是汽车界目前最具影响力的安全评定机构。在公正、公开的原则和科学的操作之下，它已成为各汽车生产厂家认可的权威机构，更博得了公众的认同和信任，并切实促进了车辆安全性能的提升。

欧洲作为全球汽车制造领域最具实力的地区，不仅拥有最多的汽车生产企业，也有着最为成熟完善的消费环境。Euro NCAP全称Euro New Car Assessment Programme Test(欧洲新车评估组织)，它始创于1997年，宗旨是检验欧洲各国市场上销售的各类车型在安全性方面的表现，为消费者提供真实可信的参考信息。

不仅是消费者，欧洲政府其实也对汽车安全性能非常重视，因为这关系民生。Euro NCAP由欧洲5个国家的政府倡导，组织成员来自法国、德国、荷兰、瑞典、西班牙、英国等，并得到国际汽车联合会(FIA)、德国赛车协会(ADAC)等汽车运动组织的协助。除定期对市场销售的车型进行撞击测试并公布结果外，NCAP还会对在现实中发生的交通事故以及伤亡数据作统计分析，向汽车生产企业提供指导和改进建议，这项工作主要由瑞典国家安全局(SNRA)和安全顾问评级委员会(SARAC)负责。

随着汽车技术和结构设计方面的不断进步，自创立以来，Euro NCAP在测试和评估方法和标准上也一直在调整，加入了许多新的测试项目。2002年1月增设的对行人保护的测试，促使汽车生产商在设计上更多地照顾到行人的安全；2003年11月增设的车内儿童保护评级，旨在检验厂方随车配备的儿童坐椅在碰撞测试中所能起到的保护效果。

由于NCAP运作的独立性和在汽车碰撞安全测试方面的技术权威性，经过几年的发展，其测试结果被关注的程度已越来越高，而各大车厂也越来越重视他们的意见，从刚开始的抗拒和质疑其测试结果，到今天大部分已主动接受NCAP的测试评价，并根据其分析结果进行改进，NCAP所发挥的积极作用已经毋庸置疑。

早期的NCAP测试只有正面撞击测试，后来逐步增加了侧面撞击测试以及侧面圆柱体撞击测试，最新增加了针对行人保护能力以及车内儿童保护能力的测试项目。正、侧面撞击主要用于模仿交通事故中绝大多数情况下车辆的安全表现，侧面圆柱体撞击和碰撞行人的测试，则分别用以模仿现实中车辆与电线杆、树木相撞的情形以及撞到行人时的状况。具体的测试规定是：正面撞击，汽车要以64km/h(政府法规标准是50km/h)的速度撞击静止障碍物，撞击的接触面积是覆盖车头驾驶员一侧40%左右的宽度，被撞物为被固定在一块混凝土上的可变形铝质物体(模仿真实情况下两车对头相撞)；侧面撞击，是车辆与可变形障碍物以50km/h的速度成直角相撞，撞击部位为车厢部分；第三个撞击项目是以车身中部撞击一根直径25.4cm的无变形柱子，车速为29km/h，不过这个项目并非必须进行的，只有在所销售车型中标准配置侧面头部安全气囊的情况下，才进行此项测试；最后，是对行人撞击的测试，测试车辆的行驶速度被设定为40km/h，在此情况下撞击试验假人。

在NCAP的评分机制中，正、侧面以及儿童保护的最高等级是5颗星，对行人的保护的最高等级为4颗星，根据实际的测试结果作出评分。若车辆提供了如安全带警示灯、专用儿童座椅之类可以提供有效帮助的安全系统，在评分时会给予一定加分以对车厂表示鼓励。此外，同一车型可以反复参加测试，但该车必须在安全方面有所改进(哪怕只是作出了类似于增设一个安全带警示装置这样小的改进)，否则将不予测试。近年来，就有车厂因不满意第一次测试成绩，回去作出改进后再主动要求进行第二次测试的例子，NCAP对于车厂的促进作用由此可见一斑。

3) IIHS测试

IIHS的中文全称是美国公路安全保险协会(Insurance Institute for Highway Safety)，它是一个由汽车保险公司资助的非营利组织，成立于1959年，总部设在美国弗吉尼亚州的阿灵顿。该组织致力于降低机动车事故导致的伤亡率和财产损失率，所以，该组织立足于生产商和消费者之间，对量产车辆进行碰撞测试和评级，一方面为消费者鉴别安全的汽车，另一方面为生产商指明改进的方向。

IIHS成立以来，设立了正面偏角碰撞、侧面碰撞、车顶强度测试以及追尾对颈部的影响等测试项目，这些测试对提高车辆安全性起到了很大的作用。自2001年以来，驾驶车龄在三年以内的车辆的司机在致命的正面碰撞事故中的死亡率降低了55%。即便如此，从统计数据中看，在每年的正面碰撞事故中仍然有超过10 000人的死亡数量，这些悲剧的主要制造者就是小重叠面碰撞，所以IIHS增加了25%的重叠面碰撞测试。

在测试中，被测车辆以64km/h的速度，用车辆前端驾驶员一侧大约25%的车宽面撞击一个5英尺高的刚性屏障，一个50百分位混合Ⅲ型假人被安全带固定在驾驶席上代替真实的受害者来收集数据。25%重叠面测试可以模拟两车车头角落相撞或是车辆与一棵树、一根电线杆相撞的情况，如图13-2所示。

IIHS的亮点在于对车顶强度有着自己的评判标准，方法是，使用金属板以一定的角度和速度撞击车顶，然后测量车顶凹陷程度。评为"G"的条件是凹陷不超过5英寸，并且车顶必须能承受超过4倍于车重的碰撞力度。当达到相同凹陷程度所能承受的强度为车重的3.25倍以上4倍以下时，评价为"A(Acceptable：允许范围内)"；2.5倍以上3.25倍以下时，评价为"M(Marginal：允许范围最底线)"；不到2.5倍时，评价为"P(Poor：差)"。

图13-2 美国IIHS碰撞测试

与国内碰撞测试不同的是，IIHS只会选择最低配车型进行测试，如果厂家有要求，可以对选装后的高配车型重新测试，但是成绩必须与低配车型一起公布。

4) C-NCAP测试

1998年6月18日，富康轿车在清华大学汽车工程研究所进行的整车安全性碰撞试验取得成功，被誉为中国轿车第一撞。从此，我国汽车的整车安全性碰撞试验被提上日程，并开始与国际惯例接轨。

C-NCAP(China-New Car Assessment Program)，是将在市场上购买的新车型按照比我国现有强制性标准更严格和更全面的要求进行的碰撞安全性能测试，评价结果按星级划分。C-NCAP在很大程度上借鉴了欧洲Euro C-NCAP的碰撞标准。通过测试，可以让消费者直观地看出车子的安全性能，同时也对企业生产起到督促作用。在C-NCAP网站上，可以快速检索当前中国汽车市场上主流车型的被动安全表现。

中国汽车技术研究中心是目前国内唯一具有独立性的综合性汽车科研机构，自1999年开始，累计已进行多达1200多车次的实车碰撞试验，其中2006年上半年就近200车次。在已进行的试验中，正面(包括偏置方式)碰撞试验最多，达900多车次，侧面碰撞试验92车次，后碰试验65次，撞柱等其他类型的碰撞试验110车次。该机构在国内公认具有最为全面的汽车碰撞试验专业经验和技术，试验能力和条件在国际上也获得同行认可。

中国汽车技术研究中心在深入研究和分析国外NCAP的基础上，结合我国的汽车标准法规、道路交通实际情况和车型特征，并进行广泛的国内外技术交流和试验，确定了C-NCAP的试验和评分规则。与我国现有汽车正面和侧面碰撞的强制性国家标准相比，不仅增加了偏置正面碰撞试验，还在两种正面碰撞试验中，在第二排坐椅增加假人放置以及更为细致严格的测试项目，技术要求也非常全面。C-NCAP对试验假人及传感器的标定、测试设备及试验环境条件的确定、试验车辆状态的调整和试验过程的控制的规定都要比国家标准更为严谨和苛刻，与国际水平一致，某款车型的C-NCAP碰撞测试结果如图13-3所示。

厂商	上海通用汽车有限公司		
品牌	新君威		
总体得分	49.7		
星级	★★★★★		

■ 完全正面碰撞试验　　得分：[15.03]分 [93.94%]

■ 满分
　1/2满分≤得分＜满分
■ 0满分＜得分＜1/2满分
■ 0分

前排＞

	头部	颈部	胸部	大腿	小腿	单项试验减分
满分	5	2	5	2	2	—
试验得分	5	2	4.44	2	1.59	无减分

■ 40%正面偏置碰撞试验　　得分：[15.65]分 [97.81%]

前排＞

	头颈部	胸部	大腿	小腿	单项试验减分
满分	4	4	4	4	—
试验得分	4	4	4	3.65	无减分

■ 侧面碰撞试验　　得分：[16]分 [100%]

前排＞

	头部	胸部	腹部	骨盆	单项试验减分
满分	4	4	4	4	—
试验得分	4	4	4	4	无减分

加分项得分：3（驾驶员侧、前排乘员侧安全带提醒装置，侧面安全气囊及气帘，ISOFIX装置）

图13-3　某款车型的C-NCAP碰撞测试结果

4. 汽车产品召回制度

根据《中华人民共和国产品质量法》和当前社会实际需要，中华人民共和国质量监督检验检疫总局组织国内有关专家成立课题组，借鉴国际上相对成熟的管理经验，分析我国现实状况，在充分调研的基础上，起草了《缺陷汽车产品召回管理规定》和《家用汽车产品修理更换退货责任规定》，其中《缺陷汽车产品召回管理规定》已于2004年3月15日出台。

1) 汽车召回制度的含义

所谓汽车召回制度(Recall)，是指汽车企业发现投放市场的汽车由于设计或制造方面的原因存在缺陷，不符合有关的法规或标准，有可能导致安全及环保问题，必须及时向国家有关部门报告该产品存在的问题、原因、改善措施等，提出召回申请，经批准后对在用车辆进行改造，以消除事故隐患。汽车企业也有义务让用户及时了解有关情况。召回制度由来已久，在国际上非常普遍，美国从1966年开始实行汽车召回制度，至今已召回超过两亿辆汽车。2004年6月，一汽轿车召回马自达6轿车，进行燃油箱隔热件升级，是我国首起汽车召回案例。

2) 召回制度的形式

认证制度中包含着政府的召回制度，它不是民间行为，而是政府行为，这是要特别强调的。世界上有两种汽车认证制度，一种是形式认证，一种是自我认证。召回制度是自我认证制度的组成部分。产品生产出来后，生产企业自己认为符合国家的相关法规，就可以销售，不需要得到政府的生产批准，也不需要政府去做实验，检查其是否符合法规。一旦不符合国家的相关法规，政府要通知生产商，生产商可以作出解释；在生产商和政府都确认产品不符合法规后，生产商开始着手召回，但并不是换车，而是将车辆不符合法规的地方进行更换或维修。所以召回是自我认证的一部分，但政府也需要投入资金维护这种制度。

被召回的车辆，不是普通消费者所认为的假冒伪劣产品、质量缺陷产品。之所以会被召回，是因为厂商在汽车设计和制造过程中，由于设计人员的知识水平、当时的生产状况、公司的实力有限，有可能没有预期到会发生某些问题。在实际使用过程中出现的问题，只有与安全、健康、环保和防盗有关，才能被列入召回之列。

我国比较适合实施形式认证制度，即企业在产品投产以前，先拿一个产品做实验，由政府验收批准后，才可以进行生产。政府对已投产的产品进行一致性监控，可保证消费者和公众利益不受侵害。自我认证是生产企业自我保证的制度，需要完善的法律、法规保证，需要全面法律意识的普及和高度诚信的保证。

3) 召回制度分类

(1) 主动召回。汽车产品的制造商对其生产的缺陷汽车产品需要履行召回义务，并承担相应的费用；进口商、销售商、租赁商应当协助制造商履行召回义务；车主、使用者及其他人因使用缺陷汽车产品所受的损失以及其他相应争议的解决，可根据其与制造商、销售商、租赁商等所做的约定，或者依据其他法律、法规。

售出的汽车产品存在本规定所称的缺陷时，制造商应按照规定的主动召回或指令召回管理程序的要求，组织实施缺陷汽车产品的召回。

所谓的缺陷，是指由于设计、制造等方面的原因而在某一批次、型号或类别的汽车产品中普遍存在的具有同一性的缺陷，具体包括汽车产品存在危及人身、财产安全的不合理危险，以及不符合有关汽车安全的国家标准、行业标准两种情形。

召回，是指按照相应规定要求的程序，由缺陷汽车产品制造商进行的消除其可能引起人身伤害、财产损失的产品缺陷的过程，包括制造商以有效方式通知销售商、修理商、车主等有关方面关于缺陷的具体情况及消除缺陷的方法等事项，并由制造商组织销售商、修理商等通过修理、更换、收回等具体措施有效消除其汽车产品缺陷的过程。

制造商自行发现，或者通过企业内部的信息系统，或者通过销售商、维修商和车主等相关各方关于其汽车产品缺陷的报告和投诉，或者通过主管部门的有关通知等方式获知缺陷存在的，可以将召回计划在主管部门备案后，按照《召回管理规定》中主动召回程序的规定，实施缺陷汽车产品召回。

小资料

长安福特翼虎召回的教训与启示

12月27日晚，长安福特终于宣布召回8万多辆福特翼虎。它与大众汽车召回38万辆DSG车型的新闻事件具有同等分量，尽管对厂家来说都比较尴尬。

翼虎"断轴门"从2013年9月首发到最后厂家实施召回，将近4个月时间，期间发生的一切，对于长安福特及其公关公司以及其他汽车厂家来说，都不乏教训和启示。

车辆在行驶中断轴，无疑是一件极其危险的事情。一款车型出现多起断轴事件，就是傻瓜也会想：不管具体原因是什么，为什么这种倒霉且极度危险的事都发生在翼虎身上？当然，对于跨国车企来说，一起可能存在重大安全隐患的行车事故的发生，从流程上讲，需要时间调查、取证、测试，并对其严重性作出评估。同样重要的，涉事车辆的销量占比也是一个关键评估指标。根据长安福特的召回报告，翼虎断轴总共发生了16起，销量占比仅为万分之二。这是否达到了福特对该类安全隐患实施召回的标准，外人无从知晓，但在之前的11月26日，福特在全球召回16万辆存在发动机起火隐患的2013款翼虎车型，涉事车辆为117起，销量占比为万分之七。显然，福特方面对翼虎断轴的严重性不敢低估。

长安福特因翼虎"断轴门"一度陷于舆论漩涡，不是因其拖延时间，而在于其危机公关处理失当。在尚不能断定翼虎断轴是偶发还是多发的情况下，车主要求厂家召回是不切实际的；但从厂家的角度来说，长安福特至少在以下三个方面存在重大失误。

其一，初期的调查结论下得太早，将事故发生的原因全部归结为车主驾驶不当，犯了危机公关的一个大忌(车主驾驶是否得当的结论不该由厂家得出，而应由有关部门或第三方专业机构给出)，所列证据在常识上和逻辑上都站不住脚，与其作为一个国际大品牌的合资车企的水准不相符。

其二，在其官方声明中极其不恰当地使用了"不信谣、不传谣"这样的敏感用语，则是将汽车行业十分正常且多发的质量投诉和车主维权"政治化",居高临下地教训公众,犯了危机公关的又一个大忌。网友和公众对此非常反感,它不仅使厂家陷于更大的舆论被动局面之中,更有损其企业形象。而不无讽刺的是,最终的召回决定使得一切"谣言"真相大白。

其三,在接二连三发生断轴的情况下,翼虎车主没有得到任何来自厂家的安全应急或预防措施方面的信息。与大众DSG故障相比,翼虎断轴对车主和公众安全的威胁要大得多,厂家更要积极作为。当初大众面对不断增加的投诉,先是主动为车主进行免费电脑升级,之后又承诺了10年/16万公里的超长延保方案。当然,从技术层面讲,防范翼虎断轴的应急措施的难度很大,不过,厂家至少可以公告8万名翼虎车主,在最终结论出来之前暂时不要高速行驶,这总是能做到的吧?幸好,16起翼虎断轴事故都是在中低速行驶的情况下发生的。

资料来源:武跃.国际商报,2014-01-03

(2) 指令召回。又称为"强制召回",是指制造商在获知缺陷存在而未采取主动召回行动的;或者确认制造商有隐瞒产品缺陷行为,以不当方式处理产品缺陷的;或者确认制造商未将召回计划向主管部门备案进行召回的,主管部门应当要求制造商按照指令召回管理程序的规定,进行缺陷汽车产品召回。

小资料

"丰田召回门"叩问中国召回制

目前,丰田召回事件似乎已经到了白热化的程度。笔者认为,本次事件各方对消费者的态度也值得我们去玩味。从中我们或能体会到,我国的汽车消费者更应该"被"关注。

看美国交通部、日本政府和丰田公司均就此事正式表态,笔者搜索了众多上述各方近期的主要言论,几乎全部涉及消费者,且围绕的中心也是消费者。

与美国、日本等发达国家相比,我们对消费者的重视还是不够,这一点从数量上就可窥见一斑。比如,在2008年,美国还是当时全球最大的新车市场,实施召回778次,涉及车辆2220万辆,超过当年美国市场一年新车的销售总量。而2009年中国成了全球最大的汽车市场,汽车年产销超过1300多万辆,而召回的整车只有130万辆,只相当于新车产量的1/10。按照笔者对汽车行业的了解,以目前我国的汽车制造、检测和管理水平,没有理由认为我们的问题车辆的比例比发达国家还低。

从召回结构上,也可以看到我国在关注汽车消费者方面与发达国家的差距。在美国2008年实施的召回中,主动召回占60%,33%是缺陷调查办公室"指令召回";而在中国市场,以统计资料较为齐全的2008年为例,这一年我国汽车召回事件仅有47起,没有一起"指令召回",这些召回基本上都是备案召回。这里需要解释一下的是,"指令召回"的比重多少,在一定程度上能够反映相关部门在维护消费者权益上的重视程度。因为所谓的指令召回,指的就是主管部门要求制造商按照指令召回程序的规定进行缺陷汽车产品召回。

当然,我国的消费者没有"被"重视,和我国目前的缺陷产品的相关法律法规不完善的相关性很高，比如"指令召回"过少就是一例。

因此，从丰田召回事件中，我们不仅要学习借鉴丰田在全球经营中的得失，还应对各国在保护消费者权益方面所做的努力有所感悟。

资料来源：证券报，2010-02-10

4) 对缺陷汽车产品召回的期限

缺陷汽车产品召回的期限，整车为自交付第一个车主起，至汽车制造商明示的安全使用期止；汽车制造商未明示安全使用期的，或明示的安全使用期不满10年的，自销售商将汽车产品交付第一个车主之日起10年止；对于汽车产品安全性零部件中的易损件，明示的使用期限为其召回时限；汽车轮胎的召回期限为自交付第一个车主之日起5年止。

5) 召回的可能性和确认实施召回

汽车产品存在下列情形之一的，制造商应依规定实施召回。

(1) 经检验机构检验安全性能存在不符合有关汽车安全国家标准、行业标准的；

(2) 因缺陷已给车主或他人造成人身或财产损害的；

(3) 虽未造成车主或他人人身或财产损害，但经检测、实验和论证，在特定条件下，缺陷仍可能引发人身或财产损害的。

主管部门根据其指定的信息系统提供的分析、处理报告及其建议，认为必要时，可将相关缺陷的信息通知制造商，并要求制造商确认其产品是否存在缺陷及是否需要进行召回。

制造商在接到主管部门发出的通知后，并确认汽车产品存在缺陷后，应当以书面报告的形式向主管部门提交报告，并按照缺陷汽车产品主动召回管理程序实施召回。制造商能够证明其产品不需召回的，可不必采取召回行动，但应向主管部门提供详细的论证报告，主管部门应当通过缺陷汽车产品信息系统继续跟踪观察。

主管部门有权责令召回。经调查、检验、鉴定确定汽车产品存在缺陷而制造商又拒不召回的，主管部门应当及时向制造商发出指令召回通知书，通知制造商判定依据、结论，并发布召回指令。对于外国制造的汽车，主管部门同时会同国家外经贸主管部门发布对缺陷车辆暂停进口的公告，海关则停止办理该类车辆的进口报关手续。

制造商应当在接到主管部门指令召回的通知书之日起3日内，通知销售商停止销售该缺陷汽车产品，在10日内向销售商、车主发出关于主管部门通知该汽车存在缺陷的信息。

制造商应在发出召回行动计划书30天内开始召回。缺陷汽车的召回一般应在90天内完成。制造商有合理原因未能在此期限内完成召回的，应向主管部门提出延长期限的申请，主管部门可根据制造商的申请适当延长召回期限。

制造商在召回进行中，应向主管部门递交阶段性召回进展情况的报告；主管部门可根据召回的实际效果，决定制造商是否应采取更为有效的召回措施。对每一辆完成召回的缺陷汽车，制造商应保存符合规定要求的召回记录单。召回记录单一式两份，一份交车主保存，一份由制造商保存。

5. 车辆识别代码(VIN)

VIN是英文Vehicle Identification Number(车辆识别码)的缩写,可被视为汽车的身份证号。SAE标准规定:VIN码由17位字符组成,所以俗称十七位码。VIN码一车一码,30年内不会重号。它包含了车辆的生产厂家、年代、车型、车身型式及代码、发动机代码及组装地点等信息。

车辆识别代码由三部分组成:第一部分是制造厂、品牌和车型(WMI);第二部分是车辆特征(VDS);第三部分是车辆指示部分(VIS)。每一个字符的含义如下。

(1) 第1位:生产国家或地区代码。1——美国、J——日本、S——英国,2——加拿大、K——韩国、T——瑞士,3——墨西哥、L——中国、V——法国,4——美国、R——中国台湾、W——德国,6——澳大利亚、Y——瑞典,9——巴西、Z——意大利。

(2) 第2位:汽车制造商代码。1——Chevrolet、B——BMW、M——Hyundai,2——Pontiac、B——Dodge、M——Mitsubishi,3——Oldsmobile、C——Chrysler、M——Mercury,4——Buick、D——Mercedes、N——Infiniti,5——Pontiac、E——Eagle、N——Nissan,6——Cadillac、F——Ford、P——Plymouth,7——GM Canada、G——General M、S——Subaru,8——Saturn G Suzuki、T——Lexus,8——Isuzu、H——Acura、T——Toyota,A——Alfa Romeo、H——Honda、V-Volkswagen、A——Audi、J——Jeep、V——Volvo、A——Jaguar、L——Daewoo、Y——Mazda、L——Lincoln Z Ford、Z——Mazda。G=所有属于通用汽车的品牌:如Buick、Cadillac、Chevrolet等。

(3) 第3位:汽车类型代码。不同的厂商有不同的解释,有些厂商可能使用前三位组合代码表示特定的品牌。如TRU/WAU代表Audi,1YV/JM1代表Mazda。

(4) 第4~8位表述了车辆特征。其中包括轿车、MPV、载货车和客车的型号或种类、系列、底盘、驾驶室类型、发动机类型、制动系统及车辆额定总重。

(5) 第9位为校验位,遵循一定的编码规则,以防止编码造假。

(6) 第10位为车型年款。

(7) 第11位为装配厂编号。

(8) 第12~17位为车辆顺序号。

13.2 汽车产品与商标法

13.2.1 商标与汽车标识

1. 商标

商标是企业用以表示自己所生产的或经营的商品,并使该商品与他人制造或销售的商品有所区别的文字、图案、颜色等因素结合的一种标志。

不同种类的产品无论有无商标都容易识别，但同一种类的产品，如轿车，如果没有商标则难以识别。商标的功能体现在以下几个方面。

(1) 商标具有表明产品来源的作用；
(2) 商标具有广告宣传的作用；
(3) 作为产品或服务的一种标志，商标依附于产品和服务而存在。

2. 汽车标识

汽车标识是汽车车身造型设计的重要元素之一。精美的汽车标识常常给人以无限的遐想，折射出汽车文化的物质性与精神性，丰富着人们对汽车的理解力与鉴赏力，体现出技术与艺术的融合之美。汽车工业的特点决定了汽车标识设计有其自身的独特性与规律性，如何设计出一款美观适用的汽车标识，是一项值得深入研究的课题。汽车标识虽小，但却发挥着极其重要的品牌识别作用，如果没有它，人们将无法对汽车品牌加以区分，汽车品牌所具有的一切价值都无法得到表达，因而也就无法在市场上建立自己的品牌形象。汽车标识与汽车工业发展的历史和传统紧密相连，汽车标识设计具有文化性、艺术性、识别性与象征性等特征。汽车标识设计是标志设计领域中的重要类别之一，与其他类别产品的标识相比，汽车标识在车身造型中的使用使其具有流动传播的效果。汽车标识设计的质量，直接决定了人们对汽车品牌的第一印象。汽车工业的发展不但缔造了辉煌的工业文明，也孕育了丰富多彩的汽车文化，汽车已成为现代社会物质文明和精神文明的重要载体。

1) 汽车标识是商标的表现形式

汽车标识以丰富多彩的文字和图案组成，因其历史文化背景以及创意不同而表现得多姿多彩，它和其他企业的产品标识一样，都是商品商标的表现形式。在注重视觉感受和品牌辨识的时代，产品标识已成为引导企业进行现代营销的重要因素。

2) 汽车标识的品牌效应的内涵

汽车标识的内在要素对企业获得成功的影响是多方面的，包括机遇把握、技术、资本、市场营销、品牌传播、政策支持、竞争策略等，但质量、效率、成本、产品创新、营销公关、信誉等却是现代市场中任何企业竞争致胜的必由之路。因此，汽车企业才会积极地通过各种经营手段塑造自己的品牌，并把品牌内涵凝结到一个小小的标识上。

3) 汽车标识的文化内涵

由于汽车文化结构的复杂性，对于定位单一市场的汽车企业而言，其企业定位和产品定位比较一致，所以企业标识可以直接体现汽车产品的文化特点。而对于定位于多个细分市场的企业来说，由于不同的市场文化内涵不同，为了使其标识能够被所定位的多个细分市场接受，就需要选择能够包容多个细分市场文化特点或者体现多个市场文化共享的标识。

13.2.2 《商标法》与汽车标识

汽车标识(商标)一经注册即成为注册商标。注册商标作为一种知识产权，其产生、使用、转让和消灭都受到法律规范。

1. 《商标法》概述

1) 商标法

商标法是指规定商标的组成、注册、使用、管理和商标专用权的保护的法律规范的总称。

2) 商标权

商标权是指商标所有人在一定期限内依法享有商标使用的专有权。商标权有如下特点。

(1) 商标权是无形财产权，这种权利只有在商标注册后才有效。

(2) 商标使用权。只有商标所有人才有专用注册商标的权利。

(3) 商标处分权。商标权所有人可以转让或出售其注册商标。

(4) 商标禁止权。商标所有人有权禁止他人未经许可在相同或类似的商品或服务领域内使用与自己注册商标相同或相似的商标。受到法律保护的商标，任何人不得仿冒，商标所有人可以向任何人要求停止侵权行为并赔偿损失。

3) 商标权的保护

商标权的保护是品牌保护中的重要内容之一，是指对品牌所包含的知识产权即商标、专利、商业秘密等进行保护。

品牌保护最重要的武器是法律，品牌保护的核心是商标权保护，即对商标专用权(已经过注册)的法律保护。品牌保护的范围要大于商标权保护的范围。企业对其品牌的自我保护，既有商标权保护的内容，也有非商标权保护的内容。

《中华人民共和国商标法》以注册商标的专用权为保护对象。注册商标的专用权，以核准注册的商标和核定使用的商品为限。这是区别和判断侵权与否的一条重要界限。

"核准注册的商标"是指经商标局注册的可视性标志；"核定使用的商品"是指经商标局核准在案的具体商品。注册商标所有人无权任意改变商标的组成要素，也无权任意扩大商标的使用范围。对于不涉及商标权保护范围的使用行为，则不视为侵权行为进行追究。

4) 商标注册和商标实效

经商标局核准注册的商标为注册商标，商标注册人享有商标专用权，受法律保护。商标使用人应对其使用商标的商品质量负责。

注册商标有效期为10年，自核准注册之日起计算。注册商标有效期满，需要继续使用的，应当在期满前6个月内申请延续注册；在此期间未能提出申请的，可以给予6个月的宽展期。

2. 汽车标识(商标)侵权行为的表现形式

1) 私换汽车标识

由于汽车商标市场管理不严，一些车主往往会自行拆掉原车商标，换上车辆外形与之相似的名车商标。产生此种现象的原因多是车主爱慕虚荣，私换车标一般情况下不构成民事侵权，但一旦给注册商标的专用权人造成经济损失，就构成侵权。

汽车换标如此容易还有个重要的原因是车标管理存在漏洞，导致一些汽配商家在利益的驱动下，无视法律，非法经营汽车换标业务，对私换车标起到了推波助澜的作用。

2) 制造和使用假车标

由于名牌车标做工考究、价格高昂，市场上出现了仿制的假名牌车标。

3) 仿冒汽车配件商标

汽车配件商标侵权行为的主要表现形式有以下几种。

(1) 假冒他人商标。

(2) 销售侵犯他人商标专用权的汽车配件。

(3) 擅自在汽车维修站或汽车销售处使用他人商标及标志。

(4) 有些销售商擅自使用知名汽车商标作为企业字号，误导市场消费。

思考题

1. 进行TS16949认证，对汽车企业有哪些益处？
2. 主动安全和被动安全有哪些区别？
3. 什么是汽车产品召回制度？有哪两种形式？
4. 汽车标识侵权行为有哪些表现形式？

参考文献

[1] 菲利普·科特勒,凯文·莱恩·凯勒.营销管理[M].梅清豪,译.12版.上海:上海人民出版社,2006.

[2] 吴翱翔.汽车销售技术[M].北京:清华大学出版社,2012.

[3] 裘瑜,吴霖生.汽车营销实务[M].2版.上海:上海交通大学出版社,2009.

[4] 成玉莲,常兴华.汽车营销[M].北京:北京理工大学出版社,2011.

[5] 赵培全.汽车营销窍门点点通[M].北京:国防工业出版社,2011.

[6] 罗文准.汽车营销[M].北京:机械工业出版社,2011.

[7] 苑玉凤.汽车营销[M].2版.北京:机械工业出版社,2012.

[8] 陈永革.汽车市场营销[M].2版.北京:高等教育出版社,2012.

[9] 陈永革.汽车营销实务[M].北京:高等教育出版社,2012.

[10] 孟晋霞.汽车商务礼仪[M].北京:清华大学出版社,2012.

[11] 王富饶,杨连福.汽车保险与理赔[M].北京:清华大学出版社,2012.

[12] 王琪.汽车市场营销[M].北京:机械工业出版社,2009.

[13] 倪嘉薇,吴霖生.汽车信贷与保险[M].上海:上海大学出版社,2005.

[14] 汽车之家网. http://www.autohome.com.cn/

[15] 太平洋汽车网. http://www.pcauto.com.cn/

[16] 汽车营销分析网. http://www.im4s.cn/

[17] 中国汽车技术研究中心,中国汽车工业协会.中国汽车工业年鉴.天津:中国汽车工业年鉴期刊社,2012,2011,2010